अब्दुल रहमान-कृत

संदेश रासक

(आलोचना, हिन्दी अनुवाद और अवचूरी व्याख्या सहित)

हजारीप्रसाद द्विवेदी
विश्वनाथ त्रिपाठी

राजकमल प्रकाशन

ISBN : 978-81-267-0585-6

मूल्य : ₹795

राजकमल से पहली बार : 1975
पाँचवाँ संस्करण : 2024

प्रकाशक : राजकमल प्रकाशन प्रा.लि.
1-बी, नेताजी सुभाष मार्ग, दरियागंज
नई दिल्ली-110 002
शाखाएँ : अशोक राजपथ, साइंस कॉलेज के सामने, पटना-800 006
पहली मंजिल, दरबारी बिल्डिंग, महात्मा गांधी मार्ग, प्रयागराज-211 001
1, अनमोल सोराबजी संतुक लेन, धोबी तलाव, मरीन लाइंस, मुम्बई-400 002
वेबसाइट : www.rajkamalprakashan.com
ई-मेल : info@rajkamalprakashan.com

मुद्रक : बी.के. ऑफसेट
नवीन शाहदरा, दिल्ली-110 032

SANDESH RASAK
An apabhransha epic by Abdul Rehman
Literary Criticism : Edited by *Dr.* Hazari Prasad Dwivedi,
Vishwanath Tripathi

जिनकी प्रेरणा से यह पुस्तक लिखी गयी

किन्तु

जो इसके प्रकाशित होने के पूर्व ही

स्वर्गलोक में बुला लिये गये

उन्हीं देवोपम स्वर्गीय

पंडित नाथूरामजी प्रेमी

की पवित्र स्मृति में

प्राक्कथन

'संदेशरासक' अपभ्रंश का बहुत ही महत्त्वपूर्ण ग्रंथ है। मैंने अपने प्रिय छात्र आयुष्मान् श्री विश्वनाथ त्रिपाठी (लेक्चरर, के० एम० कॉलेज, दिल्ली) के साथ इसका नये सिरे से संपादन किया है। मुद्रित प्रति के अतिरिक्त एक पूरी और एक अत्यधिक अपूर्ण प्रति का भी सहारा लिया गया। जयपुर के आमेर जैन ग्रंथ भांडार की प्रति बहुत महत्त्वपूर्ण है। उक्त भांडार के श्री कासलीवालजी ने बड़ी सहृदयता के साथ उक्त प्रति हमें सुलभ की। इसके लिए हम उनके हृदय से आभारी हैं। दूसरी प्रति वस्तुतः एक पन्नामात्र है जो मेरे स्नेही मित्र डॉ० रामसुरेश त्रिपाठीजी के संग्रह में मिली। यद्यपि यह अत्यंत अपूर्ण प्रति कही जायगी, पर एक-दो पाठों के निर्णय में इसने बड़ी भारी सहायता दी है। हम त्रिपाठीजी के भी अनुगृहीत हैं। पाठ-संशोधन के संबंध में मैंने नागरीप्रचारिणी पत्रिका में एक लेख-माला निकाली थी, जिसे भूमिका-रूप में इस संस्करण में जोड़ दिया है। पत्रिका के संपादक महोदय ने इसके लिए अनुमति देकर हमें अनुगृहीत किया है। मूल का हिंदी अनुवाद आयुष्मान् विश्वनाथ त्रिपाठी ने किया है। कई स्थानों पर वे मेरे सुझाए पाठों का उपयोग नहीं कर सके हैं। मैं उनके स्वतंत्र विचारों का आदर करता हूँ।

हजारीप्रसाद द्विवेदी

विषय-सूची

प्रस्तावना

संदेश-रासक मुनि जिनविजयजी द्वारा संपादित बहुत ही महत्त्वपूर्ण ग्रंथ है। मुनिजी ने अनेक दुर्लभ ग्रंथरत्नों का उद्धार किया है। निस्संदेह संदेश-रासक इन दुर्लभ ग्रंथरत्नों में श्रेष्ठ स्थान का अधिकारी है। यह भाषा-काव्य के सर्वप्रथम मुसलमान लेखक अब्दुलरहमान की बहुत ही सुंदर रचना है जो नाना दृष्टियों से महत्त्वपूर्ण है। मुनिजी ने जिन तीन प्रतियों के आधार पर इसका संपादन किया है उनमें एक तो मूल रूप में उपलब्ध संदेश-रासक की प्रति है, लेकिन शेषदो में संस्कृत छाया—जैसे टिप्पनक या टीकाएँ हैं। इनमें साम्य अधिक है, वैषम्य कम। परंतु जो वैषम्य हैं वे काफी संकेतपूर्ण हैं। मुनिजी का अनुमान है कि लक्ष्मीचंद्र-कृत टिप्पनक रूपी व्याख्या को ही आधार मानकर किसी दूसरे पाठक ने कुछ हेर-फेर कर 'अवचूरिका' लिख ली होगी। यह अनुमान दोनों टिप्पणियों के मिलाने से ठीक ही जान पड़ता है। लक्ष्मीचंद्र ने अपने टिप्पनक के अंत में लिखा है कि मैंने इस ग्रंथ की कोई वृत्ति या टीका आँख से देखी नहीं, सुगुरु के पास बैठकर इसका अध्ययन भी नहीं किया और न इस दुनिया में ग्रंथकर्ता के मुख से इसे सुनने-समझने का अवसर ही पा सका। लेकिन गाहड़ क्षत्रिय के मुख से जैसी कुछ इस पुस्तक की प्रवृत्ति ज्ञात हुई उसे मुझ मूढ़मति ने (ज्यों-का-त्यों) लिख दिया। मैंने इसमें यदि कुछ गलत कहा हो, कोई पद या अर्थ अन्यथा लिख दिया हो तो मैं उसका दोषी नहीं हूँ। मैं इन बातों को नहीं जानता, गाहड़ ही जानते हैं—

वृत्तिर्नास्य दृशा व्यलोकि सुगुरोः पार्श्वे न चाभाणि च
नो कर्तु (र्तुः) मुखतस्त्विदं भुवि मया चाश्रावि शास्त्रं क्वचित्।
किन्तु क्षत्रियगाहडस्य मुखतो या या प्रवृत्तिः श्रुता
सा सा ह्यत्र मया विमूढमतिना वार्ता निबद्धा ननु॥

यदन्यथा मया प्रोक्तः कश्चिदर्थस्तथा पदम्।
तदहं नैव जानामि तज्जानात्येव गाहडः॥

दूसरी टीका (जिसे 'अवचूरिका' कहा गया है) में इस प्रकार की कोई बात

नहीं कही गयी है। स्पष्ट ही लक्ष्मीचंद्र ने बड़ी ईमानदारी के साथ अपनी बात कही है, उसमें कदाचित् यह ध्वनि भी है कि लक्ष्मीचंद्र को स्वयं कहीं-कहीं पाठ और अर्थ के अन्यथा होने की आशंका थी और अपने को उत्तरदायित्व से मुक्त करने के लिए उन्होंने स्पष्ट कह दिया है कि अगर कहीं दोष है तो उसकी जिम्मेदारी गाहड़ की है, उनकी नहीं। अवचूरिकाकार ने अपनी बुद्धि से उसका शोधन कर लिया था, इसलिए उन्हें ऐसा कुछ लिखना आवश्यक नहीं जान पड़ा। जो हो, ग्रंथ के पढ़ने से यह स्पष्ट हो जाता है कि कई जगह टीका में अर्थ ठीक नहीं समझा गया। कुछ स्थलों को विद्वान् पाठकों के विचारार्थ यहाँ प्रस्तुत किया जा रहा है। परंतु यह कृतज्ञता के साथ प्रारंभ में स्वीकार कर लेना चाहिए कि लक्ष्मीचंद्र की टीका न होती और उसके आधार पर लिखी गयी अवचूरिका न होती तो इस ग्रंथ को समझने में बड़ी कठिनाई होती। इसलिए निबंध प्रारंभ करने के पूर्व क्षत्रिय गाहड़, लक्ष्मीचंद्र और अवचूरिका के अज्ञात लेखक के प्रति श्रद्धापूर्वक प्रणति निवेदन कर देना आवश्यक कर्तव्य है।

इधर जयपुर के दिगंबर-जैन भांडार की कृपा से हमें 'संदेश-रासक' की एक और दुर्लभ हस्तलिखित प्रति प्राप्त हुई है। इसमें भी एक टीका है जो बहुत-कुछ अवचूरिका से मिलती-जुलती है। अंतर बहुत थोड़े स्थलों पर है। इस प्रति के पाठ और उस पर दी हुई टीका में कहीं-कहीं विचित्र अंतर है। जान पड़ता है लेखक ने पाठ किसी और प्रति से लिया है और टीका किसी और प्रति से। इस पुस्तक के आरंभ का पन्ना नहीं है। आदि के खंडित होने से और अंत में कुछ उल्लेख न होने से यह पता नहीं चल सका कि टीका का नाम क्या है और लेखक कौन है। अवचूरिका से साम्य देखकर हमने इसका नाम अवचूरी दे दिया है और इस संस्करण के परिशिष्ट रूप में उसे भी प्रकाशित कर दिया है। नीचे हम कुछ महत्त्वपूर्ण पाठों और अर्थों पर विचार कर रहे हैं।

१-१ जेणऽज्ज

दोनों ही टीकाकारों ने 'जेणऽज्ज' में 'अज्ज' का अर्थ शायद 'इत्यादि' समझा था, जो बहुत उपयुक्त नहीं जान पड़ता। इसको यदि 'आर्याः' (श्रेष्ठजनो) संबोधन मानकर अर्थ किया जाय तो अधिक उपयुक्त होगा। इसे बुधजन ('बुहयण') का विशेषण माना जा सकता है।

१-१९ मणुजणंमि

टिप्पणककार ने 'मणुजणंमि' का अर्थ किया है 'मनसि किमपि ज्ञात्वा' अर्थात् मन में कुछ जानकर। अवचूरिका में इसका अर्थ है : 'मनुष्यलोके'। ज्ञान होता है कि अवचूरिकाकार के सम्मुख 'मणुयजम्मि' पाठ रहा होगा। 'जम्म' या जन्म शब्द

का अर्थ उन्होंने 'लोक' कर दिया है। हम 'मणुयजम्मि' पाठ स्वीकार करना ज्यादा उचित समझते हैं। टिप्पणकार के सम्मुख शायद 'बी'[1] प्रति का 'मणु मुणेव्वि किंचिय पयासियउ' पाठ ही था। ज्ञात होता है, दोनों टीकाकारों में से किसी ने 'मणुयजम्मि' पाठ नहीं देखा था।

१.४-४ 'आरद्द', 'अद्दहमाण', 'पच्चाएसि', 'मिच्छदेस'

ग्रंथकार ने दो छंदों में इष्टदेवता को अर्थात् करतार को नमस्कार करने के बाद अपना परिचय दिया है, जो महत्त्वपूर्ण है। किन्तु ये दो छंद आपात-दृष्टि से कुछ शिथिल लगते हैं और टीकाकारों ने जो व्याख्या की है उसे प्रकट करने में समर्थ नहीं हैं। पहला छंद है—

पच्चाएसि पहूओ पुव्वपसिद्धो य मिच्छदेसो त्थि।
तह विसए संभूओ आरद्दो मीरसेणस्स॥

टिप्पनक में इसका अर्थ इस प्रकार है—'**प्रतीच्यां पश्चिमदिशि प्रभूतः पूर्वप्रसिद्धो म्लेच्छनामा देशोऽस्ति। तत्र विषये आरद्दो देशीत्वात् तन्तुवायो मीरसेनाख्यः सम्भूतः उत्पन्नः।**'

भाव यह कि पश्चिम दिशा में म्लेच्छ नामक देश है जो पूर्व में बहुत प्रसिद्ध है। वहाँ मीरसेन नामक जुलाहा (आरद्द) उत्पन्न हुआ। यहाँ 'आरद्द' शब्द बिलकुल नया है। मुझे अन्यत्र जुलाहा शब्द के अर्थ में यह शब्द नहीं मिला। देशी नाममाला में भी यह नहीं है। 'आरद्ध' शब्द अवश्य है—'**आरद्धं च पबुड्ढे सयण्ह गेहागएसु च**' अर्थात् 'आरद्ध' शब्द तीन अर्थों में व्यवहृत होता है—प्रवृद्ध, सतृष्ण और गृह में आया हुआ। केवल 'लक्ष्मीचंद्र' के टिप्पनक के आधार पर ही 'आरद्द' शब्द 'देशी होने के कारण' (देशीत्वात्) जुलाहा अर्थ में व्यवहृत माना जा सकता है। अवचूरिका में इसका यही अर्थ स्वीकार कर लिया गया है। अद्दहमाण (अब्दुल रहमान) ने अन्यत्र अपने को 'कोलिय' या 'कोरी' कहा है (१-१६), इसलिए वे तंतुवाय थे, इसमें तो कोई संदेह नहीं पर 'आरद्द' शब्द का यह अर्थ अज्ञातपूर्व अवश्य है। किसी शब्द के अन्य ग्रंथों में न मिलने मात्र से उसके अर्थ के विषय में शंका उठाना उचित नहीं है। संभव है किसी अधिक जानकार को वह शब्द अन्यत्र मिल भी जाय, परंतु मुझे दूसरी कठिनाई दिख रही है। 'आरद्दो मीरसेणस्स' का अर्थ 'आरद्दो मीरसेनाख्यः' नहीं हो सकता। 'मीरसेणस्स' षष्ठ्यंत पद है, उसकी व्याख्या 'मीरसेनाख्यः' प्रथमान्त पद के रूप में नहीं होनी चाहिए। प्रो० हरिवल्लभ

१. प्रतियों के 'ए', 'बी', 'सी' नाम मुनि जिनविजयजी द्वारा संपादित 'संदेश-रासक' के अनुसार दिये गये हैं। 'ज' प्रति का आशय जयपुर की प्रति से है।

भायाणीजी (जिन्होंने इस ग्रंथ की अत्यंत विद्वत्तापूर्ण प्रस्तावना लिखी है) को भी यह बात खटकी है। उन्होंने अपनी प्रस्तावना के 'नोट्स' (पृ० ६५) में इंगित किया है कि वाक्य 'आरद्दो' तक समाप्त हो जाता है। 'मीरसेणस्स' का अन्वय अगले छंद (सं०४) से होगा जो इस प्रकार है—

तह तणओ कुलकमलो पाइय कव्वेसु गीयविसयेसु।
अद्दहमाण पसिद्धो संनेहयरासयं रइयं॥

भायाणीजी के मत से 'मीरसेणस्स' 'तह' (तस्य) का विशेष्य है। यह व्याख्या कामचलाऊ है। एक तो संदेशरासक का लेखक इतना शिथिल वाक्य-विन्यास नहीं करता, दूसरे टीकाकारों को यह बात सूझी नहीं। फिर प्रथम छंद में 'मीरसेणस्स' के स्थान पर इस रासक का समर्थ लेखक आसानी से कुछ ऐसा कर सकता था जो अर्थ को पूरा भी कर देता और बंध को शिथिल भी नहीं होने देता। यहाँ कुछ-न-कुछ गूढ़ अर्थ अवश्य होना चाहिए।

संदेश-रासक का कवि श्लेष करने के लिए महाप्राण वर्णों के स्थान पर पूर्ववर्ती अल्पप्राण वर्ण को रख देने में नहीं हिचकता। सिद्धासन का 'सिज्जासन' (शय्यासन और सिद्धासन [सिज्झासण] दोनों अर्थों में), नट्ट-बरह (नाट्य-वर्ह और नष्ट-विरह के अर्थ में श्लेष करने के लिए) —जैसे प्रयोग बहुत हैं। यहाँ भी क्या कवि आरद्ध (=गृह आगत) और 'आरद्द' (=तंतुवाय) का श्लेष तो नहीं करना चाहता? कम-से-कम आरद्द का 'गृह आगत' अर्थ करने में 'मीरसेणस्स' की संगति बैठ जाती है। 'आरद्द' शब्द का अर्थ 'तंतुवाय' न भी होता हो तो यह अर्थ ठीक बैठ जाता है। 'मीरसेन के घर आया हुआ, (विशेषण-विच्छित्ति-वश 'जुलाहा' भी) उसी का पुत्र कुल-कमल प्रसिद्ध अद्दहमाण हुआ।' यह अर्थ ठीक जमता है।

अस्तु। इस छंद में भी 'पच्चाएसि' में 'पश्चात्' शब्द के नियमानुसार 'पच्छा' होना चाहिए था; परंतु कवि ने 'पच्चा' किया है। संदेश-रासक के विद्वान् संपादक ने अनुक्रमणिका में इस दोष से बचने के लिए 'प्रत्यग्देश' शब्द से इसे निष्पन्न किया है। संदेश-रासक में जहाँ कहीं कवि ने इस प्रकार की स्वतंत्रता बरती है वहीं वह श्लेष करना चाहता है, इसी से 'पच्चाएसि' देखकर संदेह होता है कि यहाँ भी 'प्रत्यादेश' जैसे किसी अन्य शब्द की वह ध्वनि करना चाहता है। परंतु इसके संबंध में हम आगे विचार करेंगे। यहाँ प्रकृत इतना ही है कि 'आरद्ध' का 'आरद्द' बनाना सोद्देश्य होना चाहिए।

कवि अब्दुल रहमान विनयी और मानी कवि था। जहां कहीं उसने विनय किया है वहीं प्रच्छन्न भाव से ऐसे अर्थों का विनिवेश किया है जो उसके मानी रूप को व्यक्त कर देते हैं। साधारणत: श्लिष्ट शब्द की योजना ही उसका कौशल है।

'अद्दहमाण' का अर्थ अब्दुल रहमान किया गया है। दोनों ही टीकाकार इस

विषय में एकमत हैं। मंगलाचरण को देखकर लगता है कि यह अर्थ ठीक ही है। किंतु यहाँ भी कवि ने शब्द-ठठन में कुछ स्वतंत्रता का परिचय दिया है। 'अब्दुल रहमान' में 'रहमान' मुख्य पद है। इसमें से आरंभिक अक्षर को छोड़ना उचित नहीं था। परंतु जब कवि ने ऐसा किया है तो मानना चाहिए कि उसे कोई और अर्थ अभिप्रेत है। वस्तुतः 'पाइय कव्वेषु गीयविसएसु अद्दहमाण पसिद्धः' अर्थात् प्रकृत काव्य में और गीत-विषय में 'अद्दहमाण'—(रूप से, और नाम से) प्रसिद्ध अर्थ ही अभिप्रेत है। 'अद्दह' शब्द प्राकृत में दो अर्थों में प्रसिद्ध है। एक तो खौलने के अर्थ में (तुल०—हिंदी 'अदहन'=खौलता हुआ पानी) और दूसरा 'रक्षित' या 'आहित' अर्थ में (तुल०—अद्दहिय=आहित, विपाक श्रुत १-६)। 'पाइयसद्द-महण्णव' में ये अर्थ दिये हुए हैं। इस प्रकार 'अद्दहमाण' शब्द का अर्थ 'आहितयशाः' होगा अर्थात् जिसका मान या यश प्राकृत काव्यों में और गीत-विषयों में सुरक्षित है। इस प्रकार यहाँ निपुण कवि ने विशेषण-विच्छित्ति के कौशल से यह इंगित किया है कि वह यथार्थनामा है और उसका यश या मान प्राकृत काव्यों और गीत-विषयों में सदा के लिए सुरक्षित रहनेवाला है। या फिर इसका अर्थ होगा 'ज्वलंत मानवाला'। दोनों ही अर्थों में विशेषण-विच्छित्तिवश कवि अपने को गर्वपूर्वक यथार्थनामा कहना चाहता है।

इस प्रकार यदि 'आरद्द' और 'अद्दहमाण' के संबंध में इस प्रकार के इंगित का अनुमान ठीक हो तो 'पच्चाएसि' और 'मिच्छदेस' भी साभिप्राय होने चाहिए। पहले ही बताया गया है कि 'पच्चाएसि' (सप्तमी और तृतीया) में पश्चिम देश के साथ 'प्रत्यादेश' (=निराकरण) अर्थ अभिप्रेत हो सकता है। इसी प्रकार 'मिच्छ देस' से भी दो अर्थ अभिप्रेत जान पड़ते हैं—म्लेच्छ देश और मिथ्या देशना (गलत धर्म या मिथ्या धार्मिक विश्वास)।

ऐसा जान पड़ता है कि मीरसेन ने ही पूर्वधर्म का परित्याग करके मुसलमानी धर्म को स्वीकार किया था। मानी कवि ने अपने पिता को म्लेच्छ देश का निवासी कहने के साथ ही यह इंगित करना चाहा है कि उसके पिता ने जो मिथ्या देशना (धर्म) का प्रत्यादेश या त्याग किया, उसी के पुण्यप्रताप से (पच्चाएसि=प्रत्या-देशेन) यह कुलकमल कवि उसके घर में उत्पन्न हुआ। यह 'मिच्छदेश' या मिथ्या देशना पूर्व के प्रदेशों में बहुत अधिक (प्रभूत) मात्रा में विद्यमान था। मीरसेन धर्मांतरित होने के बाद पूर्वदेश में आ गये थे, वहीं अब्दुल रहमान का जन्म हुआ (तह विसए संभूओ)।

अब्दुल रहमान में भारतीय साहित्य के संस्कार पूरी मात्रा में विद्यमान थे। रिज़ली ने बहुत पहले बताया था कि जुलाहे पंजाब से ढाका तक एक धनुषाकृति भूखंड में बसे हुए हैं और जान पड़ता है कि किसी समय वे सामूहिक रूप में मुसलमान हुए थे। मैंने अपनी 'कबीर' नामक पुस्तक (पृ० १९-२१) में विस्तार-

पूर्वक दिखाया है कि किन कारणों से ये जुलाहे धीरे-धीरे मुसलमान हुए और पीढ़ियों तक उनमें हिंदू संस्कार बने रहे। कबीर आदि इसी प्रकार के सद्योधर्मांतरित जाति में उत्पन्न हुए थे। संदेश-रासक के ये दो छंद मेरे अनुमान को पूर्णत: पुष्ट करते हैं। इस प्रकार समासोक्तिच्छल से सन्देश-रासक के कुशल कवि ने एक दूसरा ही अर्थ ध्वनित किया है जो बिलकुल साफ है। यह दूसरा अर्थ इस प्रकार होगा—पूर्व देश में जो मिथ्या धर्म-विश्वास व्यापक रूप से फैला हुआ है (उसके) प्रत्याख्यान (के पुण्य) से मीरसेन के घर में उसी मिथ्या धर्म के देश में एक 'आरद्द' (१. घर आया हुआ, पुत्र २. जुलाहा) उत्पन्न हुआ, जो उसके कुल का कमल सिद्ध हुआ। (कमल जिस प्रकार कीचड़ में उत्पन्न होता है उसी प्रकार छोटी जाति में यह कवि उत्पन्न हुआ) जिसका मान प्राकृत काव्य में और गीत-विषयों में सदा सुरक्षित रहेगा और इसलिए उसका 'अद्दहमाण' नाम पूर्णत: उचित है।

ऐसा जान पड़ता है कि मुसलमानी धर्म ग्रहण करने के बाद मीरसेन जीविका के लिए या किसी अन्य कारण से पूर्व की ओर बढ़ आये थे। वहीं अब्दुल रहमान का जन्म हुआ। 'तह विसए संभूओ' में यही ध्वनि है।

१-१४ 'वाड'

'वाडि विलग्गा' बाड़े पर लगी हुई (तुंबिनी लता)। यहाँ दोनों ही व्याख्याओं में 'वृत्ति-विलग्ना' लिखा हुआ है जो वस्तुत: 'वृति विलग्ना' होना चाहिए। संस्कृत में 'वृति' बाड़े को कहते हैं, जो काँटेदार झाड़ों से फुलवारी आदि की रक्षा के लिए लगायी जाती है। मेघदूत के यक्ष का माधवी-मंडप इसी प्रकार के कुरवक की 'वृति' से आवेष्टित था (कुरवकवृतेर्माधवीमण्डपस्य), संभवत: लेखनदोष से 'वृत्ति' लिख गया है। संस्कृत का 'वाट' (घिरा हुआ स्थान) इसी शब्द से बना हुआ बताया जाता है। (तुल०—वेश-वाट, श्मशान-वाट, गणिका-वाट)। किंतु 'वाट' शब्द स्वयं प्राकृत का जान पड़ता है और इसे वृति से स्वार्थक अण् प्रत्यय द्वारा निष्पन्न 'वार्त' जैसे क्लृप्तांतर शब्द से निष्पन्न माना जा सकता है।

१-१५ गहिल्ली, नवरंगचंगिमा

जइ भरहभावछंदे णच्चइ णवरंगचंगिमा तरुणी।
ता किं गामगहिल्ली ताली सद्दे ण णच्चेइ॥

अर्थात् यदि भरत मुनि द्वारा निर्दिष्ट भावों और छंदों के अनुसार नवरंग-चंगिमा (नूतनवर्णप्रधाना ?) तरुणी नाचती है तो क्या गामगहिल्ली ताली बजाकर न नाचे ? कवि ने विनयवश अपनी कविता के औचित्य को बताने के लिए

ऐसे कई छंद लिखे हैं। उन दिनों रासक-काव्यों में इस प्रकार विनय और कवित्व-विषयक औचित्य दिखाने की प्रथा थी। समसामयिक कवि चंदबरदाई ने भी इस प्रकार के अनेक छंद पृथ्वीराज-रासो में लिखे हैं। एकाध तो संदेश-रासक के छंदों से बहुत मिलते-से हैं। चंद की इसी भाव की गाथा इस प्रकार है—

सत्त खनं आवासं महिलानं मद्द सद्द नूपुरया।
सतफल बज्जुन पयसा पव्वरियं नैव चालंति ॥

अर्थात् सतखंडे महलों में मद-विह्वल नूपुर-ध्वनि के साथ यदि अभिजात तरुणियाँ नाचती हैं तो क्या पर्वतवासिनी स्त्रियाँ पैरों में घुँघची बजाकर भी न चलें?

यहाँ विचारणीय शब्द है 'गहिल्ली' और 'नवरंग-चंगिमा'। टिप्पनक में 'गाम-गहिल्ली' का अर्थ दिया है, 'ग्राम वधू' और अवचूरिका में है 'ग्राम-ग्रथिला'। 'ग्रथिला' वस्तुतः 'गहिल्ली' (हि० 'गहेलरी' तुल०—रहु-रहु मुगुध गहेलरी पेम न लाजूँ मारि'—कबीर) प्राकृत 'गहिल', सं० ग्रहिल ? (ग्रह-गृहीत) का स्त्री-लिंग रूप है और इसका अर्थ होता है पागल। 'पाइयसद्दमहण्णव' में बताया गया है कि श्राद्धप्रतिक्रमण-सूत्रवृत्ति में इसी अर्थ में व्यवहृत हुआ है। यहाँ इस शब्द का प्रयोग मुग्ध जन के अर्थ में प्रयुक्त हुआ है। कबीरदास के 'मुगुध-गलेहरी' में भी यही भाव है।

'नवरंग-चंगिमा' का अर्थ 'नूतनवर्णप्रधाना नायिका' दिया है। अवचूरिका में कोई अर्थ नहीं दिया गया। देशीनाममाला में 'चंग' शब्द का अर्थ चारु या सुंदर दिया हुआ है (दे० ३-१), 'ढोलामारूरा दूहा' में चंगी शब्द का प्रयोग सुंदरी अर्थ में पाया जाता है—

ऊतर आज स वज्जियउ सीय पड़ेसी पूर।
दहसी गात निरंधणां धण चंगी घर दूर ॥२८८

विद्यापति ने कीर्तिलता में चंगिम और चारु दोनों शब्दों का साथ-साथ प्रयोग किया है, अर्थ वहाँ भी सुंदर या चोखा जान पड़ता है—

हय लग्गिय चंगिम चारु कला
तरवारि तमक्किय बिज्जु झला (४. २३० पंक्ति)

रंग शब्द का प्रयोग प्रेम, नाट्यशाला, नृत्य आदि अनेक अर्थों में होता है। यहाँ प्रेम या राग अर्थ अपेक्षित जान पड़ता है। इस प्रकार 'नवरंग-चंगिमा' का अर्थ हुआ, 'नवीन अनुराग से मनोहर बनी हुई'।

१० १७-१८ चउमुहेण, तिहुयणि

प्रथम प्रक्रम का सत्रहवाँ छंद इस प्रकार है—

जा जस्स कव्वसत्ती सा तेण अलज्जिरेण भणियव्वा।
जइ चउमुहेण भणियं ता सेसा मा भणिज्जंतु॥

अर्थात् जिसके पास जितनी काव्यशक्ति हो उतनी निःसंकोच होकर प्रकट करनी चाहिए। यदि चउमुह ने कविता लिखी तो बाकी कवि क्या कुछ कहें ही नहीं ?

यहाँ 'चउमुह' शब्द का अर्थ दोनों टीकाकारों ने चतुर्मुख अर्थात् ब्रह्मा बताया है और चतुर्मुख-भणित काव्य चारों वेदों को बताया है। ऐसा लगता है कि कवि ने यहाँ अपभ्रंश के प्रसिद्ध कवि चउम्मुह या चउमुह की ओर संकेत किया है। स्वयंभू ने चउम्मुह को छड्डणी द्विपदी और ध्रुव से जटित पद्धड़िया बंध का दाता कहा है :

छड्डणि दुवइ ध्रुवएंहि जडिय
चउमुहेण सम्मप्पिय पद्धडिय।

—रिट्ठिनेमिचरिउ (पउमचरिउ की प्रस्तावना, पृ० १२५)

यहाँ अपभ्रंश के इस प्रसिद्ध कवि की ओर ध्यान गये बिना नहीं रहता।

चउमुह की चर्चा करने के बाद तुरंत ही तिहुयण का भी नाम कौशलपूर्वक ले लिया गया है—

णत्थि तिहुयणि जं च णहु दिट्ठु
तुम्हेहिँ वि जं न सुउ, वियडबंधु सुच्छंधु सरसउ।
णिसुणेविणु को रहइ ललियहीणु मुक्खाह फरसउ।

तिहुयणि = त्रिभुवने। टीकाकारों ने इसका अर्थ इस प्रकार किया है—हे कवियो, त्रिभुवन में ऐसा कुछ नहीं है जो तुमने न जाना हो और न सुना हो। फिर तुम्हारे विकट-बंध, सुंदर छंदों से बने सरस काव्यों को सुनकर मेरे-जैसे मूर्खों के नीरस लालित्यहीन प्राकृत काव्य को कौन सुनेगा ? परंतु इस छंद को सुनकर त्रिभुवन का और स्वयंभू के 'विकट बंध-सुछंद-सरसता' के लिए प्रसिद्ध काव्य का स्मरण नहीं हो आता ?[1] विकटबंध आदि के पूर्व 'युष्माकं' या 'युष्मत्कृतं' तो टीकाकारों का जबरदस्ती जोड़ा हुआ शब्द है। मूलपक्ष में त्रिभुवन में प्राप्त विकट बंध, सुछंद और सरस काव्य का ही उल्लेख है।

---

१. पउमचरिउ के S नामक हस्तलेख में स्वयंभू के संबंध में एक छंद है। 'बिकट बंध सुछंद' आदि शब्दों से उसी का उल्लेख जान पड़ता है।

एक बात और। 'चउमुह' के साथ ही 'सेसा' का आना भी अर्थपूर्ण है। ऐसा जान पड़ता है कि स्वयंभू का एक कीर्तिनाम 'शेष' पड़ गया था। या तो इसका कारण उनके सभी ग्रंथों का 'शेष' रह जाना और उनके पुत्र त्रिभुवन द्वारा पूरा किया जाना हो, या जैसाकि त्रिभुवन ने स्वयं इंगित किया है, 'विजय सेसिय' विरुद के कारण हो। पउम-चरिउ की ८३वीं संधि की पुष्पिका में यह श्लोक है—

कइरायस्स **बिजयसेसियस्स** वित्थारिओ जसो भुवणे।
तिहुयण-सयंभुणा पोमचरियं **सेसेण णिस्सेसो**॥

इसमें 'बिजय-सेसिय' विरुद तो है ही, 'सेस' शब्द का इतना प्रयोग है कि यह अनुमान पुष्ट होता है कि लोक में स्वयंभू 'सेस' नाम से परिचित थे। ऐसा जान पड़ता है कि यहाँ 'सेस' नाम में कवि इस तथ्य की ओर इंगित करना चाहता है कि 'चउमुह' ने कविता की तो क्या 'सेस' न करें ? यहाँ 'सेस' का अर्थ बाकी है और इंगित से यह भी कहा गया है कि 'शेष' (=स्वयंभू) कोई मामूली कवि नहीं थे।

फिर एक बात और कही जा सकती है। संदेश-रासक का लेखक कहता है कि 'त्रिभुवन में ऐसा कुछ नहीं है जो तुमने न देखा हो' और फिर आगे कहता है 'तुमने न सुना हो' ऐसा 'विकट बंध सुछंद सरस' (काव्य)। मेरा अनुमान है कि विकट-बंध आदि विशेषण स्वयंभू के काव्य के लिए ही व्यवहृत हुए हैं। ऐसा जान पड़ता है कि त्रिभुवन, अब्दुल रहमान के थोड़े ही पूर्ववर्ती थे या समसामयिक थे, और स्वयंभू अधिक पूर्ववर्ती। इसीलिए उन्होंने त्रिभुवन के लिए तो 'दिट्ठ' (देखा है) का प्रयोग किया है और स्वयंभू के काव्य के लिए 'सुअ' (=सुना हुआ) कहा है। ये बातें बहुत क्षीण प्रमाण पर आधारित हैं, पर मेरा विश्वास है कि ज्यादा छान-बीन करने पर इस बात पर ज्यादा विश्वासयोग्य सामग्री प्राप्त होगी और अब्दुल रहमान के काल-निर्णय की कुंजी हाथ लगेगी। यदि त्रिभुवन का समय दसवीं शती का उत्तरार्द्ध हो, तो अब्दुल रहमान का समय ग्यारहवीं शती का पूर्वार्द्ध होना चाहिए। वर्तमान प्रसंग में इससे अधिक कहना संभव नहीं है।

१-१८ पत्तेहि, आसासिज्जइ, सइवत्ती, छेयरिहिं।

ऊपर १८वें पद्य के तीन चरण दिये हैं। यह रड्डा छंद में लिखा गया है। शेष दो पंक्तियाँ इस प्रकार हैं—

तो दुग्गच्चिय छेयरिहिं पत्तेहि अलहंतेहिं।
आसासिज्जइ कह कह वि सइवत्ती-रसिएहिं॥

सुच्छंदवियडदाढ़ो छन्दोऽलंकारणहरदुप्पिच्छो। वाभरणकेसराड्डो सयम्भु पञ्चाणणो जयउ। स्वयंभू का यह छंद भी स्मरणीय है—दीहरसमासणालो सद्दलं अत्थकेसराधविधं। बुधमहुवरपीयरसो सयंभुकव्वुपलं जयउ॥ (प० च०, १।२)

दोनों टीकाकारों ने इसका अर्थ इस प्रकार समझा है — 'फिर भी दारिद्र्य-प्राप्त छेक (सहृदय) लोग जिस प्रकार पर्वतादि प्रदेश में बहुमूल्य होने के कारण पान नहीं पा सकते, किसी-किसी प्रकार शतपत्रिका का आस्वादन कर लेते हैं, उसी प्रकार कुछ लोग मेरा काव्य भी पढ़ लेंगे।

यहाँ विचार्य यह है कि 'आसासिज्जइ' का अर्थ 'आस्वादन' कैसे होगा। 'आश्वस्यते' हो सकता है। वस्तुतः पूरे ग्रंथ में कई स्थानों पर 'आसासि' का प्रयोग आश्वस्त होने के अर्थ में ही हुआ है (तुल० —रहिउ भणइ थिरु होहि धीरु आससि खणु, २-९८ इत्यादि)।

मुझे लगता है कि पूरे पद्य का अर्थ दूसरे ढंग से करना होगा । टीकाकारों का अर्थ कुछ जँचता नहीं। कितना भी दरिद्र सहृदय हो, पान के बदले शतपत्रिका चबाने लगेगा, यह बात जमती नहीं । फिर 'आसासिज्जइ' शब्द भी इस अर्थ को स्वीकार करने नहीं देता। मेरा सुझाव यह है—

'दुग्गच्चिय' के स्थान पर 'ए' प्रति का 'दोग्गच्चिय' पाठ अधिक उचित है। दुर्गति शब्द से सिद्ध करने पर 'च्च' की संगति नहीं बैठेगी, परन्तु 'दौर्गत्य' से 'दोगच्च' आसानी से सध जायेगा । वस्तुतः प्राकृत में 'दोगच्च' शब्द का प्रयोग दरिद्रता और निर्धनता के अर्थ में हुआ भी है (मिलाइये—सुपासनाह-चरिय, २३०, 'पाइयसद्दमहण्णव' में उद्धृत), छेअर भी प्राकृत के छेआरिय (=छेकाचार्य=शिल्पाचार्य) का घिसा रूप जान पड़ता है। 'पत्त' शब्द को 'पत्र' का रूप मानने से ही यह गड़बड़ी हुई है। पत्र का अर्थ पत्ता तो होता है, पर पान के रूढ़ अर्थ में 'पर्ण' शब्द के प्राकृत रूप 'पण्ण' या 'पान' का ही व्यवहार होता है। संभवतः 'पत्र' शब्द से 'पान' का अर्थ ठीक-ठीक निकलता न देखकर ही 'ए' प्रति के लेखक ने 'पन्निहि' पाठ बदल दिया है जो संभवतः गलती से लेखक ने 'पुन्निहि' लिख दिया है। पाद-टिप्पणी में 'पुन्निहि' छपा है। 'पत्त' शब्द ही कवि का अभिप्रेत है। किंतु 'पत्र' से बना हुआ नहीं, 'पात्र' से बना हुआ। 'पत्त' का संस्कृत रूप 'पात्र' कष्ट-कल्पित नहीं है, प्राकृत ग्रंथों में उपलब्ध है। 'सइवत्ती' शब्द भी संस्कृत 'शतपत्रिका' (=कमलिनी) का रूप है। इस प्रकार इस छंद का भावार्थ निम्नलिखित होगा—

"तो भी 'दारिद्र्य-ग्रस्त' सहृदय जन (जिस प्रकार) पात्र न मिलने से शतपत्री (=कमलिनी) पत्रों के रसिक होकर भी आश्वस्त हो लेते हैं, उसी प्रकार मेरे इस मामूली काव्य को भी कभी-कभी सहृदय लोग पढ़ लिया करेंगे, (इसी आशा से मैं काव्य लिख रहा हूँ।)" इसमें अपने काव्य को जड़ धातु-पात्र की अपेक्षा कोमल और जीवंत कमल-पत्र कहकर कवि ने कौशल से उसकी सप्राणता और कोमलता की ओर इंगित भी किया है। विनय के आवरण में इस प्रकार मान प्रकट करनेवाले कवि कम मिलेंगे।

१-२२ मयणमणह

दोनों टीकाकारों ने इसका अर्थ किया है 'मदनमनस्कानां'; किंतु 'सी' प्रति में पाठ मिलता है 'मयणमहप्पहदीवयरो', इसका अर्थ होगा 'मदन के माहात्म्य को प्रकाशित करनेवाला'। ध्यान देने की बात है कि 'कामियमणहरु' अर्थात् 'कामियों के लिए मनोहर' पहले ही कह दिया गया है, अतएव फिर से 'मदनमनस्कानां' एक प्रकार से पुनरावृत्ति होगी। इस दृष्टि से 'मयणमहप्पहदीवयरो' अधिक उचित होगा।

२-२४ पहु णिहइ, पउहर (पयहर ?) दीहर (दयहर ?)

द्वितीय प्रक्रम के प्रारंभ में काव्य की नायिका का वर्णन इस प्रकार शुरू होता है—

विजयनयरहु कावि वररमणि।
उत्तंगथिरथोरथणि, विरुडलक्क धयरठ्ठपउहर।

टीकाकारों का कहना है कि विजयनगर (विक्रमपुर) की कोई वर-रमणी थी जो उत्तंग-स्थिर-स्थूल-स्तना, भ्रमरी (बर्र, भिड़) के मध्यभाग के समान कटिवाली और धृतराष्ट्र या हंस के समान गति (पदधरा) वाली थी। विरहिणी होने के कारण उसका मुखमंडल दीन हो गया था, (नयनों से) दीर्घतर जलप्रवाह बह रहा था और प्रभु (पति) जो परदेश गया हुआ था उसे देख रही थी। [परदेशगतं प्रभुं पश्यति—अवचूरिका, परदेशगतं पतिं पश्यति—टिप्पनक]। 'पहु' = प्रभु ठीक है. 'निहइ' का अर्थ देखती है कदाचित् ठीक ही है, पर अर्थ कुछ जमा नहीं। परदेश-गत पति को विरहिणी देखती है, यह अर्थ कुछ कमज़ोर है। मुझे लगता है कि यहाँ पहु = प्रभु नहीं, पहु = पथ होना चाहिए। 'निअ' का अर्थ जोहना, देखना प्राकृत में मिलता है (हेम० ४-१८१)। हेमचंद्र ने अपभ्रंश के एक दोहे में 'मग्गु निअन्त' (= मार्ग देखती हुई, बाट जोहती हुई) प्रयोग दिखाया है—

पहिया दिट्ठी गोरड़ी, दिट्ठी मग्गु निअन्त।
अंसूसासेहिं कंचुआ, तितुब्बाण करन्त॥

["पथिक, गोरी दिखी ?" "दिखी; मार्ग जोहती हुई और कंचुकों को आँसू से भिगोकर उच्छ्वासों से सुखाती हुई।"]

'निअ' का अकार ही महाप्राण में बदलकर 'ह' हो गया है। अपभ्रंश में ऐसा प्रायः हो जाता है। 'मग्गु निअन्त' 'पहु निहइ' एक ही मुहावरे के दो रूप हैं। इसलिए यहाँ अर्थ करना चाहिए, 'पथ निहारती हुई खड़ी थी, बाट जोह रही थी'

इत्यादि।

एक बात और खटकती है। संदेश-रासक का निपुण कवि 'पउहर' का तुक 'दीहर' से नहीं मिला सकता। यहाँ कुछ पाठ की गड़बड़ी होनी चाहिए। उपलब्ध प्रतियों से इस सम्बन्ध में कोई सहायता नहीं मिलती। प्रथम तो 'पदधरा' के लिए 'पउहर' शब्द व्याकरण-सम्मत नहीं है; 'पयहर' होना चाहिए। 'पद' का 'पअ' और उसका प्रथमांत या द्वितीयांत रूप 'पउ' बन जायगा, पर वह समास में नहीं आयेगा (समास में तो पूर्व पद प्रातिपदिक रूप में ही आना चाहिए)। इसलिए 'पयहर' पाठ होना चाहिए। संपादक ने पाद-टिप्पणी में इस पाठ का समर्थक कोई पाठांतर नहीं दिया, यह केवल व्याकरण-सम्मत रूप है और उचित है। 'पयहर' यदि पाठ हो, तो नीचे की पंक्ति में 'दयहर' सुकवि-जनोचित तुक होगा। मुझे लगता है कि टीकाकारों ने अर्थ न समझने के कारण 'दीहर' बना दिया है। परंतु यदि पाठ-निर्णय में केवल पोथियों के अक्षरों को ही प्रमाण न मानकर साहित्यिक चारुता को भी प्रमाण माना जाय, तो 'दयहर' ही उचित पाठ होगा। 'पयहर' व्याकरणसम्मत होने से उचित है, 'दयहर' काव्य-शास्त्र-सम्मत होने से। दीहर का तुक मद्धिम है और अर्थ में भी कोई चारुता नहीं आती। लक्ष्मीचंद्र ने 'दीर्घभर' अर्थ किया है जिससे अनुमान होता है कि मूल शब्द चार अक्षरों का रहा होगा। 'दय' शब्द के दो अर्थ हेमचंद्र ने देशी नाममाला में दिये हैं (५-३३)—एक पानी (अंबु), दूसरा शोक। दयहर का अर्थ होगा दयधर (दुःख-व्यंजक), शोक को धारण करनेवाला। यह जलप्रवाह का विशेषण है। इस प्रकार अर्थ की संगति बैठेगी और काव्य में भी चारुता आयेगी।

'दय' शब्द संदेश-रासक में 'दया' के अर्थ में भी आया है (तुल०—पहिय जइ दय करहि, ६८) इसलिए 'दयहर' का अर्थ दयनीय भी हो सकता है। दय-हर—दया का आहरण करनेवाला=दयनीय।

२-२५ छिहंतु, छिवंतु, अद्धुड्डीणउ

इस प्रकार विलाप करती हुई उस मुग्धा ने रास्ते पर जाते हुए एक पथिक को देखा जो पृथ्वी 'चलणों' से छिहता या 'छिवता' जा रहा था, अद्धुड्डीण था—

इम मुद्धह विलबंतियह, महि चलणेहि छिहंतु।
अद्धुड्डीणउ तिणि पहिउ पहि जोयउ पवहंतु॥

टीकाकारों ने 'चलणेहि छिहंतु' ('सी' प्रति के आधार पर, छिवंतु) का अर्थ किया है 'चलणाभ्यां क्रामन्'। 'चलणाभ्यां' में द्विवचन देखकर स्पष्ट ही उन्होंने 'चलण' का अर्थ चरण किया है। चरण के अर्थ में 'चलण' शब्द का प्रयोग प्राकृत में भी हुआ है। (सेतुबंध, ६-३)। किंतु 'क्रामन्' अर्थ चिंत्य है। हेमचंद्र के शब्दा-

नुशासन (४-१८२) में छिह् और छिव् दोनों धातुओं को स्पर्शार्थक (छूने के अर्थ में प्रयुक्त) बताया गया है। वस्तुतः 'छिव्' से ही हिंदी का 'छू' धातु निष्पन्न है। इसलिए दोनों पाठों का अर्थ एक ही होगा —'पृथ्वी को चरणों से छूता हुआ'। भाव यहाँ यह है कि पथिक इतनी तेजी से जा रहा था कि धरती को पैरों से छू-छूकर निकल जाता हुआ दिखाई दे रहा था। 'अद्धुड्डीणउ' में भी इसी तेज गति को बताया गया है—आधा उड़ा हुआ-सा। टिप्पणककार ने अर्थ बताया है अर्द्धो-द्विग्न (=आधा उद्विग्न) और अवचूरिकाकार ने 'अध्वोद्विग्न' (=रास्ता चलने से उद्विग्न या थका हुआ-सा), किंतु दोनों ही अर्थ प्रसंग के अनुकूल नहीं हैं। संदेश-रासक में उद्विग्न अर्थ में कई जगह 'उब्बिन्न' शब्द आया है, यथा—

झिज्जन्ती णिरु दोसहि उब्बिन्नियनयण। ६८
पढ़िय इह गाह मियनयणि उब्बिन्निया। ८५ इत्यादि।

कोई कारण नहीं कि यहाँ उद्विग्न का 'उड्डीण' हो जाय। वस्तुतः इस प्रकार रूपांतर न तो व्याकरणसम्मत है, न भाषाशास्त्र द्वारा अनुमोदित। इसलिए यहाँ अर्थ 'तेज जाता हुआ' (आधा उड़ा-उड़ा-सा) ही होना चाहिए, 'पवहन्तु' में भी इसी तेजी की ओर इंगित है। नायिका जब उसे कातर-भाव से पुकारती हुई कहती है कि 'ठाहि ठाहि निमिसद्धु' (क्षण-भर के लिए ठहर जाओ) तो वहाँ भी तेज चलने की ओर ही इंगित है।

२-२८ संझसिय

पडिउट्ठिय सविलक्ख सलज्जिर संझसिय।

नायिका स्खलित होकर गिर गयी, फिर उठी, सविलक्षा, सलज्जिरा, संझसिता! टिप्पणककार ने 'संझसिय' का अर्थ किया है, 'संभ्रमिता' और अवचूरिकाकार ने 'संझसिता'। देशी नाममाला (३-६१) में 'झसिय' के दो अर्थ बताये गये हैं, पर्य्यस्त और आक्रुष्ट। पर्यस्त का अर्थ है उत्क्षिप्त और आक्रुष्ट का अर्थ है जिस पर आक्रोश किया गया हो, झुंझलाया गया हो। यहाँ प्रथम अर्थ अपेक्षित जान पड़ता है।

२-३१ पहियणिहिं (पहियणिहि ?)

कुसुमसराउहु रूवणिहि विहि णिम्मविय गरिट्ठ।
तं पिक्खेविणु पहियणिहिं गाहा भणिया अट्ठ॥

अर्थात् कुसुमशरायुध-रूपा, गरिष्ठा रूपनिधि इस नायिका को विधि ने बनाया है। उसे देखकर पथिक ने आठ गाथाएँ पढ़ीं (पथिकेन अष्टौ गाथा भणिताः)। दोनों टीकाओं का वही भाव है, मगर पहिय के साथ जो 'णिहिं' है, वह छूट जाता

है। 'बी' प्रति के लेखक ने 'णिहि' के स्थान पर 'जणि' बना लिया है। संभवत: इस 'निरर्थक' शब्द से उन्हें सार्थक 'जणि' शब्द का उपयोग अच्छा जान पड़ा। परंतु पाठ 'णिहि' ही है। 'णिह' प्राकृत और अपभ्रंश में 'रागयुक्त' या 'स्नेही' के अर्थ में प्रयुक्त होता है। आचारांग-सूत्र में इसका ऐसे अर्थ में प्रयोग हुआ है (पा० स० म०)। आगे की आठ गाथाओं और प्रक्षिप्त माने गये दोहों को पढ़कर स्पष्ट लगता है कि पथिक उस सुंदरी को देखकर रागाविष्ट हो गया था। पहियणि= रागाविष्ट पथिक द्वारा। यहाँ 'हि' में अनुस्वार नहीं होता तो भी तृतीया के रूप में कोई अन्तर नहीं आता, और प्रथम दोहे के पाद में 'रूवणिहि' के साथ तृतीय पाद के 'पहियणिहि' का तुक मिल जाता तो अधिक चमत्कारजनक होता। 'गरट्ठ' पाठ भी काव्य-दृष्टि से अधिक संगत होता।

२-३० अइकुडिलमाइ, पिहुणा

नायिका की सुंदर अलकों के बारे में कवि का कहना है—

अइकुडिलमाइ पिहुणा विविहतरंगिणिसु सलिलकल्लोला।
किसणत्तणंमि अलया अलिउलमालव्व रेहंति ॥३२॥

टीकाकारों के अर्थ का भाव यह है—अति कुटिल मात्रा के कारण प्रधान (अतिकुटिलमात्रया प्रधाना:), तरंगिणियों के सलिल-कल्लोल के समान वक्र, कालिमा में अलिकुल-माला के समान अलक शोभित हो रहे हैं।

यहाँ 'माइ' का अर्थ 'मात्रया' किया गया है और 'पिहुणा' का प्रधान। 'माइ' शब्द प्राकृत में मात्रा के अर्थ में भी प्रयुक्त होता है। किंतु देशीनाममाला (६. १२८) में एक 'माइ' शब्द आया है जिसका 'रोमश' अर्थ दिया हुआ है। यहाँ मात्रा अर्थ ही ठीक जान पड़ता है। इस 'माइ' शब्द का 'मात्रा' शब्द में रूपांतर कुछ भ्रामक है। वस्तुत: यह भाववाचक प्रत्यय के रूप में व्यवहृत होता है। 'अइकुडिलमाइ' का संस्कृत-रूपांतर होगा—'अतिकुटिलत्वे'। इसी प्रकार ३३वें छंद में 'अकलंकमाइ वयणं वासरणाहस्स पडिबिंबं' की छाया होगी— **अकलङ्कत्वे वदनं वासरनाथस्य प्रतिबिम्बम्।**

तैंतीसवें पद्य में भी 'माइ' शब्द मात्रा अर्थ में ही प्रयुक्त हुआ है। 'पिहुण' या 'पेहुण' का अर्थ होता है मयूरपिच्छ (देशीनाम माला ६.५८), प्रधान नहीं (पा० स० म०)। 'पिहुण' शब्द देखकर प्रधान की याद भी नहीं आ सकती। कदाचित् 'प्रधान' अर्थ समझनेवाले टीकाकारों के सामने 'पिहण' पाठ रहा हो और उसी से उन्होंने 'प्रधान' शब्द का अनुमान कर लिया हो। 'पिहण' पाठ बहुत बुरा न होता। लेकिन फिलहाल उसे छोड़कर जो पाठ मिलता है उसी पर विचार किया जाय। विविह-तरंगिणिसु सलिलकल्लोला का अर्थ होगा, विविध तरंगिणियों में

सलिल-कल्लोल (की भाँति); परंतु यह अर्थ कुछ स्पष्ट नहीं है। 'ए' प्रति में 'विविहतरंगंसु' पाठ है जिसका अर्थ है 'विविध तरंगों में'। यह कुछ उत्तम लगता है। 'ए' प्रति में जो 'तरंगंसु' पाठ है वह वस्तुतः 'तरंगेसु' या 'तरंगेसुं' रहा होगा। नीचेवाली पंक्ति, ऊपरवाली पंक्ति का अर्थ-निर्णय करने में सहायक है। 'कृष्णत्व में अलिकुल-माला के समान अलक सुशोभित हो रहे हैं।' यहाँ 'के समान सुशोभित हो रहे हैं' का अन्वय ऊपर के उपमानों के साथ भी है। 'कृष्णत्व' सामान्य धर्म है और 'अलिकुल-माला' उपमानपद है। 'अलक' उपमेय है। स्पष्ट है कि कवि सप्तमी विभक्ति में सामान्य धर्म कहता है और प्रथमा बहुवचन में उपमान पद बताता है। नीचे ऐसा ही है। ऊपर भी ऐसा ही होना चाहिए। अब इस छंद में यदि तीन उपमान और तीन सामान्य धर्म हों तो इस प्रकार होंगे—

सामान्य धर्म	उपमान
१. अइकुडिलमाइ	**पिहुणा**
२. विविहतरंगिणिसु (विविह तरंगंसु)	**सलिल-कल्लोला**
३. किसणत्तणम्मि	**अलिउलमाला**

अब अर्थ इस प्रकार स्पष्ट हो गया—

१. अति कुटिल मात्रा में (अत्यंत कुटिलत्व में)—पिहुणपिच्छ की भाँति या पिशुन-कुटिल जन की भाँति।[1]

२. विविध तरंगिता में—सलिल-कल्लोल (पानी की लहरों) (की भाँति)।

३. कृष्णत्व में—अलिकुल-माला (की भाँति)।

२.३१ (के बाद का पद) विवि, वियड्ढपरि, वियड्ढलु

पहिउ भणइ विवि दोहा तसु सु वियड्ढपरि।
इकु मणि विंभउ थियउ कि रूविणि पिक्खि करि॥
किं नु पयावयइ अंधलउ अहवि वियड्ढलु आहि।
जिणि एरिसि तिय णिम्मविय ठविय न अप्पह पाहि॥

टिप्पणक का भावार्थ है—पथिक ने उसे देखकर दो दोहे (दोधक-द्वय) कहे। (पथिक दो दोहे कहता है। उस स्त्री के संबंध में (तस्यां) उस विदग्ध-परिणा (पथिक ?) द्वारा ? (विदग्ध-परिणा ?) मन में एक विस्मय उत्पन्न हुआ। उस रूपवती को देखकर मैं ऐसा मानता हूँ—क्या प्रजापति अंधा है या षंढ (नपुंसक) है जिसने इस प्रकार की स्त्री का निर्माण करके अपने ही पास नहीं रख लिया ?

---

१. 'पिशुन' शब्द का भी प्राकृत-रूप 'पिहुण' बन सकता है और कुटिलत्व में पिशुन व्यक्ति के साथ उपमा देना भी संगत ही होगा।

ये चार पंक्तियाँ दो प्रतियों में मिलती हैं। 'ए' प्रति में नहीं हैं और इस पर अवचूरिका टीका भी नहीं है। संपादक ने इसे प्रक्षिप्तप्राय ही समझा है। जान पड़ता है कि टिप्पणक में इसका भद्दा अर्थ देखकर अवचूरिकाकार ने इसे छोड़ दिया।

टिप्पणक का अर्थ भ्रामक है और स्पष्ट भी नहीं है। पथिक ने दो दोहे पढ़े। मगर इसमें दोहा एक ही है। प्रथम दो पंक्तियाँ रासक छंद की हैं, दोधक या दोहे की नहीं। इसलिए या तो एक दोहा छूट गया है या फिर 'विवि' शब्द का अर्थ 'दो' नहीं है, कुछ और अर्थ है। 'विदग्धपरिणा' अर्थ कुछ समझ में आने लायक नहीं है। 'सु' की कोई संगति नहीं बैठायी गयी और 'तस' का अर्थ 'तस्यां' भी कष्टकल्पित है। 'विवि' का अर्थ 'दो' उचित है, इसलिए एक दोहे की कमी ही यहाँ दिखायी दे रही है। यदि यह मान लिया जाय कि दोहा एक ही था तो 'विवि' शब्द का अर्थ कुछ और होना चाहिए। यहाँ इसके अर्थ को स्पष्ट करने के लिए कुछ सुझाव देने का प्रयास किया जा रहा है, परंतु थोड़ी कष्टकल्पना इस प्रयास में भी है।

प्रसंग यह है कि पथिक ने सोचा था कि विधि ने (प्रजापति ने) कुसुम-शरायुधरूप लावण्यनिधि स्त्री का निर्माण किया है। उसके बाद ही उसके मुख से आठ गाथाएँ निकलीं, जो ऊपर-उद्धृत पद्यों के बाद हैं। उचित तो यही था कि वे आठ गाथाएँ शुरू हो जातीं; परंतु कुछ समझकर और रूपिणी को देखकर (रूविणि पिक्खि करि) पथिक के मन में (मणि) उस प्रजापति के (तस) वियड्ढ (वैदग्ध्य=वेयड्ढ—बियड्ढ) पर विस्मय हुआ, इसलिए उसने एक दोहा (दो नहीं) (गाथाओं के पढ़ने के पहले ही) पढ़ दिया।

बि+वि > बीअ + वि > द्वितीयोऽपि=दूसरा भी।

'विवि' का अर्थ 'दो' नहीं है, यह तो स्पष्ट है। दो दोहे पथिक ने नहीं कहे। इसलिए इसका अर्थ 'दूसरा भी (एक) दोहा' ऐसा ही उचित है। इसके पूर्ववर्ती दोहे में प्रथम पंक्ति में विधि या ब्रह्मा की अपूर्व निर्माण-शक्ति की चर्चा है और दूसरी पंक्ति में पथिक का सुंदरी को देखकर रागयुक्त होकर आठ गाथाओं के पढ़ने की बात है। इसके बाद ही कवि कहता है कि पथिक ने उस ब्रह्मा के (जिसकी अद्भुत निर्माण-शक्ति का वह कायल हो चुका था) वैदग्ध्य पर भी एक दूसरा दोहा (पहले में तो उसकी रचना-शक्ति की प्रशंसा कर चुका था) कहा, क्योंकि उसके मन में इस अपूर्व सुंदरी को देखकर (जिस प्रकार ब्रह्मा की निर्माण-शक्ति पर आश्चर्य हुआ था उसी प्रकार उसके वैदग्ध्य पर भी) विस्मय हुआ। यही अर्थ संगत जान पड़ता है। यद्यपि उपलब्ध प्रतियों में सिर्फ दो में यह मिलता है तथापि इसे प्रक्षिप्त नहीं कहा जा सकता क्योंकि टिप्पणककार को ये दोहे मिले थे। जान पड़ता है कि कि 'विवि' का अर्थ उन्हें स्पष्ट नहीं हुआ और उन्होंने 'दो

दोहे अर्थ लिख दिया जिससे असंगति जान पड़ी और परवर्ती प्रतियों के लेखकों ने इसे प्रक्षिप्त समझ लिया। 'गाहा भणिया अट्ठ' के बाद तुरंत ही गाथाएँ शुरू होनी चाहिए, यह भी प्रक्षिप्त समझने का एक हेतु था। परंतु मैंने जो अर्थ सुझाया है उससे इसकी संगति लग जाती है। प्रथम दोहे के दो विषय हैं—(१) ब्रह्मा की निर्माण-चातुरी और (२) नायिका का रूप। दोनों के बारे में पथिक का क्रमशः कहना असंगत नहीं है। फिर दोहा उसने मन-ही-मन पढ़ा, गाथा जोर से। आगे है—'गाहा तं निसुणेविणु' (उन गाथाओं को सुनकर)। अर्थात् नायिका ने केवल गाथाएँ ही सुनीं, दोहा नहीं।

२-४४ कयवरहिँ अहिणवियअइ

इसका अर्थ दोनों टीकाकारों में से किसी ने नहीं किया है। जान पड़ता है कि यह शब्द 'कृतिकर' या 'कृतकर' से बना है जिसका अर्थ 'मायावी जादूगर' या 'खेल-तमाशा दिखानेवाला' होता है।

'अहिणवियअइ' पद स्वीकार करने से एक मात्रा अधिक हो जाती है। 'ज' प्रति का 'अहिणवियइ' पाठ, छंद और मात्रा, दोनों दृष्टियों से उचित है। इसका अर्थ 'अभिनीत किया जा रहा है" होना चाहिए। टीकाकारों ने इसका अर्थ 'अभिनीयते' किया है। टिप्पणकार ने इसका अर्थ 'अभिनूयते' किया है जो कदाचित् स्तुत्यर्थक 'अभि'-पूर्वक 'नू' धातु से बना है। 'प्राकृतशब्द-महार्णव' में 'अहिनु' का अर्थ स्तुति करना या 'प्रशंसना' दिया हुआ है। संभवतः यही अर्थ ध्यान में रखकर अवचूरिका के लेखन ने 'उच्चर्यंते' अर्थ किया है। लेकिन 'ज' प्रति का 'अहिणवियइ' पाठ स्वीकार कर लिया जाय तो इसका अर्थ बहुत स्पष्ट हो जायगा। 'रामायणमभिनीयते' अर्थात् रामायण का अभिनय किया जा रहा है।

चाई=त्यागी। संभवतः इसी से ढोंगी और फिर 'चोर' अर्थ विकसित हुए हैं।

२-४५ चल्लहि चल्ल करंतिय

आयण्णहिं (आइन्निहिं ?) सुसमत्थ पीन-उन्नय-थणिय
चल्लहि चल्ल करंतिय कत्थ वि णट्टणिय।

इसका अर्थ टिप्पणक में इस प्रकार है—

कुत्रापि आकर्णने (र्षणे) समर्थाः पीनोन्नतस्तन्यः नर्तक्यः चलचलेति शब्दं कुर्वन्त्यश्चलन्ति—अर्थात्, कहीं आकर्णन (या आकर्षण) में समर्थ पीनोन्नत-स्तनी नर्तकियाँ 'चल चल' शब्द करती हुई चलती हैं। अवचूरिका के लेखक ने भी प्रायः

यही अर्थ किया है। उन्होंने स्पष्ट रूप से 'आकर्षणे समर्थाः' कहा है और 'चलन्ति' के स्थान पर 'परिभ्रमणं कुर्वन्ति' कहा है।

प्रथम तो 'आयण्णहिं' शब्द ही विचार्य है । इसका अर्थ 'आकर्षणे' कैसे हो सकता है ? 'आयण्णह' को आकर्षण का रूप मानना कष्टकल्पित है। फिर नर्तकियाँ 'चल-चल' करती हुई चल रही हैं या परिभ्रमण कर रही हैं, यह कोई चमत्कार नहीं रखता। कोई मतलब भी नही निकलता कि क्यों बेचारी नर्तकियाँ 'चल-चल' शब्द करती हुई चल रही हैं या परिभ्रमण कर रही हैं।

'आयण्णहिं' के स्थान पर 'बी' प्रति में 'आइन्निहिं' पाठ है जो पूर्ववर्ती पंक्ति के 'आइन्निहिं वंसवीण काहल मुरउ' के प्रयोग के अनुकूल है और वही पाठ ठीक जान पड़ता है। 'आइन्निहिं' अर्थात् सुनते हैं। 'आयण्णहिं' का भी यही अर्थ है।

चल्ल, चहल्लणग, उच्चोल (देशी नाम माला) आदि शब्द देशी हैं और 'कटि-वस्त्र' लहँगा और नीवी के लिए प्रयुक्त होते हैं (पा० स० म०)। 'चल्लहिं' का अर्थ हुआ 'कटी-वस्त्र या लहँगे को'। फिर 'चल्लन' शब्द चंचल या चालित के अर्थ में प्रयुक्त होता है। इस प्रकार अंतिम पंक्ति का अर्थ हुआ—नटिनियाँ चंचलचारी से चल्लण (=कटीवस्त्र) को 'चल्ल' करती हुईं (जघनांशुक को चालित करती हुईं)। 'सुसमत्थ' या 'सुसमर्थ' 'नट्टिनिय' का विशेषण नहीं जान पड़ता। यह सुनने-वाले लोगों का बोधक है और 'आयन्निहिं' क्रिया का कर्ता है। पहले बताया गया है कि कुछ लोग वंशी, मुरज, बीन, काहल, ढोल, मृदंग, खोल आदि सुन रहे हैं। ये साधारण लोग हैं। फिर कहा है कि कहीं प्राकृतवर्णनिबंध (टीकाओं में यह अर्थ है जो चिंत्य जान पड़ता है, शायद पयवण्णनिबद्ध=पदवर्ण-निबद्ध) गान सुनायी दे रहा है, यह भी साधारण लोगों का उपभोग्य है। परंतु जो लोग सुसमर्थ हैं, कुछ खर्च कर सकते हैं, वे नर्तकियों के गान सुनते हैं और और नृत्यपरायण नर्तकियों की चंचल चारियों का (जिसमें कटीवस्त्र चंचल हो उठता है) रस लेते हैं।

२-४६ परिघोलिर

भमहिं कावि मयविंभल गुरुकरिवरगमणि।
अन्न रयणताडंकिहि परिघोलिरसवणि॥

'परिघोलिर' का अर्थ दोनों टीकाकारों ने 'प्रतिघोलन्त' किया है जो वस्तुतः इसी शब्द के संस्कृतीकरण का प्रयास है। वस्तुतः इसका अर्थ 'घूमता हुआ', 'चक्कर-दार फिरता हुआ' है। 'गउडवहो' में यह मिलता है और 'घोलिर' शब्द का प्रयोग 'गाथा-सप्तशती' (३. ३८) में भी मिलता है। 'समराइच्च कहा' (५-७८) में भी यह शब्द इसी अर्थ में है।

२-४७ णिवडब्भर (उभरे हुए ?), नियकोयणिहिं
अवर कहव णिवडब्भर घणतुंगत्थणिहिं
भरिण मज्झु णहु तुट्टइ ता विभिउ मणिहिं।
कावि केण सम दर हसइ नियकोअणिहि।
(व्सम हसइ नियइ-मइ-कोइणिहि।)
छित्ततुच्छतामिच्छ तिरच्छियलोयणिहि।

(और कहीं निपट उभरे हुए (?) घन-तुंग वक्षस्थलोंवाली (सुंदरी भ्रमण कर रही है), भार से बीच ही में नहीं टूट गयी, यह आश्चर्य है (लोगों के मनों में)। कोई किसी के साथ हँसती है थोड़ा-थोड़ा (!) अपने मद-कौकुचों से (मदकौकुचाभ्याम्) (?) उन तिरछी आँखों से, जिनमें महीन काजल की रेखा लगी हुई है।)

'णिवडब्भर' का अर्थ एक टीकाकार ने 'निविड़ोत्तर' किया है, दूसरे ने 'निविडोद्धुर'। परंतु दोनों में एक भी 'णिवडब्भर' के निकट नहीं जाता। यहाँ 'निवडब्भर' परवर्ती हिंदी के 'निपट' और 'ऊभर' 'ऊभट' (ऊभरे हुए) के संयुक्त शब्द का पूर्वरूप जान पड़ता है। 'निवडब्भर' अर्थात् निपट उभरे हुए।

तीसरे चरण का पाठ कुछ गड़बड़ मालूम पड़ता है। टीकाकारों ने 'मदकौकुच' जैसा एक विचित्र शब्द गढ़कर समझा तो दिया है पर समझ में नहीं आ रहा है। एक बात स्पष्ट है। 'मद' का वाचक 'मअ' या 'मय' शब्द या इनसे कोई मिलता-जुलता शब्द अवश्य टीकाकारों द्वारा स्वीकृत पाठ में था, जो संपादक द्वारा स्वीकृत पाठ में तो नहीं मिलता किंतु पाद-टिप्पणियों के पाठांतरों में मिलता है। इस चरण में छंद भी त्रुटित है। एक मात्रा कम है। निश्चय ही कुछ छूट गया है। असल में 'बी' प्रति का पाठ सब दृष्टियों से शुद्ध है—'नियइ मइ कोइणिहि'। 'सी' प्रति में 'दर' नहीं है। जान पड़ता है कि किसी ने पूर्ववर्ती आदर्शों में हाशिये पर 'दर' लिख रखा था जो बाद में टीकाकारों द्वारा व्यवहृत प्रति के मूल पाठ में जुड़ गया है। पाठ इस प्रकार होना चाहिए—

कावि केण सम हसइ नियइमइकोइणिहि।

यह छंद की दृष्टि से भी शुद्ध है। 'दर' बाहर से आ गया है। अब विचार किया जाय कि इससे अर्थ स्पष्ट होता है या नहीं। टीकाओं को देखकर निश्चित ज्ञात होता है कि 'नियअमअकोउणिहिं' —जैसा पाठ उसके सामने था, जिसका अर्थ उन्होंने 'निजक-मद-कौकुचाभ्याम्' किया था। 'कौकुच' का अर्थ स्पष्ट नहीं है, संभवतः वह किसी देशी शब्द का संस्कृतीकृत रूप हो। १२३वें पद में 'मयनाकोइणिहिं' (बंककडक्खिहि तिक्खहि मयनाकोयणिहिं) आया है। वहाँ भी लोचनों

का ही विशेषण है। टिप्पणकार ने वहाँ 'मदेन कूणिताभ्यां' और अवचूरिकाकार ने 'मदनाकोचनाभ्यां' अर्थ किया है। 'निजक-मद-आकोचन' का अर्थ हो सकता है 'अपने आपके मद से ही आकुंचित होनेवाले (नयनों से कोई तरुणी किसी पुरुष के साथ हँस रही है)। यह अर्थ भी असंगत नहीं है परंतु 'बी' प्रति वाला पाठ अधिक ठीक जान पड़ता है और प्रसंग से अनुकूल भी है। 'निअइ' (सं०—निकृति) कपट के अर्थ में प्राकृत में प्रयुक्त होता है और 'मइ' मति के अर्थ में (पा० स० म०)। 'कोउणि' या 'कोइणि' 'कोपिनी' (=कोपवती) है। नीचे वाला पद पूरा समस्त पद है। उसका अर्थ है —'महीन काजल की रेखा अँजी हुई आँखों से'। अब नीचे के प्रस्तावित पाठ वाले चरणों का अर्थ होगा—'कोई (तरुणी) किसी व्यक्ति के साथ, उन कजरारी तिरछी आँखों से, जिनमें बनावटी कोप का भाव है, हँस-हँसकर बातें कर रही है। अर्थ की दृष्टि से भी यही पाठ ठीक जान पड़ता है।

२-४८ णं ससिसूर णिवेसिय

इसका अर्थ टीकाकारों ने 'मन्ये शशिसूर्यौ गण्डयोर्निविष्टौ' किया है। 'रेहइ' को छोड़ ही दिया है। 'रेहइ' का अर्थ है राजते, अर्थात् 'शोभित होता है'। यह एक-वचन की क्रिया है, इसलिए इसका कर्ता भी एकवचन का होना चाहिए। वस्तुतः 'ससि' अलग है और प्रथमांत है। 'सूर' अलग है और द्वितीयान्त है। अर्थ हुआ मानो चंद्रमा स्वयं सूर्य को गंडतल में निवेशित करके शोभित है। यहाँ चंद्रमा मुख का उपमान है और सूर्य विमल हँसी से उद्भासित आभा का।

२-५० अइ मल्हिरउ चमक्कउ

रमणभार गुरुवियडउ का कट्टिहि धरइ,
अइ मल्हिरउ चमक्कउ तुरियउ णहु सरइ।

टिप्पणक में इसका अर्थ इस प्रकार दिया हुआ है—'काचिद् रमणभारं गुरु विकटम् अतिस्थूलत्वात्, कष्टेन बिभर्ति। तस्याश्चलन्त्या उपानहोश्चमचमच्छब्दो-ऽतिमन्थरस्तु (सत्व) रितं न सरति।' अवचूरिका में भी लगभग यही अर्थ है, केवल 'बिभर्ति' के आगे 'धारयति' लिखकर उसे और भी स्पष्ट कर दिया गया है। 'मल्हण' शब्द देशीनाममाला (६।११९) में लीला के अर्थ में आया है। 'मल्हिर' शब्द उसी शब्द से बना जान पड़ता है। इस प्रकार 'अइ मल्हिरउ' का अर्थ हुआ 'अत्यन्त लीलायित'।

'चमक्कउ' का अर्थ 'उपानहोश्चमचमच्छब्दों' अर्थात् जूतों का चमचम शब्द भी कष्टकल्पित जान पड़ता है। वस्तुतः ५३वें छंद में 'चिक्कणरउ चबाइहिं' अर्थात् 'मृदु शब्दवाले चर्मपाद या जूतों का वर्णन आया है। यहाँ उसका कोई प्रसंग

नहीं है। यहाँ कवि केवल 'गुरु विकट रमण भार' के कारण गति में आयी हुई मंथरता का वर्णन करना चाहता है। वस्तुतः 'अइ मल्हिरउ' और 'चमक्कउ' दोनों ही रमणभार से संबद्ध हैं। 'चमक्कउ' 'चमत्कृत' का अपभ्रंश-रूप है, जिसका अर्थ है 'विस्मित', 'आश्चर्यान्वित' या विस्मय और आश्चर्य। प्राकृत में 'चमक्क' शब्द दो अर्थों में प्रयुक्त होता है, 'विस्मय' और 'आश्चर्य' के अर्थ में और 'विस्मित करना' और 'आश्चर्यान्वित करना' के अर्थ में। प्रथम अर्थ में 'धर्मरत्नसंग्रह' और 'उपदेश-टीका' में इसका प्रयोग हुआ है और दूसरे अर्थ में 'विवेकमंजरी' और 'विक्रान्त-कौरव' नामक ग्रंथों में। 'पाइअसद्दमहण्णव' में ये दोनों अर्थ दिये हुए हैं।

अस्तु, ऊपर लिखी पंक्तियों का अर्थ इस प्रकार होना चाहिए—"कोई रमणी 'गुरु विकट रमण भार' (नितंब) को अत्यन्त कष्ट से धारण कर रही है, जिससे उसकी गति में विस्मयकारक या आश्चर्यजनक लीलायित गति आ गयी है। वह शीघ्रता से चल नहीं पाती।"

२-६४ (के बाद) पुरउ... ...रवि

निम्नलिखित दो पंक्तियाँ केवल 'बी' प्रति में प्राप्य हैं—

पुरउ सुवित्थरउ वन्नउ अद्धउ जइवि,
करि अज्जु गमणु महु भग्गा धू अत्थवइ रवि।

इन पंक्तियों की कोई टीका नहीं मिलती। परंतु इसमें कई शब्द ऐसे हैं जो विचारणीय हैं। ऊपरवाली पंक्ति में दो मात्रा कम हैं। संभवतः 'जइवि' के बाद 'नवि' शब्द और था जो किसी कारणवश छूट गया है। 'नवि' का अर्थ है, नहीं (तुलनीय—ढोला मिलसि म बीसरसि नवि आविसि ना लेसि)। इस शब्द के जोड़ देने के बाद छंद और तुक ठीक बैठ जाते हैं और अर्थ भी स्पष्ट हो जाता है। भाव यह है कि पुर का मैंने सविस्तर वर्णन किया, यद्यपि वह (वर्णन) आधा भी नहीं हुआ। (हे पथिक! आज गमन करके भागो नहीं, रवि निश्चित रूप से अस्तमित हो रहा है।)

२-६५ इक्कणि

मुद्रित प्रति में जो पाठ स्वीकार किया गया है, उसकी प्रथम दो पंक्तियों में छंदोभंग है। किंतु 'ज' प्रति का पाठ इस दोष से रहित है। अंतिम दो पंक्तियाँ मुद्रित प्रति में इस प्रकार हैं—

तिह हुंतउ हउं इक्किण लेहउपेसियउ,
खंभाइत्तइं वच्चउं पहुआएसियउ।

दोनों टीकाएँ इसका अर्थ इस प्रकार देती हैं—

ततोऽहं लेखवाहक एकेन प्रेषितः स्तंभतीर्थे प्रभा (भ्वा) दिष्टो व्रजामि अर्थात् वहाँ मैं किसी एक व्यक्ति के द्वारा प्रेषित हुआ हूँ और स्वामी का आदेश पाकर स्तंभतीर्थ को जा रहा हूँ। इसमें कई शब्द विचारणीय हैं। 'लेहउ' का अर्थ लेख या लेखक हो सकता है, 'लेखवाहक' नहीं। फिर 'इक्किण' का अर्थ किया गया है किसी एक के द्वारा और 'पेसियउ' का अर्थ किया गया है 'प्रेषित'। 'किसी एक के द्वारा भेजा गया हूँ' और 'प्रभु से आदिष्ट हूँ' ये दोनों बातें संगत नहीं हैं। प्रभु का जब आदेश है तब यही कहना चाहिए था कि प्रभु से भेजा गया हूँ। फिर 'इक्किण' शब्द अनावश्यक हो सकता है। 'इक्किण' का कुछ और अर्थ होना चाहिए। आगे काव्य में पथिक बार-बार कहता है 'मुझे जल्दी है'। इसलिए वह जिस काम से भेजा गया है वह ऐसा होना चाहिए कि उसके सिवा कोई दूसरा उसे न कर सके और जिसका किया जाना अत्यंत आवश्यक हो। टीकाओं से ऐसा कोई अर्थ प्रकट नहीं होता। 'बी' और 'ज' प्रति में 'इक्कणि' पाठ है जो ठीक जान पड़ता है। 'देशी नाममाला' में 'इक्कण' शब्द का अर्थ किया गया है 'चोर' (दे० ना० मा०, १।१८०)। इस प्रकार 'इक्कणि' शब्द का अर्थ हुआ 'चोरीवाला' जो लेखक का विशेषण हो सकता है। 'चौर्य' शब्द का प्रयोग अंग्रेजी के 'सीक्रेट' के अर्थ में संस्कृत-साहित्य में प्रयुक्त हुआ है। (तुल० चौर्यरत, चौर्य-प्रेम) इसलिए 'इक्कणि लेह' का अर्थ हुआ गोपनीय लेख (सीक्रेट डॉक्यूमेंट)। ऐसे गोपनीय लेख सांकेतिक भाषा में लिखे जाते थे। ऊपर से उनका अर्थ और होता था, लेकिन जानकार व्यक्ति ही उनका ठीक अर्थ समझता था। 'प्राकृत' में 'उवेश' शब्द 'उपदेश' के अर्थ में आता है—सरहे कियउ उवेस (सरहपा)। 'बी' प्रति और 'ज' प्रति के पाठ से अर्थ खुल जाता है 'इक्कणि लेह उवेसियउ' का अर्थ हुआ, 'गोपनीय लेख में उपदेशित होकर'। भाव यह हुआ कि पथिक को कोई ऐसा लेख दिया गया है जो सांकेतिक भाषा में लिखा गया है। किसी दूसरे के हाथ में अगर वह लेख पड़ भी जाय तो वह उसका अर्थ नहीं समझ सकता।

यहाँ विशेष द्रष्टव्य यह है कि यद्यपि 'इक्कण' शब्द देशीनाम माला में देशी शब्द के रूप में आता है, किंतु वह संस्कृत के 'एकायन' शब्द से बन सकता है। एकायन ऐसे मार्ग को कहते हैं जिसमें से एक ही आदमी निकल सके। कदाचित् इसी शब्द से 'एकायन लेख' का संबंध हो, जिसका मतलब होगा ऐसा लेख, जिसे कोई दूसरा न समझ सके, बल्कि एक ही आदमी समझ सके।

२-७२ ओसहे (आसहे ?), तग्गन्ति

तुह विरह पहरसंचूरिआइं विहडंति जं न अंगाइं।
तं अज्ज कल्ल संघडण ओसहे णाह तग्गंति ॥

इस गाथा का भाव दोनों टीकाकारों ने एक ही दिया है —"हे नाथ, तुम्हारे विरह-प्रहार से संचूर्णित अंग जो विघटित नहीं हो रहे हैं उसका कारण क्या है ? — आजकल में संघटन या मेल; इस औषध के प्रभाव से ये रह रहे हैं (बने हुए हैं) —"अद्यकल्ये संघटन (म्) मेल इत्यौषधप्रभावेन तिष्ठति" ।

यहाँ 'ओसहे' का अर्थ 'औषध से' और 'तग्गन्ति' का अर्थ 'तिष्ठन्ति' किया है। पूरी गाथा का भाव ऐसा जान पड़ता है कि अंगों के विघटन अर्थात् अलग-अलग हो जाने में कोई वस्तु बाधक है। टीकाकारों के मत से आजकल में मिलन-रूपी औषध ही वह वस्तु है। किन्तु मिलन तो हो नहीं रहा है, इसलिए मिलन-रूपी औषध का वर्तमान प्रसंग में बाधक होना युक्तिसंगत नहीं है। मिलन रूपी औषध जब प्राप्त हो जायगी, तो विरह-प्रहार का कोई प्रश्न ही नहीं रह जायगा। यहाँ विरहावस्था में उसका यही अर्थ किया जा सकता है कि 'विरह-प्रहार से संचूर्णित अंगों का विघटन जो नहीं हो रहा है वह इसलिए कि आजकल में मिल जाने की आशा है। मिलन नहीं, मिलन की आशा विघटन में बाधक है। कालिदास ने भी मेघदूत में 'आशापाश' को ही नारियों के फूल की तरह सुकुमार प्रेमपूर्ण हृदय के टूटकर बिखर जाने में बाधक बताया है—

आशाबन्धः कुसुमसदृशं प्रायशो ह्यंगनानां ।
सद्यःपाति प्रणयिहृदयं विप्रयोगे रुणद्धि ॥

विरह-काल में औषध का काम मिलन नहीं, मिलन की आशा करती है, इस-लिए यदि 'ओसहे' पाठ हो तो आशा का अध्याहार करना होगा।

'तग्गंति' 'तग्ग' धातु से बना है। अर्थ है—तागना। तागा या धागा देशी शब्द है जिसका अर्थ है सूत्र या सूत। हेमचंद्र ने 'देशी नाममाला' में 'धागे के कंकण' के अर्थ में 'तग्ग' शब्द का प्रयोग बताया है ('देशी नाममाला, ५।१) हिंदी के 'ताग-पाट' शब्द में यह अर्थ सुरक्षित रह गया है। हिंदी में 'तागना' धातु भी सुरक्षित है, अर्थ है—तागे से जोड़ना या सींना। इसलिए 'तग्गंति' का अर्थ हुआ—'तागे से सिये जाते हैं।' टीकाकारों ने 'तिष्ठन्ति' अर्थ करके इस शब्द के साथ न्याय नहीं किया। संदेश-रासक के विद्वान् संपादक ने भी 'प्राकृत-शब्द-सूची' में इस अर्थ की ओर इंगित किया है। वस्तुतः 'ओसहे' पाठ अशुद्ध जान पड़ता है। यह 'सी' प्रति का पाठ है। 'ए' प्रति में 'उसहे' पाठ है तथा 'बी' प्रति में 'संघडहे'। स्पष्ट ही यह शब्द प्रतिलिपिकारों के सामने कई रूपों में आया है। जान पड़ता है कि मूल पाठ 'आसहे' था जिसका अर्थ होता है—आशा से। इस पाठ के मान लेने से अर्थ बहुत स्पष्ट हो जाता है और किसी प्रकार के अध्याहार की आवश्यकता नहीं रह जाती है। अतः मेरा प्रस्ताव है कि 'ओसहे' के स्थान पर 'आसहे' पाठ स्वीकार करना चाहिए। ऐसा मान लेने पर अर्थ इस प्रकार होगा—

हे नाथ, तुम्हारे विरह के प्रहार से संचूर्णित अंग जो टुकड़े-टुकड़े होकर बिखर नहीं जाते (वह इसलिए कि) आजकल में मिलन होगा, इस आशा से तागे जाते रहते हैं।

२-७३ मुक्की, मुक्क

ऊसासडउ न मिल्हवउ, दज्झण अंग भएण।
जिम हउ मुक्की वल्लहइ, तिम सो मुक्क जमेण ।।

टीकाकारों ने इसका अर्थ इस प्रकार समझाया है —'अपने पति की वस्तु की रक्षा करती हुई वह पति के लिए आशीर्वाद कहती है—शरीर जलने के डर से मैं उच्छ्वास नहीं छोड़ती। इसीलिए आशीर्वाद है कि जैसे मैं वल्लभ से छोड़ी गयी हूँ वैसे वह यमराज द्वारा मुक्त किया जाये —'ततः आशीः—यथाऽहं वल्लभेन मुक्ता तथा स ज (य) मेन मुच्यात्'। इसमें 'मुक्क' शब्द का अर्थ किया गया है, 'मुच्यात्'; परंतु मुक्क शब्द का सीधा-सादा अर्थ है—मुक्त, छोड़ा हुआ। यदि अर्थ इस प्रकार किया जाय तो 'मुक्क' शब्द की संगति बैठती है —

"अंग जल जाने के डर से मैं उसास नहीं छोड़ती। जिस प्रकार मैं वल्लभ द्वारा छोड़ दी गयी हूँ (मुक्की), उसी प्रकार वह (साँस, प्राण) भी यमराज के द्वारा छोड़ दिया गया है अर्थात् मेरे प्राणों को यमराज भी नहीं ले जा रहा है।"

संपादक ने इस दोहे के संबंध में लिखा है कि "यद्यपि यह दोहा सब आदर्शों में मिलता है और इसकी व्याख्या भी मिलती है, तथापि अग्रिम पद्य में कहे हुए वर्णन के अनुसार यह प्रक्षिप्त जान पड़ता है।" अग्रिम पद्य में कहा गया है, हे पथिक ! यह गाथा कहकर प्रिय को मना लेना। स्पष्ट है कि केवल गाथा कहकर मनाने की बात है, दोहे की नहीं। यदि मेरे द्वारा सुझाया हुआ अर्थ स्वीकार कर लिया जाय तो संपादकों की आशंका का भी कोई कारण नहीं रह जायगा क्योंकि ७२वीं गाथा ही संदेशा है। इस दोहे में कोई संदेशा नहीं है। गाथा पढ़ने के बाद नायिका ने पथिक को जीवित रहने की सफाई-भर दी है। इसमें कोई संदेशा या मनाने की चिरौरी नहीं है और न जैसा टीकाकारों ने समझ लिया है, वैसा कोई आशीर्वाद ही है। यह तो केवल विरहिणी ने पथिक से यह बतलाया है कि मैं विरह-प्रहार से जर्जर होकर भी जो जी रही हूँ उसका कारण है कि यमराज भी मुझसे विमुख हो गया है !

२-७५ परिवाडि

पियविरहानलसंतविअ जइ बच्चउ सुर लोइ।
तुअ छड्डिय हियअट्ठियह तं परिवाडि ण होइ ।।

टीकाकारों ने परिवाडि का अर्थ 'प्रतिपन्नम्' किया है। होना चाहिए—परि-

पाटी अर्थात् शिष्टाचार, पद्धति, रीति। विशेषावसक्त भाष्य के १०८५वीं गाथा में यह इसी अर्थ में प्रयुक्त हुआ है। 'पउम-चरिउ' (३।३।३।६।७) में यह शब्द इसी अर्थ में आया है। ३।१६।६ में 'परिवाडिए तुम्महुँ हिण्डएउ जिमंतणउ' में 'परिवाडि' शब्द परिपाटी अर्थात् शिष्टजन की रीति के अर्थ में ही व्यवहृत हुआ है। यहाँ इस गाथा का भाव यह होगा कि 'यदि मैं तुम्हें अपने हृदय में स्थित छोड़-कर विरहाग्नि से संतप्त होकर सुरलोक चली जाऊँ तो यह उचित नहीं होगा, क्योंकि शिष्टजन की परिपाटी यह नहीं है कि किसी को घर में बैठाकर स्वयं दूसरी जगह चला जाय।'

२-७७ गरुअउ परिहवु किन सहउ पइ पोरिस निलएण

दोनों टीकाकारों ने 'पइ' का अर्थ 'त्वया' किया है और 'पोरिस निलएण' का अर्थ किया है, 'पौरुष निलयेऽपि सति'। 'पौरुषनिलयेण' तृतीयांत पद होगा और उसे सप्तम्यन्त नहीं किया जा सकता। यदि 'पोरिस निलए' से 'न' अलग कर दिया जाये और 'पोरिस निलये' इतने का ही अर्थ किया जाये तो 'ण' का अर्थ अलग करना पड़ेगा। 'ज' प्रति में 'किन सहउ' के स्थान पर 'किन सहउं' और 'बी' प्रति में 'किम सहउ' पाठ है। 'परिहउ' के स्थान पर 'ए', 'बी', 'ज' प्रतियों में 'परिहसु' पाठ हैं। इस दोहे का उचित पाठ इन प्रतियों के पाठों के अनुसार इस प्रकार होगा—

> गरुअउ परिहसु किन (किम) सहउ सहउ पइ पोरिस निलएण
> जिहि अंगिहिं तू विलसियउ ते दद्धा विरहेण।

अर्थ होगा, तुम्हारे जैसे पौरुष-निलय के रहते हुए भी क्या मैं गुरुतर परिहास नहीं सह रही हूँ, कि जिन अंगों के साथ तुमने विलास किया वे विरह के द्वारा दग्ध किये जा रहे हैं।

ऐसा अर्थ करने में 'किन' या 'किम' को एक शब्द माना गया है जिसका अर्थ होता है 'क्या'। प्रथम पंक्ति के अंत का 'न' निषेधार्थक है। इस प्रकार के प्रयोगों की परंपरा अपभ्रंश और बिहारी आदि के दोहों में मिलती है—

> गड़े बड़े छाब छाक छकि छिगुनी छोर छुटै न।
> रहे सुरँग रँग रँग उहीं नह-दी महदी नैन॥

२-७८ छावडइ

> विरह परिग्गह छावडइ पहराविउ निरवक्खि।
> तुट्टो देह ण हउ हियउ, तुअ संमाणिय पिक्खि॥

'छाबड़' शब्द का अर्थ झापड़ या चपेटा है। हेमचंद्र ने अपने व्याकरण के १।१४६ और १।१९२ में 'चाविडा' शब्द का प्रयोग 'चपेटा' अर्थ में बताया है। 'विरह परिग्गह छावडई' का अर्थ होना चाहिए 'विरह परिग्रह के' चपेटों से (निरंतर प्रहार किया गया है), 'तुट्टी देह ण हउ हियउ' में 'तुट्टी देह' को टीकाकारों ने बिल्कुल ही छोड़ दिया है। 'छावड़' या 'छावड़ा' का अर्थ 'चपेटा' कर लिया जाय तो अर्थ बहुत स्पष्ट हो जाता है—

'विरह के चपेटों से शरीर पर निरपेक्ष प्रहार हुआ है, उससे देह तो टूट गयी है पर हृदय घायल नहीं हो सका है क्योंकि वह तुम्हारे द्वारा सम्मानित है।'

२-७९ पांली, धण

> मह ण समत्थिम विरह सउ ता अच्छउं विलवंति।
> पाली रूअ पमाण पर, धण सामिहि घुम्मंति॥

इसका भाव टीकाकारों ने यह बताया है कि—'विरह से मेरा सामर्थ्य नहीं चल सकता (विरह पर मेरा वश नहीं है) इसलिए रोती रहती हूँ, क्योंकि गोपालों का पूत्कार ही प्रमाण है (अर्थात् ग्वाले रो-चिल्ला भर सकते हैं) परंतु धन अर्थात् गायें मालिकों द्वारा घुमायी जाती हैं, दूसरों के द्वारा नहीं। 'पाली' और 'धन' दोनों ही के आगे 'गो' शब्द का अध्याहार कर लिया है, परंतु 'पाली' शब्द का सीधा-सादा अर्थ है—पालन करनेवाली (धाय); 'धण' शब्द अपभ्रंश में तथा उत्तरकालीन हिंदी में भी दुलहिन के अर्थ में बहुत प्रचलित रहा है (तुलनीय : ढोल सामला धण चंपकवण्णी, हेमचंद्र)। इसलिए मुझे लगता है कि यहाँ सीधा-सादा अर्थ यह है कि 'दुलहिन या बहू' को पति जहाँ चाहे ले जा सकता है, उसका पालन करने वाली धाय केवल रो सकती है। इसी प्रकार मैं केवल रो सकती हूँ। तुम्हारा प्रेमजन्य विरह मेरे मन को जहाँ चाहे घुमाता रहता है, उस पर मेरा वश नहीं।

२-८४ अणियत्तखणं (० खलं ?)

दोनों टीकाकारों ने 'अणियत्तखण' का अर्थ 'अनिवृत्तलक्षणं' किया है जो मुद्रित प्रति में स्वीकृत पाठ के अनुसार ठीक नहीं लगता। 'ल' का लोप संभव नहीं है। जब दोनों टीकाकारों ने 'लक्षण' अर्थ दिया है तो पाठ में कहीं-न-कहीं 'ल' अवश्य रहा होगा। 'ज' प्रति में 'अणियत्तखलं' पाठ है जिसका रूपांतर होगा 'अनिवृत्तस्खलनं', अर्थात् जिस जलवर्षण का स्खलन कभी निवृत्त नही होता। ऐसा ज्ञात होता है कि टीकाकारों के सामने 'अणियत्तखलं' न होकर 'अणियत्तलखं' पाठ था। उन्होंने 'लखं' का 'लक्षणं' कर लिया। परंतु अर्थ की दृष्टि से 'अणियत्तखलं' पाठ ही अच्छा है।

२-८६ सिज्जासणउ

तुय समरंत समाहि मोहु विसम ट्ठियउ,
तह खणि खुवइ कवालु न वाम करट्ठियउ।
सिज्जासणउ न मिल्हउ खण खट्टंग लय,
कावालिय कावालिणि तुय विरहेण किय ।।

इसमें 'समाहि मोहु', 'कवालु', 'सिज्जासणउ' और 'खट्टंग' शब्द श्लिष्ट हैं जो विरहिणी और कापालिक दोनों के लिए भिन्न-भिन्न अर्थों में प्रयुक्त हुए हैं। विचारार्ह शब्द है—सिज्जासणउ। टीकाकारों ने 'सिज्जासण' शब्द के दो अर्थ बताये हैं। कापालिक के पक्ष में 'शय्याया अधस्तादशनम्' और विरहिणी के पक्ष में 'शय्यायामासनम्'। प्रथम अर्थ चिंत्य है। शय्या के नीचे (या ऊपर ?) भोजन कापालिक का कोई लक्षण नहीं है। वस्तुतः होना चाहिए 'सिद्धासनम्', जिसका प्राकृत रूप होगा 'सिज्झासणम्' या 'सिज्जासनम्'। सिद्धासन योग का प्रसिद्ध आसन है। यह समाधि-काल का प्रशस्त आसन माना जाता है।

२-६० विवज्जइ, धूमइण (धू जइ ण ?)

सोसिजंत विवज्जइ सासे दीउन्हएहिँ पसयच्छी।
निवडंत बाहभर लोयणाइ धूमइण सिच्चंति ।।

टिप्पणक में इसका अर्थ इस प्रकार दिया हुआ है—'दीर्घाक्ष्याः दीर्घोष्णैः श्वासैः शोष्यमाणोऽपि विवर्द्धते विरहाग्निः। यद् धूम्रेण निपतद् वाष्पभरे लोचने स्रवतः। अर्थात् उस दीर्घाक्षी के दीर्घ उष्ण श्वासों से सुखायी जाकर भी विरहाग्नि बढ़ रही है क्योंकि धूम्र से (?) झड़ते हुए अश्रु से पूर्ण आँखें स्रवित होती रहती हैं।' यह अर्थ ठीक नहीं जमता। यहाँ टीकाकार ने 'विवज्जइ' का अर्थ किया है 'विवर्द्धते' और 'सिच्चन्ति' का अर्थ किया है 'स्रवतः'। दोनों ही चिंत्य हैं। 'विवज्जइ' का अर्थ 'विपद्यते' होना चाहिए। इस अर्थ में अपभ्रंश में और प्राकृत में इसका प्रचुर प्रयोग हुआ है। 'विपद्यते' अर्थात् मरता है या मर जाती है। अवचूरिका में 'विपद्यते' अर्थ ही दिया है। 'सिच्चंति' का 'सींचती हैं' अर्थ ठीक ही होगा। अवचूरिकाकार ने यही अर्थ स्वीकार किया है। इसी तरह अवचूरिकाकार ने 'धूमइण' की व्याख्या में 'ध्रुवं निश्चयं यदि सा न (सिच्यते)' अर्थ दिया है जो स्पष्ट ही 'ए' प्रति के 'धू जइ ण' पाठ के अनुसार है। सब मिलाकर अवचूरिका की व्याख्या और उसके द्वारा स्वीकृत पाठ उत्तम है। इस पाठ के अनुसार अवचूरिकाकार ने जो अर्थ लिखा है, उसका भावार्थ यह है कि विरहिणी कहती है कि 'हे पथिक !

तुम प्रिय से जाकर कहना कि वह प्रसृताक्षी (नायिका) दीर्घ-उष्ण श्वासों से सुखायी जाने से मर जाती यदि लोचनों से निरंतर झड़ने वाली अश्रुधारा उसे निश्चित रूप से न सींचती रहती।'

२-९५ पिय विरह विओए......कसु पहिय भणें।

पिय विरह विओए, संगम सोए, दिवस रयणि झूरंत मणे,
णिरु अंगु सुसंतह, वाह फुसंतह अप्पह णिद्दय किंपि भणें।
तसु सुयण निवेसिय, भाइण पेसिय, मोहवसण बोलंत खणे,
मह साइय वक्खरु, हरि गउ तक्खरु, जाउ सरणि कसु पहिय भणे॥

इस पद्य की अंतिम दो पंक्तियाँ 'सी' प्रति में नहीं हैं। दोनों टीकाएँ उपलब्ध हैं। दोनों ही टीकाकार इसका जो अर्थ देते हैं वह प्रायः एक ही है। अवचूरिका का पाठ अधिक शुद्ध है, इसलिए उसे ही यहाँ उद्धृत किया जा रहा है—

प्रिय विरह वियोगाय, संगम सूचकाय रात्रिदिनं क्लिश्यन्ती नितरामङ्गं शोषयन्ती वाष्पानि मार्जयन्ती आत्मनो निर्दयाय प्रियाय किं भणामि ! परं त्वं त्वेवं वदेः—यत्त्वां हृदये निवेश्य भावेनाप्रेक्ष्य मोहवशात् क्षणं, तयोक्तं मम स्वामिनो वक्खरं नाम वस्तु विरहनामा तस्करो हृत्वा गच्छति प्रत्यहम् तद्भण प्रिय, कस्य शरणं गच्छामि ?

टिप्पणक ने वक्खरं की व्याख्या में "वक्खरं रूपं नाम वस्तु" कहा है, इतना ही विशेष है। ऐसा जान पड़ता है कि दोनों ही टीकाकारों ने 'विरह विओए संगम सोए' को 'णिद्दय' का विशेषण माना है।

पियविरहविओए = प्रियविरह-वियोगाय (प्रियविरह वियोगे ?)
संगमसोए = संगमसूचकाय (संगम-शोके ?)
अप्पह = आत्मनः
णिद्दय = निर्दयाय (हे निर्दय ?)
किंपि = किं (किमपि ?)
तसु = त्वां (तस्य ? तादृश ?)
सुयण (पाठां०—सुयणु) = हृदये (सुतनु ?)
निवेसिय = निवेश्य (निवेशित ?)
भाइण = भावेन
पेसिय = आप्रेक्ष्य (?) (पाठां०—भेसिय) (प्रेक्षित ?)
बोलंत = तयोक्तं (?) (निर्गमयति ?)
मह = मम
साइय = स्वामिनः

वक्खरु = रूपं। नाम वस्तु

हरि गउ = हृत्वा गच्छति (हृत्वा गतः ?)

पहिय = पथिक (प्रहृता, प्रहता, निर्मंथिता ?)

यह पद्य भाषाशास्त्रीय दृष्टि से बहुत महत्त्वपूर्ण समझा गया है। यदि टीकाकारों का दिया हुआ अर्थ ठीक है तो संस्कृत की चतुर्थी विभक्ति के स्थान पर अपभ्रंश में सप्तमी विभक्ति के प्रयोग का यह एकमात्र उदाहरण है। साथ ही 'णिद्दय' में एकवचन में षष्ठी विभक्ति का लोप भी इस पद्य में पाया जाता है जब कि हेमचंद्र ने बहुवचन में षष्ठी विभक्ति के लोप होने का विधान किया है। टीकाओं में दिये हुए कुछ अर्थ कष्टकल्पना से ही सिद्ध हो सकते हैं। 'संगम सोए' का अर्थ 'संगमसूचकाय' चिंत्य है। यहाँ 'संगम के शोक'' 'संगम के सोच' से ज्यादा उपयुक्त ज्ञात होता है। 'किं पि' का 'किं' अर्थ भी चिंत्य है। 'कुछ भी' (किमपि) अर्थ ज्यादा संगत होता। 'तसु' का अर्थ 'त्वां' भी ठीक नहीं जँचता। पुस्तक में सर्वत्र 'तसु' षष्ठी का ही रूप माना गया है किंतु अपभ्रंश में यह 'तादृश' के अर्थ में भी प्रयुक्त होता है। 'सुयण' का अर्थ 'हृदयें' कैसे हुआ, यह भी विचारणीय है। इस प्रकार पूरे छंद का अर्थ बहुत स्पष्ट नहीं हुआ है, ऐसा जान पड़ता है। 'निवेसिय' और 'पेसिय' का अर्थ क्रमशः 'निवेश्य' और 'आप्रेक्ष्य' दिया हुआ है जो असंभव तो नहीं है लेकिन सारे ग्रंथ में इस प्रकार के प्रयोग प्रायः निष्ठान्त प्रत्ययों में हुए हैं। यहाँ भी 'निवेशित' और 'प्रेक्षित' के रूप में अर्थ किया जाता तो ग्रंथ की भाषा की प्रकृति के निकट होता। 'बोलंत' का 'तया उक्तं' अर्थ भी जबरदस्ती ही जान पड़ता है। १३९ वें पद्य में इस धातु का प्रयोग बिताने अर्थ में हुआ है—'इम तवियउ बहु गिंभ कहिवि मइ बोलविय'—अर्थात् इस प्रकार ग्रीष्म ऋतु तपी और मैंने किसी प्रकार उसे बिताया। टीकाकारों के शब्दों में 'कष्टं कृत्वा मया निर्गमितः', यहाँ भी 'बोलंत' का अर्थ 'बिताते हुए' उचित होगा।

जैसा कि ऊपर कहा गया है, 'सुयण' का अर्थ 'हृदये' भी समझ में नहीं आता। बी० प्रति में 'सुयणु' पाठ है जो अधिक उपयुक्त जान पड़ता है। यह 'सुतनु' (सुंदर शरीर) का प्राकृत रूप है। ज० प्रति में 'सामिय' पाठ है जो टीकाकारों के दिये हुए अर्थ का समर्थन करता है। वस्तुतः 'सामिय' पाठ ही उचित भी है।

जो हो, ९२वें पद्य में विरहिणी ने कहा था कि मुझे संदेशा तो बहुत कहना है पर तुम उतावले हो, सो हे पथिक, उस प्रिय से एक गाथा, एक वत्थु और एक डोमिल कह देना—

> "संदेसडउ सवित्थरु तुहु उत्तावलउ,
> कहिय पहिय पिय गाह वत्थु तह डोमिलउ ॥"

स्पष्ट ही तीनों छंद संदेश के हैं। टीकाकारों द्वारा सुझाये अर्थ में प्रस्तुत छंद

केवल प्रिय को संदेशा नहीं है बल्कि पथिक से प्रार्थना है कि वही नायिका की ओर से कुछ बात कह दे। इस प्रकार ९२ वें छंदसे (और संदेशरासक में अपनायी हुई सारी संदेश-पद्धति से) इसका सामंजस्य नहीं है। शायद इसी असामंजस्य को देखकर 'सी' प्रति के लेखक ने इस छंद (९५वें) के अंत की दो पंक्तियों को छोड़ दिया है। इसमें 'पहिय' शब्द आता है जो पूरे ग्रंथ में 'पथिक' का वाचक है। परंतु 'पहय' जैसे शब्द भी ग्रंथ में आये हैं (पद्य १०३), जो 'प्रहत' या 'प्रहता' के प्राकृत रूप हैं। यदि 'पहिय' को 'प्रहता' या 'प्रहृता' के अर्थ में लिया जाता, तो यह असामंजस्य नहीं उत्पन्न होता।

इसके पूर्व नायिका ने अपनी कष्टकथा बतायी है और कहा है, 'जब से तुम प्रवास में गये तब से मुझे नींद भी नहीं आ रही है, स्वप्न-समागम का तो प्रश्न ही कहाँ उठता है।' इसके बाद वह कहती है कि दिन-रात चिंतित रहने से उसके अंग सूख गये हैं। परंतु यह 'रूप' तो इस नायिका का अपना नहीं है, यह तो प्रिय का है। उसने (प्रिय ने) उस प्रकार उसे अपनाया था, दुलारा था, प्रेमपूर्वक निहारा था और जाते समय सहेज गया था। वही रूप अब विरह नामक तस्कर चुरा ले गया। हाय भाग्य की मारी (पाहिय=प्रहता) या लुटी हुई (पहिय=प्रहृता) किसकी शरण जाय !

इस प्रकार समूचे पद्य का अर्थ इस प्रकार होगा—

"हे निर्दय, प्रिय-विहर-जन्य वियोग से, संगम के सोच से दिन-रात चिंतित रहनेवाले मन से अपने आपके बारे में (जिसके अंग निरंतर सूखते जा रहे हैं, जिसे आँसू पोंछते रहना पड़ता है) मैं कुछ भी क्यों न कहूँ (उससे क्या लाभ है !), परंतु (चिंता है उस प्रिय के द्वारा सँभालकर रखने को दिये हुए इस 'रूप' नामक वस्तु की !) उसी प्रकार (प्रिय ने) जिसे अपने सुंदर शरीर से लगाया (सुतनु-निवेशित), प्रीतिपूर्वक निहारा (भावेन प्रेक्षित) मुझे सहेजा, वह रूप नामक उसकी वस्तु (उपस्कर) चोर (=विरह) चुरा ले गया। (कब चुराया ?) जब मैं मोहवश (बेहोशी की हालत में) समय बिता रही थी (मोहवशेन निर्गमिति क्षणे) हाय ! लुटी हुई मैं अब किसकी शरण जाऊँ !

'पहिअ' शब्द का अर्थ देशी नाममाला (६-६) में 'मथित' भी बताया गया है। यहाँ 'पहिय' का अर्थ 'निर्मथिता' भी किया जा सकता है, परंतु 'प्रहता' या 'प्रहृता' अधिक प्रसंगानुकूल होगा। अवचूरिका में 'प्रत्यहं' कदाचित् इसी शब्द का अर्थ है।

२-९९ इक्कइ

'इक्कइ'का अर्थ टीकाकारों ने एक किया है। किंतु इसे या तो तृतीयांत होना चाहिए या सप्तम्यंत' और इसका अर्थ भी इसी प्रकार करना चाहिए। इसलिए

इसका अर्थ होना चाहिए 'अकेले में' या 'अकेले से'; क्योंकि प्राकृत में 'इक्कु' या 'एक्क' शब्द 'अकेला' के अर्थ में प्रयुक्त होता है (पा० स० म०, पृ० २३८)

२-१००. पडिल्लो; बोलियंतो

'पडिल्लो का अर्थ 'क्षिप्त्वा' किया गया है। पड़ाया हुआ या डाला हुआ उचित अर्थ है। 'बोल्लियंतो' का अर्थ 'म्रक्षितं कृत्वा' बताया गया है। बोरते हुए या डुबोते हुए ठीक अर्थ है। हिंदी की 'बोरना' धातु का यह पूर्वरूप है।

२-१०३ पढ़िय (पढ़ि); वियसेविणु

एय वयण आइन्निवि दीहर लोयणिहिं।
पढ़िय अडिल्ल वियसेविणु मयणुक्कोयमणिहिं ॥

दोनों टीकाकारों ने इसका अर्थ इस प्रकार दिया है—'एतद्वचनमाकर्ण्य दीर्घतराक्ष्या मदनोत्कौकुच्यया अडिला पठिता'। स्पष्ट ही इसमें 'वियसेविणु' शब्द का अर्थ छूट गया है। अर्थ है, 'विकसित होकर'। चौदहवें पद्य में 'विअसउ' शब्द का प्रयोग 'विकसतु' अर्थ में हुआ है। 'विअस' धातु से 'एविणु' नामक पूर्वकालिक क्रिया के प्रत्यय से 'विअसेविनु' या 'वियसेविणु' रूप बनेगा। परंतु विकसित होने का हेतु क्या है? उसके बाद जो 'मयणुक्कोयणिहिं' है वह हेत्वर्थक तृतीया है। 'आकोयण' और 'उक्कोयण' ('आकोचन' और 'उत्कोचन') का प्रयोग आँखों की विशेष प्रकार की मदनचेष्टा के अर्थ में पुस्तक में अन्यत्र भी हुआ है। यहाँ भी अर्थ वही है। द्वितीय पंक्ति में एक मात्रा अधिक है। 'ए' प्रति का 'पढ़ि' पाठ कदाचित् अधिक ठीक है।

२-१०४ ताकं तहं (ताकं तह ?) महकंतहं (महकंतह ?)

जइ मइ णत्थि णेहु ताकं तहं,
पंथिय कज्जु साहि मह कंतहं।
जं विरहग्गि मज्झणक्कंतह,
हियउं हवेइ मज्झ णक्कंतह ॥

यह पद्य अडिल्ला छंद में है। टिप्पणक में इसका लक्षण इस प्रकार दिया हुआ है—

चउपइ इक्कु जमक्कु जि दोसइ
अडिल छंदु सु बुहहि सलीसइ

अडिल्लच्छंदोलक्षणम्—चतुःपदेषु एक सदृशो यमको भवति ।
स विबुधैः अडिल्लच्छन्दः कथ्यते ।

अर्थात् जिसके चारों पदों में एक समान यमक होता है उसे पंडित लोग अडिल्ल छंद कहते हैं। इसलिए एक समान यमक की दृष्टि से 'ताकं तह' और 'मह कंतह' पाठ ही उचित है क्योंकि शेष दो पदों में 'णक्कंतह' (नाक तक) और णङ्कंतह (नक्तान्त तक) पाठ है। व्याकरण की दृष्टि से भी 'ताकं तह' (तर्कयामि तथा) और 'मह कंतह' (मम कांतस्य) पाठ ही अधिक उपयुक्त है।

२-१०५ मयणाउहवहिय

कहि ण सबित्थरु सक्कउ मयणाउहवहिय,
इय अवत्थ अम्हारिय कंतह सिव कहिय।
अंगभंगि णिरु अणरइ उज्जगउ णिसिहि,
विहलंघल गय मग्ग चलंतिहि आलसिहि ।।

'मयणाउहवहिय' का अर्थ टिप्पणकार ने मदनशरव्याप्तया (तृतीयांत) किया है और अवचूरिकाकार ने 'मदनायुधबाधिता' (प्रथमांत) किया है। दूसरा अर्थ मूल के अधिक निकट है। 'सक्कउ' क्रिया का कर्ता प्रथमांत ही होना उचित है। परंतु मदनायुध 'वधिता' (मदन-बाण-हता) कदाचित् और भी उपयुक्त होता। 'विहलंघल' को दोनों टीकाकारों ने ज्यों-का-त्यों रख दिया है। फर्क इतना है कि टिप्पणकार ने 'विहलंघला' को नायिका का विशेषण माना है और 'गय' को एकदम छोड़ दिया है; या यों कहना चाहिए कि 'विहलंघल गय' को नायिका का विशेषण समझकर एक शब्द में ही व्याख्या कर दी है और अवचूरिकाकार ने इसे गति (गय) का विशेषण समझा है। 'शब्दकोश' में संपादक ने 'विहलंघल' का अर्थ 'विह्वल' किया है। परंतु यह शब्द 'विह्वलांग' से बना जान पड़ता है। प्राकृत में यह शब्द इसी से बना हुआ बताया जाता है। 'पाइय-सद्द-महण्णव' के अनुसार भी यही अर्थ संगत है। 'सुर-सुंदरी-चरिअ' (१५–२०५) में लगभग इसी प्रकार के प्रसंग में 'विअड़ा बिहलंघला पडिआ' का प्रयोग है। इस प्रकार इस शब्द को 'विह्वलांगी' माना जा सकता है और वह नायिका तथा गति दोनों का ही विशेषण हो सकता है।

२-११० 'तुरियउ' (तुरिउ)

पहिउ भणइ पसयच्छि तुरियउ किं बज्जरहि

इसमें एक मात्रा अधिक है। उचित पाठ 'तुरिउ' होना चाहिए जो 'त्वरित'

का अपभ्रंश रूप है। मुद्रित प्रति में इसका कोई पाठांतर नहीं है। मुझे प्रसन्नता है कि 'ज' प्रति में 'तुरिउ' पाठ ही मिला है। इसलिए इस पाठ के बारे में कोई शंका नहीं रह गयी। यह पाठ छंद और व्याकरण दोनों दृष्टियों से ठीक है। यह और बात है कि 'ज' प्रति की टीका में इसका अर्थ 'किंतु' दिया गया है जो चिंत्य है।

२-१११ पउक्कु (पडिक्कु ?)

हियउ पउक्कु पडिउ दीवंतरि
णाइ पतंगु पडिउ दीवंतरि

दोनों टीकाकारों ने इसका अर्थ किया है, 'मम हृदयं द्वीपांतरे पतितं शून्यं जातमित्यर्थः'। 'ज' प्रति में भी यही अर्थ दिया है। मतलब यह हुआ कि 'मेरा हृदय द्वीपांतर में पतित है' अर्थात् शून्य है। परंतु इन सभी टीकाकारों ने 'पउक्कु' शब्द का अर्थ छोड़ दिया है।

'सी' प्रति में 'पडिक्कु' पाठ है जो ठीक जान पड़ता है। अर्थ है, 'फड़ककर' (फड़का हुआ ?)। मतलब यह हुआ कि पतंग जैसे फड़ककर दीप में पड़ जाता है वैसे ही मेरा हृदय भी उछलकर दूसरे द्वीप में चला गया है। 'ए', 'बी' और 'ज' प्रतियों में 'प्रियंगु (या पयंगु) 'णाइ पडिक्कु' पाठ है जो अन्वय की दृष्टि से सुंदर होगा। पतंग की भाँति फड़का हुआ। इसलिए 'पउक्कु' के स्थान पर 'पडिक्कु' पाठ ही ज्यादा उचित है। टीकाकारों ने कुछ अर्थ नहीं समझा और उसे छोड़ ही दिया।

२-११२ उत्तरायणि, णिउइय, तीयउ, होइयउ

उत्तरायणि वड्ढिहि दिवस,
णिसि दक्खिण इहु पुव्व णिउइउ।
दुच्चिय वड्ढहि जत्थ पिय,
इहु तीयउ विरहायणु होइयउ॥

यह पाठ कई दृष्टियों से चिंत्य है। प्रथम तो छंद की दृष्टि से ही यह अशुद्ध है। ग्रंथ के हिसाब से यह 'चूडिलउ' (२–११०) छंद है जिसका लक्षण टिप्पणक में इस प्रकार दिया है—

दोहा छंदु जि दु दलु पढ़ि मत्त ठविज्जहिं पंच सु केहा।
चूडिल्लउ तं बुह मुणहु गलइ पयपइ सच्चु सु एहा॥

अर्थात् दोहा छंद के बाद पाँच मात्रा जोड़ने से चूडिल्लअ बनता है। 'उत्तरायणि' में यदि मुद्रित प्रति के अनुसार 'त' का द्वित्व होना स्वीकार कर लिया जाय तो दोहा छंद नहीं बनता। इसलिए 'ज' प्रति में आया हुआ 'उत्तरायणि' पाठ ही संगत है। मुद्रित प्रति के अनुसार प्रथम पंक्ति में १४ मात्राएँ होती हैं, जब कि दोहे में १३ मात्राएँ ही होनी चाहिए। दूसरी पंक्ति में १४ मात्राएँ 'पुव्व' शब्द पर समाप्त हो जाती हैं। इसके बाद पाँच मात्राएँ होनी चाहिए। 'णिउइउ' में चार ही मात्राएँ हैं। इसमें 'णिओइउ' (नियोजित) पाठ उचित है। यह केवल छंद-दृष्टि से ही नहीं, व्याकरण-दृष्टि से भी उचित होगा। क्योंकि 'नियोजित' का 'णिओइउ' पाठ ही व्याकरण-संगत है। 'ज' प्रति में 'णिओयउ' पाठ दिया हुआ है, जो व्याकरण और छंद दोनों दृष्टियों से उचित सिद्ध किया जा सकता है। फिर भी मैंने 'णिओइउ' पाठ संगत समझा है। इसका कारण आगे दिया जा रहा है। छंद की दृष्टि से चौथी पंक्ति भी चिंत्य है। इसमें 'विरहाय' तक दोहे की ११ मात्राएँ समाप्त हो जाती हैं। उसके बाद 'णु होइयउ' में छ मात्राएँ हैं। इसलिए यहाँ भी एक मात्रा अधिक है। 'होइउ' पाठ होता तो व्याकरण, छंद और तुक तीनों दृष्टियों से वह अधिक ग्रहणीय होता। 'तीयउ' का अर्थ है 'तृतीय', लेकिन 'तीअ' या 'तीय' शब्द भी तृतीय के अर्थ में अधिक प्रयुक्त होता है। आगेवाला अकार, जिसका प्रथमांत रूप 'उकार' हो गया है, स्वार्थक प्रत्यय है, इसलिए निरर्थक-सा ही है। कवि कठिनाई में पड़कर ही ऐसे स्वार्थक प्रत्ययों का व्यवहार करते हैं। मुझे लगता है कि पाठ 'तीयउ' नहीं था, बल्कि 'तीउ अ' था। मेरे इस अनुमान की पुष्टि के लिए थोड़े अर्थ-विचार की आवश्यकता है। सभी टीकाकारों ने इनका अर्थ लगभग एक ही प्रकार से किया है जिसका भाव यह है कि उत्तरायण में दिन बढ़ते हैं, दक्षिणायन में रातें बढ़ती हैं (यह पूर्व-नियोजित है, अर्थात् पहले से तय है।) टीकाकारों ने इस वाक्य का अर्थ छोड़ दिया है; इसलिए मैंने इसे कोष्ठ के अंतर्गत कर दिया है। लेकिन जिसमें दोनों ही (दिन और रात) बढ़ जाते हैं, हे प्रिया, यह तीसरा 'विरहायण' उत्पन्न हो गया है। इतना लिखने के बाद तीनों ही टीकाओं में एक अर्थ-गर्भित वाक्य दिया हुआ है। वह इस प्रकार है—द्वयोर्हानौ तुर्यः सुखायनः चकारात्। अर्थात् दिन और रात दोनों ही जब छोटे हो जाते हैं तो चौथा 'सुखायन' होता है। वह पद्य में आये हुए 'च' शब्द से ध्वनित होता है। इस वाक्य का स्पष्ट अर्थ यह है कि जब दिन बढ़ता है तो उत्तरायण होता है, रात बढ़ती है तो दक्षिणायन होता है, दोनों ही बढ़ते हैं तो 'विरहायण' होता है और जब दोनों ही घटते हैं तो 'सुखायन' होता है। मूल पद्य में तीन का उल्लेख है, चौथे का नहीं। टीकाकार कहते हैं कि कवि के मन में यह चौथा भी था, क्योंकि अगर ऐसा न होता तो वह 'च' शब्द का प्रयोग न करता। जब उसने कहा कि तीसरा 'विरहायण' भी (च=भी) होता है तो उसके

मन में चौथे 'सुखायन' की भी कल्पना अवश्य रही होगी। लेकिन कठिनाई यह है कि पूरे पद्य में 'च' शब्द (जो अपभ्रंश में 'अ' बन जाता है) खोजने पर भी नहीं मिलता। निस्संदेह टीकाकारों को च (अ) कहीं-न-कहीं पद्य में मिला था। नहीं तो तीन-तीन टीकाएँ एक स्वर से यह वाक्य न लिखतीं। 'च' शब्द तृतीय के बाद होना चाहिए या फिर 'विरहायणु' के बाद होना चाहिए। तभी ऐसा अर्थ निकाला जा सकता है। मेरा अनुमान है कि 'तीयउ' में 'तीय अ' या 'तीउ अ' ऐसा पाठ था, जिसका संस्कृत-रूपांतर होगा 'तृतीय च', जिसे बाद में लिपिकारों ने ठीक न समझने के कारण उलटकर लिख दिया। इन बातों को ध्यान में रखते हुए मेरा यह अनुमान है कि मूल पद्य का पाठ इस प्रकार रहा होगा—

उतरायण वड्ढिह दिवस,
णिसि दक्खिण इहु पुव्व णिओइउ।
दुच्चिय बुड्ढिह जत्थ पिय,
इहु तीय अ विरहायणु होइउ॥

व्याकरण छंद तुक और टीकाएँ, चारों दृष्टियों से यही पाठ शुद्ध होगा।

२-११३ तो जाइअइ अ कज्जि मइ अइआवलइ

यह पद्य मुद्रित प्रति में इस प्रकार है—

गयउ दिवसु थिउ सेसु बहिय गमु मिल्हियइ
णिसि अत्थमु बोलेवि दिवसि पुणु चल्लियइ।
बिंबाहरि दिण बिंब जुन्ह गोसिहि बलइ,
तो जाइअइ अ कज्जि मइ अइआवलइ,
जइ न रहहि इणि ठाइ पहिय! इच्छहि गमणु,
चूडिल्लउ खड़हड़उ पियह गाहाइ भणु॥

पद्य का भाव यह है कि नायिका कहती है कि 'हे पथिक, दिन बीत गया है थोड़ा-सा बाकी रह गया है। अब जाने की बात छोड़ो। रात बिताकर फिर दिन में चलना। 'इस पर पथिक ने उत्तर दिया कि 'हे बिंबाधरे! दिन में सूर्य के बिंब का प्रकाश प्रभात होते ही जल उठता है। मैं कार्य में जाने को उत्सुक हूँ।' इस पर नायिका ने कहा—'हे पथिक, यदि जाना ही चाहते हो, रुकना नहीं चाहते तो प्रिय से एक चूडिल्लउ, खड़हड़उ और एक गाहा कह देना।'

इसमें चौथी पंक्ति विचारणीय है। उस पंक्ति का अर्थ टिप्पणकार ने लिखा है, "अतः कारणाद् रात्रावेव कार्ये उत्सुके मया गम्यते" और अवचूरिका में इस

प्रकार अर्थ दिया गया है—'मया औत्सुक्ये कार्ये गम्यते' और 'ज' प्रति की टीका में 'मयि उत्सुक्ये अति कार्ये गम्यते' है। स्पष्ट है कि टिप्पणकार को जो शब्द मिला था उसमें कोई रात्रिवाचक शब्द था। परंतु अन्य दो टीकाकारों ने रात्रिवाचक किसी शब्द का अर्थ नहीं दिया है। या तो उन्होंने रात्रिवाचक शब्द का अर्थ करना छोड़ दिया है या उन्हें जो पाठ प्राप्त था उसमें रात्रिवाचक कोई शब्द नहीं था। हमने पहले कई पद्यों में देखा है कि टीकाकार कई बार मूल में आये हुए शब्दों की उपेक्षा कर जाते हैं। इसलिए मूल में रात्रिवाचक शब्द हो तो भी संभावना है कि टीकाकार उसे छोड़ गये हों। इस बात की पुष्टि 'ज' प्रति के मूल पाठ और टीका से होती है। 'ज' प्रति की मूलप्रति में 'रयणि' शब्द है किंतु टीका में उसका अर्थ नहीं दिया गया। जो हो टिप्पणकार के सामने ऐसा पाठ अवश्य था जिसमें रात्रिवाचक कोई शब्द था और 'ज' प्रति में तो वह है ही। मुद्रित प्रति की टिप्पणी में 'सी' आदर्श का पाठ इस प्रकार दिया हुआ है, "रइणि तो जाइ हउ कज्जिहि आवलउ", परंतु इस पाठ में छंदोभंग है। मुद्रित प्रति के पाठ में भी छंदोभंग है। 'ज' प्रति का यह पाठ अधिक शुद्ध जान पड़ता है। इसमें छंदोभंग नहीं है, अर्थ स्पष्ट है और 'रयणि' शब्द के आने से टिप्पणकार द्वारा दिये अर्थ के अनुकूल भी है। पाठ इस प्रकार है—

रयणि तोइ जाइहउ कज्जि हउं आवलइ।

इसका अर्थ हुआ कि 'रात रहते ही जाऊँगा, मैं कार्य के लिए व्याकुल हूँ' यह पाठ उचित जान पड़ता है।

२-१२० पच्चिल्लइ

अणरइ छारुछित्तु पच्चिल्लइ तज्जइ ताम दड्ढए।
इहु अच्चरिउ तुज्झ उक्कंठि सरोरुह अम्ह वड्ढए।

सभी टीकाकारों ने 'पच्चिल्लइ' का अर्थ 'प्रेरयति' किया है। परंतु वस्तुतः यहाँ अर्थ होना चाहिए—और भी जलना या दहकना। प्राकृत में 'चिल्ल' धातु का प्रयोग इसी अर्थ में होता है। 'पाइयसद्दमहण्णव' में यह शब्द और इसके प्रयोग दिये हुए हैं। हिंदी में 'चिलकना' और 'चिलचिलाना' इसी धातु से आये हैं। टीकाओं में जो 'पुनः अरति रक्षा युक्तः' लिखा है, वस्तुतः राख का संस्कृत बना लिया गया है। किंतु मूल पाठ से स्पष्ट है कि 'क्षार' होना चाहिए जिसका अर्थ 'राख' भी हो सकता है और कोयला भी हो सकता है। पूरे वाक्य का अर्थ यह होगा—'अनरइ (अरति) अर्थात् बेचैनी का क्षार (कोयला) क्षिप्त होते रहने से यह (विरहाग्नि) और भी प्रज्वलित हो उठती है।' टीकाकारों ने 'पच्चिल्लइ' का

अर्थ 'प्रेरयति' करके 'परलोकाय' भी जोड़ दिया है जो मूल पद्य में कहीं नहीं मिलता, अतएव कष्ट-कल्पित है।

२-१२१ णेय, परिवडिउ, रंजियउ, तह पय जंपइ

मुद्रित प्रति में पाठ इस प्रकार है—

खंधउ दुवइ सुणेवि अंगु रोमंचियउ
णेय पिम्म पारवडिउ पहिउ मणि रंजियउ
तह पय जंपइ मियनयणि सुणिहि धीरि खणु
किहु पुच्छउ ससि वयणि पयासहि फुडुबयणु,

टिप्पणककार ने इसकी जो व्याख्या की है उसका भाव यह है वह पथिक खधक और दुवइ सुनकर अंग में रोमांच-कंचुक हो गया; अर्थात् उसके अंग में इस प्रकार रोमांच हुआ मानो उसने रोमों का कंचुक धारण कर लिया तथा प्रेम नहीं गया। नायिका ने पथिक का मन रंजित किया। तथापि हे मृगनेत्रे ! मन को धीर कर के कुछ पदों को कहो फिर वैसे ही मैं कुछ पूछता हूँ। यदि हे शशिवदने, स्फुट (प्रकट) बोलो।

अवचूरिका और 'ज' प्रति की टीका में भी लगभग यही अर्थ है, किंतु वहाँ 'रोमांचियउ' का सीधा अर्थ रोमांचित दिया है, 'रोमांचकंचुको बभूव' इसी प्रकार 'परिवडिउ' का अर्थ 'परिपतितं' दिया हुआ है। इतना ही अंतर है। अब यदि मुद्रित प्रति का पाठ स्वीकार कर लिया जाय तो दूसरी पंक्ति से अंत तक पथिक की अवस्था का वर्णन है और तीसरी पंक्ति से पथिक की उक्ति है। किंतु दोनों में ठीक संबंध स्थापित नहीं होता। अवचूरिका में 'तह पय जंपइ' का अर्थ 'तां प्रति जल्पति' दिया है जो उचित जान पड़ता है। किंतु टीकाकार का 'तथापि' अर्थ बिलकुल असंगत है। 'ज' प्रति में 'परिवडिउ' के स्थान पर 'परिवरिउ' पाठ है जो अधिक उचित जान पड़ता है। इसी प्रकार 'बी' प्रति का 'रंचियउ' पाठ साहित्यिक दृष्टि से उपयुक्त है। 'प्रेम नहीं गया था' या 'प्रेम परिपतित नहीं हुआ', दोनों अर्थों की कोई संगति नहीं है। 'पहिउ मणि रंजियउ' अर्थात् 'पथिक का मन रंजित हुआ' के बदले 'पहिउ मण रंचियउ' अधिक सुन्दर पाठ है। जान पड़ता है कि टीकाकारों ने 'रंचियउ' का ठीक अर्थ न समझने के कारण उसे 'रंजियउ' बना दिया। 'रंचियउ' का सीधा संबंध तुलसीदास के 'मन जाहि राँच्यो' मुहावरे से है। बिहारी ने भी इस मुहावरे का प्रयोग इस पंक्ति में किया है—'मन काँचै नाचै वृथा साँचै राँचै राम।'

'परिवरिउ' का अर्थ है 'घिरना', आवेष्टित होना—इसका प्रयोग इसी अर्थ में 'सुपासनाहचरिय' (१२५) में मिलता है। 'णेय' शब्द अपभ्रंश में अवश्य ही 'नैव'

के अर्थ में मिलता है; परंतु यह संस्कृत के 'नेय' से भी बन सकता है; जिसका अर्थ होता है—'ले आया हुआ', 'आरोपित', 'दूसरों से ग्रहण किया हुआ'। इस पंक्ति का पाठ 'ज' और 'बी' प्रतियों के आधार पर इस प्रकार होगा जो साहित्यिक दृष्टि से और भाषा की दृष्टि से भी उत्तम होगा क्योंकि 'मन राँच्यो' मुहावरे का प्रयोग बाद तक मिलता है और 'रोमंचियउ' की तुक 'रंचियउ' अधिक उपयुक्त है—

णेय पिम्म परिवरिउ पहिउ मण रंचियउ।

इसका अर्थ प्रथम पंक्ति के साथ मिलाकर इस प्रकार होगा—खंधक और द्विपदी को सुनकर पथिक रोमांचित हुआ और वह नेय-प्रेम अर्थात् नायिका के प्रेम का स्वयं अनुभव करके उस प्रेमानुभूति से परिवेष्टित हो गया और उसका मन भी रँच गया, अनुरक्त हो गया।

ऐसा अर्थ करने के बाद तृतीय पंक्ति का अर्थ स्पष्ट होता है। मुद्रित प्रति में जो पाठ है उसमें छंदोभंग है। वस्तुतः 'सी' प्रति का या 'ज' प्रति का पाठ ज्यादा उचित है। दोनों बहुत-कुछ मिलते हैं। 'सी' प्रति का पाठ इस प्रकार है—

तह जंपइ मियनयणि सुणिहि धीरयसु खणु,

और 'ज' प्रति का पाठ है—

तह जंपइ मियणयणि णिसुणि तुह धीरि खणु,

भाव यह होगा कि पथिक उस अवस्था में प्राप्त होकर (तह) बोला, 'हे मृग-नयने! सुनो, क्षण-भर धैर्य धारण करो', इत्यादि; इनमें 'ज' प्रतिवाला पाठ और भी अच्छा है।

३-११७ दसणिहि, खयहि, कुसुम सरच्छयहि

मुद्रित प्रति में इस पद्य की तीसरी और चौथी पंक्तियाँ इस प्रकार हैं—

दसिउ दसणिहिं भुअंगि अंगु चंदणु खयहि
खिवइ हारु खारुब्भवु कुसम सरच्छयहि

छंद की दृष्टि से ये दोनों पंक्तियाँ ठीक नहीं हैं। दोनों में एक-एक मात्रा अधिक है। 'ज' प्रति का पाठ छंद, काव्य-सौष्ठव और अर्थ, सभी दृष्टियों से उत्तम है। वह इस प्रकार है—

दंसिउ दुसहु भुयंगि अंगि चंदणु तवइ
खिवइ हारु खारुब्भवु कुसमसरिच्छयइ।

'भुयंगि अंगि' में यमक तो है ही, इस पाठ को स्वीकार कर लेने से अर्थ भी स्पष्ट हो जाता है ! अर्थ है, 'दु:सह भुजंग के द्वारा दंशित चंदन अंग में तपता रहता है।' चंदन के साथ 'तवइ' क्रिया का प्रयोग कवि ने अन्यत्र भी किया है और ऐसे ही प्रसंग में—

हरियंदणु सिसिरत्थु उवरि जं लेवियउ
तं सिहणह परितवइ अहिउ अहिसेवियउ

इसलिए यह पाठ कवि का सम्मत जान पड़ता है। 'खिव' धातु का प्रयोग जलने के अर्थ में कवि ने अन्यत्र भी किया है—

"भयभेसिय अइरावइ गयणि खिवंतियइ"। १४०

इसलिए ऊपर उद्धृत दूसरी पंक्ति का अर्थ यह होगा—

"क्षार से उत्पन्न हार फूल के बाणों द्वारा उत्पन्न क्षत स्थान पर (घाव पर नमक छिड़कने के समान) जलन करता है।" 'कुसुम सरच्छयइ' सप्तम्यन्त प्रयोग है और अच्छा अर्थ देता है। इसलिए मेरा प्रस्ताव है कि 'ज' प्रति वाला पाठ स्वीकार किया जाना चाहिए। इसी प्रकार अंतिम पंक्ति मुद्रित प्रति में इस प्रकार है—

'उल्हवइ ण केणइ विरहज्झल पुणवि अंग परिहिसयहिं'

छंद की दृष्टि से इसमें भी दो मात्राएँ अधिक हैं। 'सी' और 'ज' प्रति का 'विरहहव' पाठ अधिक उचित है। कवि ने अन्यत्र अग्नि के अर्थ में 'हव' शब्द का प्रंयोग किया है—

विरह हवि तविय तणु। १३०

क्रिया-रूप में भी इसका प्रयोग है—

हिवइ हवेइ मज्झ णक्कंतह। १०४

इसलिए यहाँ भी 'विरहरव' पाठ कवि-सम्मत जान पड़ता है। 'परिहिंसयहिं' की जगह 'परिहिंसियहिं' पाठ व्याकरण-सम्मत भी है और कवि के 'परि' उपसर्ग के अन्यत्र प्रयोगों के अनुकूल भी है और छंद की दृष्टि से तो यह ठीक है ही। तुलनीय—

परिघोलिर ४६, परिभमण ५४, परितवइ १३५, इत्यादि।

इस पद्य की प्रथम दो पंक्तियों में 'ज' प्रति का पाठ इस प्रकार है—

विवसाविय रवियरिहि तवहि अरविय तवणि।
अमियमओ विहु जणइ दाह बिस जम्मगुणि।।

यह पाठ अर्थ और छंद दोनों दृष्टियों से मुद्रित प्रति से अधिक शुद्ध और ग्राह्य है।

३-१३८ निभंति

मुद्रित प्रति में यह दोहा इस प्रकार है—

तणु घणसारिण चंदणिण अलिउ जि किवि चच्चंति,
पुणवि पिएण व उल्हवइ पियविरहग्गि निभंति।

इसमें 'निभंति' शब्द विचारणीय है। टिप्पणक में इसका अर्थ दिया हुआ है 'भ्रमो न' अर्थात् 'इसमें भ्रम नहीं है' और अवचूरिक में 'निर्भ्रंतम्' अर्थात् एकांत-भाव से। 'ज' प्रति में 'अत्र श्रमण' लिखा है जो वस्तुतः 'अत्र भ्रमो न' का अशुद्ध पढ़ा हुआ रूप है। जान पड़ता है कि ठीक पाठ 'निभंति' नहीं था बल्कि 'न भंति' था, जिसका सीधा अर्थ हो सकता है—'भ्रम नहीं'; बाद में उसे गलत पढ़ लिया गया और उसे 'निभंति' पढ़ लिया गया। यह 'न भंति' पाठ अपभ्रंश-परम्परा के अनुकूल है। हेमचंद्र द्वारा उदाहृत यह दो दोहों में आया है—

आयइँ लोअहों लोअणइँ जाई सरइँ न भंति। ३६५।१

तथा—

अहरिउ-रुहिरें उल्हवइ अह अप्पणें न भंति। ४१६।१

३-१४१

मुद्रित प्रति में यह पद्य इस प्रकार है—

गिंभ तवणि खर ताविय बहु किरणुक्करिहिं,
पउ पडंतु पुक्खरहु ण मावइ पुक्खरिहिं,
पयहत्थिण किय पहिय पयहि पवहंतयह,
पइ पइ पेसइ करलउ गयणि खिवंतयह।।

यह पूरा पद्य विचारणीय है। संदेशरासक के विद्वान् संपादक ने अंतिम दो पंक्तियों को संदेहास्पद माना है (देखिये नोट्स, पृ० ६७), परंतु द्वितीय पंक्ति भी विचारणीय है। टीकाकारों के अनुसार इस पद्य का अर्थ इस प्रकार होगा—

'ग्रीष्म तपन की खर-उत्तप्त किरणों के उत्कर्ष से संबंधित जल पुष्कर से

(अवचूरिका० पुष्करावर्त के समान) गिरता हुआ पुष्करियों में (अव० नदियों में) नहीं अँटता और मार्ग में प्रवसित पथिक जलधार से पदत्राणहस्त (हाथ में जूता लिये) बना दिये गये हैं। आकाश में बिजली से ही करल (पगदण्डक) दिखायी देते हैं, और तरह से नहीं।

जान पड़ता है कि टीकाकारों ने दूसरी पंक्ति के 'पुष्कर' का अर्थ 'बादल' किया है। 'अवचूरिका' में 'पुष्करावर्त' कहकर इसी तथ्य की ओर संकेत किया गया है। मेघदूत में कालिदास ने मेघ को 'पुष्करावर्त' का वंशज बताया था। तीसरी और चौथी पंक्ति में पाठान्तर भी अनेक हैं। 'पयहत्थिण' शब्द का अर्थ है, 'हाथ में पैर वाले'। 'पवहंतयह' का अर्थ 'प्रवास करते हुए' किया गया है, किंतु किसी पाठ से यह अर्थ समर्थित नहीं होता। यह 'पवहंतियइ' या 'पवहंतियहि' पाठ था जो अधिकांश प्रतियों में प्राप्त होता है। 'पेसइ' का अर्थ टीकाकारों ने 'प्रेक्षते' किया है। प्राकृत और अपभ्रंश में इसका बहुप्रचलित अर्थ है,'भेजता है।' 'करलउ' बिलकुल अपरिचित जान पड़ता है। टीकाकारों ने इसका अर्थ 'पगडंडक' किया है जो आधुनिक हिंदी की 'पगडंडी' से मिलता है। 'देशी नाम-माला' में एक शब्द 'करड' है जो इससे मिलता है और जिसका अर्थ होता है, 'कर्बुर रंग का'; अर्थात् कबूतर से मिलता-जुलता हुआ रंग। 'गयणि' के स्थान पर 'सी' प्रति का 'गयण' पाठ अधिक उपयुक्त जान पड़ता है। प्रायः सभी प्रतियों में 'खिवंतियह' या 'खिवंतियइ' पाठ है। केवल एक प्रति में 'खिवंतयह' पाठ है जो न प्रसंगानुकूल है और न टीकाओं में दिये गये अर्थ के अनुकूल है। वस्तुतः यह पद अब्दुल रहमान की कवित्व-शक्ति का उत्तम निदर्शक है। इसमें उन्होंने साभिप्राय विशेषणों और क्रियाओं का प्रयोग किया है जो एक और अर्थ को ध्वनित करते हैं। उसका एक अर्थ तो प्रायः वही है जो टीकाओं में दिया गया है; किंतु दूसरा अर्थ रसपरक है और विरहिणी की अवस्था के अनुकूल है। अधिकांश पांडुलिपियों की, और सुंदर अर्थ की दृष्टि से, अंतिम दो पंक्तियों का पाठ इस प्रकार होना चाहिए। यह पाठ 'ज' प्रति के पाठ से बहुत-कुछ मिलता-जुलता होगा—

पयहत्थिण किय पहिय पहिहिं पवहंतियह
पइ पइ पेसइ करलउ गयण खिवंतियह

पूरे पद्य का अर्थ इस प्रकार होगा—

वर्षा-वर्णन से संबंधित प्रथम अर्थ—

ग्रीष्मताप से खर तप्त किरणों के संपर्क के कारण बादल से भरता हुआ पानी (पउपडंतु) पोखरियों में समा नहीं रहा है (ण मावइ), (तुलनीय : केशवदास, 'माई कहाँ धौ य माएगी सूरति जो दिन द्वै यहि भाँति बढ़ैगी')। ये पोखरियाँ रास्तों पर बढ़ती हुई पथिकों को पैर हाथ में लेने के लिए मजबूर कर रही हैं।

अर्थात् पोखरियों का पानी रास्ते पर आ जाने के कारण पथिकों ने जूते अपने हाथ में ले लिये हैं। पद-पद पर आसमान को जलाने वाली बिजली रास्ता दिखा रही है।

समासोक्ति द्वारा व्यंजित दूसरा अर्थ—

प्रथम पंक्ति का पूर्ववत् ही होगा। दूसरी पंक्ति का प्रत्येक शब्द अर्थ-गर्भ है। 'पउ पडंतु' का दूसरा अर्थ होगा 'पैर पड़ता हुआ।' 'णमावइ' का दूसरा अर्थ होता है, 'नवाती है, झुकाती है।' कवि यहाँ कहना चाहता है कि इस वर्षाकाल में प्रेमियों की बड़ी दारुण अवस्था है। पैर पड़ते हुए बादलों को पोखरियाँ और भी झुका रही हैं या नहीं मान रही हैं। इसी प्रकार तीसरी पंक्ति से भी एक दूसरा अर्थ ध्वनित होता है। अर्थ यह है, रास्ते में बहती हुई (निचली श्रेणी की स्त्रियाँ) पथिकों को पैर हाथ में लेनेवाला बना रही हैं' यानी, पैर पड़वा रही हैं। चौथी पंक्ति का दूसरा ध्वनित अर्थ यह होगा—कर्बुर वर्ण का आकाश दुःख पाती हुई विरहिणियों के पति को (पइ) पैरों के पास (पइ) भेज रहा है।

इस पद्य में निम्नलिखित शब्दों में श्लेष है—

पउ पडंतु—(१) गिरता हुआ पानी; (२) पैर पड़ता हुआ;

पुक्खरहु—(१) पुष्कर (मेघ) से; (२) पुष्कर को भी;

णमावइ—(१) नहीं अँटता; (२) झुकाती है;

पयहत्थिण—(१) जिन्होंने पैर हाथ में ले लिया है अर्थात् जिन्होंने पैर में पहना हुआ जूता हाथ में ले लिया है वे; (२) पैर पर हाथ देनेवाले।

पहिहि पवहंतियह—(१) पथ पर बहने वाली; (२) चंचल-स्वभाव स्त्रियाँ पइ पई (१) पदे पदे (२) पति पदे;

पेसइ—(१) दीखता है; (२) भेजता है।

करलउ—(१) पगडंडी (टीका); (२) करड, कबूतर के रंग का कर्बुर वर्ण वाला (हे० दे० ना०);

खिवंतियह—(१) विद्युत्; (२) विरह की ज्वाला से जलने वाली विरहिणी।

३-१४८ दुद्धर धर धारोह भरु

वर्षा-वर्णन के प्रसंग में बादलों के वर्णन 'दुद्धर धर धारोह भरु' का अर्थ टीकाकारों ने किया है, 'दुर्द्धर धारौघभरं' अर्थात् 'दुर्द्धर धारा समूहसे भरा हुआ।' लेकिन ऐसा अर्थ करने से 'धर' शब्द व्यर्थ हो जाता है। संदेश-रासक के विद्वान् सम्पादक को भी इस शब्द का अर्थ स्पष्ट न होने का संदेह हुआ था (नोट्स पृ० ६७)। मुझे जान पड़ता है कि यह शब्द व्यर्थ तो है ही नहीं, वरन् कवि की उत्कृष्ट निरीक्षण-शक्ति और कल्पना-नैपुण्य का निदर्शक है। इसमें बताया गया है कि मेघों के निपट निरंतर क्रम रूई के छोटे-छोटे पहलों के समूह सजाये हुए-से जान पड़ते हैं। देशीनाम-माला में 'धर' **शब्द का अर्थ** 'रूई' और 'धार' का अर्थ

छोटा दिया हुआ है। इस प्रकार 'दुद्धर' इसका विशेषण है। रूई के छोटे-छोटे पहलों से भरे हुए के समान निविड भाव से निरंतर फैले हुए मेघ दुर्द्धर हो उठे हैं, यही विरहिणी नायिका का अभिप्राय है।

इसमें एक और भी अर्थ ध्वनित है। धर=धरा रणक्षेत्र, धारा=रणोन्मुख (दे० ना० ५-५६) और—उतरनेवाले, अर्थात् युद्धक्षेत्र में उतरते हुए रणोन्मुख योद्धा। बादलों में दुर्द्धरता का आरोप 'धर धारोह भरु' के दूसरे अर्थ रणक्षेत्र में उतरने वाले भटों की ध्वनि से किया गया है। मतलब यह कि शब्दों का ऐसा प्रयोग किया गया है कि सहृदय के चित्त में रणोन्मुख भटों के साथ मेघ की तुलना स्वयमेव ध्वनित हो उठती है। समासोक्ति का यह पद्य उत्तम उदाहरण है।

३-१५२ जंच (जंचि ?)

किं जुत्तं सुकुलग्गयाण मुत्तूण जंच इह समए,
तड तडणतिव्व-घण घहण संकुले दइव वच्चंति।

इसमें 'जंच' शब्द विचारणीय है। टीकाकारों का बताया हुआ अर्थ यह है कि हे दयित, जो लोग सुकुलोद्गत हैं अर्थात् सद्वंशजात हैं उनके लिए ऐसे समय में जब कि बिजली तड़तड़ा रही हो और जब घनघटन मेघ शब्दसंकुल हों. अर्थात् मेघों की गड़गड़ाहट से आकाश व्याप्त हो, प्रिया (दयिता) को छोड़कर जाना क्या उचित है! इस अर्थ में दो बार 'दयित' शब्द का प्रयोग है: एक तो 'हे दयित' सम्बोधन में और दूसरे 'दयिता को छोड़कर', लेकिन मूल में केवल एक ही बार 'दइय' शब्द आया है जो सम्बोधनार्थक उचित जान पड़ता है। फिर मुत्तूणं (छोड़कर) क्रिया का कर्म क्या है? मुद्रित प्रति में 'जं च' जो पाठ है उससे अर्थ नहीं खुलता। किन्तु 'ज' प्रति में और 'बी' प्रति में 'जंचि' पाठ है जो उचित जान पड़ता है। दे० ना० (३।४०) में 'जञ्च' शब्द पुरुष या नर का वाचक बताया गया है। अपभ्रंश में द्वित्व वर्ण के पहले अनुस्वार करके सरलीकरण की प्रथा प्रचलित ही है। इसलिए 'जञ्च' या 'जंच' दोनों का अर्थ होगा 'पुरुष' और 'जंचि' का अर्थ होगा नारी (यहाँ स्त्री, विरहिणी) इसलिए 'मुत्तूण जंचि' का अर्थ होगा, स्त्री को छोड़कर। ऐसा अर्थ करने से टीकाकारों के अर्थ की संगति भी बैठ जाती है और 'मुत्तूण' की क्रिया का कर्म भी अव्यवहित-पश्चात् उपलब्ध हो जाता है। इसलिए 'जंचि' पाठ ही संगत है।

३-१६४

मरालागमि णहु तग्गमि

इस पद्य में अंतिम पंक्ति का अर्थ अवचूरिका में इस प्रकार दिया हुआ है—'मरालीगमेऽगमे च मरामि', अर्थात् मराली के जाने और न जाने दोनों ही अव-

स्थाओं में मैं मरती हूँ। टिप्पनककार ने लिखा है कि उसके (क्रौंच के) आगमन से कमल मृणाल भी चले गये। पता नहीं कि टिप्पनककार ने यह अर्थ किस पाठ के आधार पर किया। परंतु जिस पांडुलिपि (बी) में टिप्पनक प्राप्त हुआ है, उसमें अंतिम पंक्ति का पाठ इस प्रकार है—

'मरिम मुरालागमि तग्गागमि'

कदाचित् 'तग्ग' शब्द का भाव 'तागा' समझकर उन्होंने मृणालतन्तु कर लिया है। परंतु फिर भी इस पाठ और इस अर्थ का कोई सामंजस्य समझ में नहीं आता। अवचूरिकाकार ने जो अर्थ दिया है, उससे लगता है कि पाठ कुछ इस प्रकार का रहा होगा—

'मरिम मरालागमिणहु तग्गमि'

यहाँ 'हु' हिंदी के 'भी' अव्यय के अर्थ में प्रयुक्त हुआ है जिसका संस्कृत में अवचूरिका ने 'च' अर्थ दिया है। 'मरलागमणि' का अर्थ हुआ 'मरालों के आगमन से' और 'तग्गामि' का अर्थ हुआ, 'उनके जाने से'। पूरे का अर्थ हुआ 'मराल के आगमन और गमन दोनों से मैं मरती हूँ।' यहाँ 'मराल' शब्द अर्थ-गर्भ है। इसमें एक और अर्थ ध्वनित होता है—'मराल' अर्थात् 'मरणवाला'! 'हु' अव्यय का 'भी' अर्थ में प्रयोग अन्यत्र भी है—

णहु कि हु कहइ। ९६

—'किहु' अर्थात् कुछ भी।

३-१८६ कोसिल्लि

मुद्रित प्रति में जिस पंक्ति में यह शब्द आया है, वह इस प्रकार है—

लइ ढुक्कउ कोसिल्लि हिमन्तु तुसार भरु

टिप्पनक, अवचूरिका और 'ज' प्रति की टीका में भी 'कोसिल्लि' का अर्थ 'कुशलेन' अर्थात् कुशलतापूर्वक दिया हुआ है। किंतु 'देशीनाम-माला' में इस शब्द का अर्थ दिया गया है—प्राभृतम्। इस अर्थ को स्वीकार कर लेने से इस पंक्ति का विशेष अर्थ यह होगा—हेमंत तुषार-भार का उपहार लेकर आ पहुँचा; यह अर्थ निस्संदेह उत्तम है।

३-१९२ सूडिय

टिप्पनककार ने इस शब्द को छोड़ दिया है लेकिन 'अवचूरिका' और 'ज' प्रति

की टीका में 'सूडिताः सतः' कहकर चलता कर दिया गया है; कोई अर्थ नहीं दिया गया है। हेमचंद्र (४।१०६) ने सूड् धातु को 'भंज्' धातु का आदेश माना है। इसलिए 'सूडिय' का अर्थ होगा, 'तोड़ा हुआ'।

३-१९५ मत्त मुक्क (मज्जमुक्क), विवहगंधक्करसु, वरच्छणि, सीमंतिणिय,

'ए' प्रति के सिवाय बाकी तीनों प्रतियों में 'मज्जुमुक्क' पाठ है। केवल 'ए' में 'मत्तमुक्क' पाठ है। लेकिन तीनों ही टीकाओं में 'मात्रामुक्त' अधिकः अर्थ दिया हुआ है जिससे ज्ञात होता है कि टीकाकारों के सामने 'मत्त-मुक्क' पाठ ही था। लेकिन अधिकांश प्रतियों में होने के कारण 'मज्जमुक्क' पाठ ही ज्यादा ठीक है, जिसका संस्कृत-रूपांतर 'मद्य-मुक्त' होगा। इसी प्रकार 'ज' प्रति में आया हुआ 'विविह गन्धुक्करसु' उत्तम है। सभी टीकाकारों ने इसका संस्कृत-रूपांतर 'विविधगंधोत्कर्ष' दिया है। इससे 'विविहगंधक्कु रसु' रूप का बनना सहज है। नीचे की पंक्ति में 'इक्ख रसु' के साथ इसकी तुक मिलायी गयी है। इस दृष्टि से भी ऊपर की पंक्ति में 'रसु' ही होना चाहिए, 'रिसु' या 'रेसु' नहीं। 'वरच्छणि' पाठ भी चिंत्य है, यद्यपि सभी टीकाकारों के सामने यही पाठ रहा होगा, क्योंकि सभी ने इसका अर्थ किया है, 'वरोत्सवे'। मगर 'बी' और 'ज' प्रति में जो 'वरत्थगि' पाठ है वह ज्यादा उचित है, जिसका अर्थ है 'वरार्थिनी', अर्थात् वर की प्रार्थना करनेवाली। आगे के 'पीणुन्नयथणिय' में 'थणि' के साथ इसका यमक भी है।

३-१९९ उवाडयणि

इस शब्द का अर्थ टीकाकारों ने 'गर्दभी' किया है। प्रसंग यह है कि नायिका कह रही है कि मैंने प्रिय को बुला लाने के लिए अपने मन को दूत बनाकर भेजा। प्रिय तो आया नहीं, मेरा मन भी वहीं प्रिय के पास रह गया। यह उसी प्रकार हुआ जैसे गर्दभी सींग के लिए गयी और उसके कान भी खो गये। 'उवाडयणि' का अर्थ 'गर्दभी' समझने का कोई आधार नहीं है। 'ज' प्रति में 'वाडव्वणि' पाठ है। यह उचित पाठ जान पड़ता है। संस्कृत में 'बड़वा' घोड़ी को कहते हैं। उसी से बना हुआ 'वाडव्य' शब्द खच्चर के अर्थ में प्रयुक्त होता है। 'वाडव्य' से अपभ्रंश का 'वाडब्ब' बना है और उसी में 'णी' स्त्रीलिंग प्रत्यय जोड़कर 'वाडव्वणी', 'खच्चरी' के अर्थ में यहाँ प्रयुक्त हुआ है।

३-२०८ मुद्रित प्रति में यह पूरा पद्य इस प्रकार है—

पज्जलंत बिरहग्गि-तिव्व झालाउलं
मयरद्धउवि गज्जंतु लहरि घण भाउलं

सहवि दुसहु दुत्तर विचरिज्जइ सब्भयं
मह णेहह किवि दुग्गु वणिज्जइ णिब्भयं

टिप्पनककार ने इसका जो अर्थ किया है उसकी हिंदी छाया यह है—

'मकरध्वज भी घन भाव से'—भा—'आकुल' भाव से प्रज्वलत् विरहाग्नि तीव्र ज्वालाकीर्ण रूप से गर्जन कर रहा है और मैं दुस्तर-दुसह भाव से सहन करती हुई सभय बनी रहती हूँ। परंतु सोचती हूँ कि मेरे स्नेह से अपीड़ित रहकर स्तंभतीर्थ नामक दुर्ग में मेरा प्रिय वाणिज्य करता है।

अवचूरिकाकार ने जो अ ' किया है उसकी छाया यह जान पड़ती है—

'प्रज्वलंत विरहाग्नि तीव्र ज्वालाकुल में, मकरध्वज की भाँति गरजता हुआ (है)। लहरी घन-निबिड-प्रभा-कान्त्याकुल दुःसह में सहन करके सभय-भाव से ही विचरण किया जाता है। मेरे स्नेह का कोई दुर्ग निर्भय-भाव से वाणिज्य करता है।'

इस टीका में सप्तम्यंत विशेषणों का विशेष्य क्या है यह स्पष्ट नहीं होता। इसीलिए सारा अर्थ स्पष्ट लगता है। किंतु 'ज' प्रति में यही अर्थ दिया गया है और वहाँ सप्तम्यंत पदों को प्रथमांत कर दिया गया है, जिससे लगता है कि ये सब विशेषण मकरध्वज के हैं। दोनों पाठों को यदि मिलाकर अर्थ किया जाय तो अर्थ इस प्रकार बनता है—

'विरहाग्नि की तीव्र ज्वाला से आकुल मकरध्वज भी गरज रहा है, जो लहरी-घन-निविड-प्रभा-कांति से व्याकुल दुःसह और दुस्तर है, उसे सहन करके भयपूर्वक भ्रमण किया जाता है, किंतु मेरे स्नेह का कोई दुर्ग है जिसमें वह निर्भय वाणिज्य करता है।'

परंतु इतने से भी कवि का तात्पर्य स्पष्ट समझ में नहीं आता। चौथी पंक्ति में जो 'किवि' है 'ज' प्रति में इसके स्थान पर 'किं' है किंतु टीका में अर्थ 'किमपि' ही दिया है। इसका अर्थ प्रसंग के अनुकूल होना चाहिए। इसके पूर्व के छंदों में नायिका ने वसंत में रसगंधलुब्ध भ्रमरों की क्षुब्धता का वर्णन किया है। वे परस्पर मिलित कंटकों से विद्ध हो रहे हैं तो भी तीक्ष्ण कंटकों के दुःख की अवहेलना करके मधुपान कर रहे हैं। रस-लोभ से रसिक गण अपने शरीर की परवाह नहीं करते। प्रेम मोह में कोई पाप की आशंका भी नहीं करते—

विज्झंति परुप्पर तरु निहंति
कंटग्ग तिक्ख ते णहु गणंति
तणु दिज्जइ रसियह रसह लोहि
णहु पाउ गणिज्जइ पिम्म मोहि

इस मधु-प्रेम-व्यापार की क्रीड़ा को देखकर ही नायिका के मन में विस्मय हुआ और उसने यह छंद पढ़ा—

महु पिक्खवि बिंभिउ मणिहि हूउ,
सुणि पहिय कहिउ रवणिज्जरूउ। २०७

इसलिए इसमें मधु-प्रेम में कष्ट पाने की बात होनी चाहिए और साथ ही विस्मय का भी कोई हेतु अवश्य होना चाहिए। यह विस्मय तभी हो सकता है जब ऐसी ही अवस्था में ऐसा कुछ घटता न दिखे। नायिका के मन की स्थिति से यह अनुमान किया जा सकता है कि जब सभी लोग प्रेम के लिए कठोर पीड़ा को सह-कर भी प्रेम-पात्र की ओर कठिनाई के साथ अग्रसर हो रहे हैं, उसी समय उसी अवस्था में उसका प्रिय क्यों ऐसा नहीं कर रहा है! उसके मन में यह भी बात आ सकती है कि पुरुष भ्रमरों को रस के लोभ से अपना शरीर दे रहे हैं और वह भी इसी प्रकार रस-लोभ से अपने प्रिय को अपना शरीर अर्पण करना चाहते हैं। परंतु फिर भी उसका प्रिय समस्त विघ्न-बाधाओं के भय को दूर करके क्यों नहीं आ रहा है! जब सभी लोग भय और कष्ट की परवाह किये बिना दुस्तर-तरण कर रहे हैं, तो उसका प्रिय ही क्यों ऐसा भय और जोखिम नहीं उठा रहा है! उसके मन में यह भी वितर्क उठ सकता है कि कदाचित् यह उसके प्रेम की ही कमज़ोरी है और यह प्रेम उसके प्रिय तक नहीं पहुँच रहा है। वह उसके प्रेम के लिए दुर्गम है। भ्रमरों के पुष्प तक पहुँचने में बाधक कंटक है। उन्हीं का भय या जोखिम नायिका के प्रिय के मार्ग का बाधक भयंकर समुद्र है। भ्रमर अगर कंटकों की उपेक्षा कर सकता है, तो उसके प्रिय को भी समुद्र की उपेक्षा करनी चाहिए थी। परंतु ऐसा नहीं हो रहा है, यही विस्मय का हेतु है। इस दृष्टि से देखने पर इस पद्य का अर्थ इस प्रकार होगा—

दुःसह दुस्तर गर्जमान मकरध्वज को, जो जलती हुई विरहाग्नि की तीव्र ज्वाला से उसी प्रकार आकुल है, जिस प्रकार बड़वाग्नि की ज्वाला से समुद्र आकुल रहता है और जो घनी तरंगों के आवर्त से उसी प्रकार भ्रमाकुल है जिस प्रकार समुद्र हुआ करता है, सहकर भी सब लोग जोखिम उठाकर विचरण कर रहे हैं, किन्तु मेरा प्रिय, मेरे स्नेह के लिए दुर्गम है बिना किसी प्रकार के भय या जोखिम को उठाये, निर्भय होकर वाणिज्य कर रहा है।

यहाँ 'दुग्ग' शब्द का प्रयोग करके कवि ने समासोक्ति के द्वारा यह भी बताना चाहा है कि भयंकर मकरध्वज (समुद्र) में स्थित दुर्ग जिस प्रकार उसकी भयं-करता से अप्रभावित रहता है उसी प्रकार मेरा प्रिय भी मकरध्वज (कामदेव) की भयंकरता से अप्रभावित है। टिप्पनकार की व्याख्या का 'मम स्नेहेन अपीडितः' वाक्यांश इसी बात की ओर इशारा करता है। जिस प्रकार समुद्र-स्थित दुर्ग समुद्र

की बाधाओं से निर्भय होकर व्यापार करता है उसी प्रकार मेरा प्रिय भी कामदेव की बाधाओं से निर्भय होकर व्यापार कर रहा है।

यहाँ मकरध्वज, झालाउल, लहरिघण, भाउल आदि शब्दों का प्रयोग करके कवि ने कामदेव के साथ ही भयंकर समुद्र की व्यंजना की है। मकरध्वज शब्द का प्रयोग करके उसने बताना चाहा है कि सभी लोग जब मकरध्वज (समुद्र) की भयंकरता की उपेक्षा कर रहे हैं तो उसका प्रिय ही मकरध्वज (कामदेव) की क्यों न उपेक्षा करे। इसके बाद नायिका के चित्त में यह वितर्क उपस्थित होता है कि कदाचित् उसका प्रिय उसके प्रेम के लिए दुर्गम है। 'मह णेहह किवि दुग्ग' से तात्पर्य प्रिय से है। 'भय' शब्द का व्यवहार जोखिम के अर्थ में होता है।

३-२१९ नच्चीयइ, बसंतकाल, हार, परिखिल्लरीहिं

'ज' प्रति का 'णच्चियइ' पाठ छंद और व्याकरण की दृष्टि से उचित है। 'बी' प्रति में 'बसंत कालु' के स्थान पर 'बसंत यालु' (बसंत-ताल:) पाठ है जिसका अर्थ होगा अपूर्व बसंत-ताल (बसंत राग के ताल से) नाचा जा रहा है, जो उत्तम ज्ञात होता है; 'परिखिल्लरी' का अर्थ टिप्पनककार ने 'परिवेष्टिता' किया है और अवचूरिका में 'परिखेलंती' अर्थ दिया है। दे०ना०मा० २।७० में 'खल्लिरी' का अर्थ 'संकेत' या 'अभिनव' दिया हुआ है जो यहाँ प्रसंगानुकूल जान पड़ता है। इससे 'परिखिल्लरी' का अर्थ होगा, 'नाना प्रकार की आंगिक चेष्टाओं को करती हुई'; इस प्रसंग में भी 'बी' प्रति का 'हारि' पाठ ज्यादा उचित है, अर्थ है, 'हार द्वारा'।

३-२२३ पहावरिउ, अणाइ, अनंत

'पहावरिउ' शब्द का अर्थ टीकाकारों ने 'पंथानं आवरयन्' किया है, अर्थात् 'पथ को आवृत करता हुआ'। भाव यह हुआ कि ज्यों ही विरहिणी पथिक को संदेश देकर दक्षिण की ओर मुड़ी, निकट ही पथ को आवृत करता हुआ उसका पति दिखायी दिया और वह तुरंत हर्षित हुई (आसन्न पहावरिउदिट्ठु णाहु तिणि झत्ति हरिसिय) किंतु यह अर्थ कुछ स्पष्ट नहीं है। 'पहावरिउ' शब्द का अर्थ होगा 'पथावरित', अर्थात् मार्ग से ढका हुआ या छिपा हुआ। मतलब यह हुआ कि पति तो उसका निकट ही आ गया था किंतु रास्ते के मोड़ के कारण आवरित-सा था, दिखायी नहीं दे रहा था। 'पहावरिउ' शब्द का एक दूसरा अर्थ भी हो सकता है, प्रभा से आवरित। कवि 'पहावरिउ' शब्द के प्रयोग से दो अर्थ ध्वनित करना चाहता है। नायिका का प्रेमी मार्ग के मोड़ के कारण दिखायी नहीं दे रहा था, लेकिन नायिका को देखने मात्र से 'प्रभावृत' भी हो गया! रड्डा के अंत में जो दोहा है वह इस प्रकार है—

जेम अचिंतउ कज्जु तसु सिद्ध खणद्धि 'महंतु
तेम पठंत सुणंतयह जंयउ अणाइ अणंतु

अर्थ है—जिस प्रकार उस नायिका का अचिंतित महान् कार्य क्षणार्द्ध में ही सिद्ध हो गया, उसी प्रकार पढ़ने-सुननेवालों का भी हो, अनादि अनंत परम पुरुष की जय हो। यही ग्रन्थ का भी अन्तिम दोहा है। इसलिए कवि का अनादि पुरुष का स्मरण कर लेना उचित है। किन्तु 'सी' प्रति में एक पाठ और भी है जो किसी टीकाकार की दृष्टि में नहीं पड़ा है। यह पाठ 'जयउ अणाइतु अन्तु' है, अर्थात् 'अनागत (भावी) अंत की जय हो'। यदि यह पाठ स्वीकार किया जाय तो अंतिम पंक्ति का अर्थ इस प्रकार होगा—

'उसी प्रकार पढ़ने-सुनने वालों के अनागत अंत की जय हो; अर्थात् पढ़ने-सुनने वालों के मन में जो भी इच्छा हो उसका अंत भविष्य में जययुक्त होवे।' यह अर्थ इस दोहे को भगवान् की स्तुति न बनाकर सीधे-सादे आशीर्वादात्मक भरत-वाक्य के रूप में कर देता है। परंतु यह पाठ काफी महत्त्वपूर्ण है। 'अनागत अंत' का अर्थ है, क़यामत का दिन ! यह पाठ कवि को निश्चित रूप से मुस्लिम धर्मानुयायी सिद्ध करता है।

भूमिका

रासक का विकास

रास, रासक, रासो और 'रासा' शब्दों से अभिहित साहित्य के विकास का अध्ययन अत्यंत रोचक और महत्त्वपूर्ण है। भारतीय साहित्य से इनका परिचय प्राचीन काल से है। 'हरिवंशपुराण' में 'रास' का अस्पष्ट और विष्णुपुराण में स्पष्ट उल्लेख मिल जाता है।[1] इनमें रास का उल्लेख गोपालों के नृत्य के रूप में मिलता है। अधिक प्राचीन बताये जाने वाले भास के 'बालचरित' नाटक में 'रास' के सजातीय 'हल्लीसक' का नाम आता है, जिसमें गोपालों और गोपिकाओं द्वारा मिलकर क्रीड़ा करने का वर्णन है।[2] इन प्राचीन उल्लेखों में 'रास' 'हल्ली-

---

१. हरिवंशपुराण में विष्णुपर्व के अन्तर्गत २०वें अध्याय का निम्नांकित श्लोक इस विषय में ध्यान देने योग्य है—

एवं स कृष्णो गोपीनां चक्रवालैरलंकृतः।
शारदीषु सचन्द्रासु निशासु मुमुदे सुखी॥

—हरिवंशपुराण—विष्णुपर्व। ३५

इसकी टीका में नीलकंठ ने हल्लीसक और रास का उल्लेख किया है। वे 'चक्रवालैः' से 'रासक्रीड़ा' का अर्थ लेते हैं—

चक्रवालैः मण्डलैः हल्लीसक क्रीडनम् एकस्य पुंसो बहुभिः स्त्रीभिः क्रीडनं, सैव रासक्रीडा।

—वही, पृ० १९९।

ततः कांचित् प्रियालापैः कांचिद्भ्रूभंगवीक्षितैः।
निन्येऽनुनयमन्यां च करस्पर्शेन माधवः॥
ताभिः प्रसन्नचित्ताभिः गोपीभिस्सह सादरम्।
ररास रासगोष्ठीभिरुदारचरितो हरिः॥
रासमण्डलबन्धोऽपि कृष्णपार्श्वमनुज्झता।
गोपीजनेन नैवाभूदेकस्थानस्थिरात्मना॥
हस्तेन गृह्य चैकैकां गोपीनां रासमण्डलम्।
चकार तत्करस्पर्शनिमीलितदृशं हरिः॥

—श्री विष्णुपुराण, पंचम अंश, ४७-५०

२. संकर्षणः—दामक ! सर्वे गोपदारकाः समागताः।
दामकः—आम भट्टा पव्व षण्णद्धा आअदा॥

सक' के साथ गोपालों और गोपियों का नाम सर्वत्र जुड़ा दिखायी पड़ता है। इनमें 'रास' के साथ संगीतादि के योग का वर्णन नहीं मिलता जिससे ज्ञात होता है कि उस समय रास शारीरिक गतियों पर आधारित शुद्ध लोकनृत्य था। श्री मंकड का विचार है कि रास की व्युत्पत्ति 'रास्' धातु से हुई है जिसका अर्थ जोर से चिल्लाना है, इसका संबंध उस काल के आदिम नृत्यों से जोड़ा जा सकता है जब संगीत की मात्रा और कलात्मक गति व्यवस्थित नहीं हुई थी। उस समय वन्य नृत्य के रूप में इसका प्रचलन रहा होगा।[1] एक दूसरे विद्वान् का 'हल्लीसक' के विषय में यह अनुमान है कि इस शब्द का उद्गम यूनानी इलीशियन नृत्यों से ईस्वी सन् के आस-पास हुआ जान पड़ता है और कृष्ण के रास नृत्य और हल्लीसक नृत्य इन दोनों की परंपराएँ किसी समय एक-दूसरे से संबंधित हो गयी हैं।[2] केवल शब्द साम्य पर आधारित अन्य पुष्ट प्रमाणों के अभाव में हल्लीसक और इलीशियन के संबंध संदिग्ध हैं किन्तु रास का संबंध आभीरों-जैसी किसी गोपालक जाति से अवश्य जोड़ा जा सकता है।

बाणभट्ट के हर्षचरित में इस बात के प्रमाण मिल जाते हैं कि उस समय तक रास में नृत्य की पूर्ण व्यवस्था आ गयी थी और वह एक विशिष्ट नृत्य के रूप में प्रचलित था। बाणभट्ट ने रासकमण्डल की उपमा आवर्त से दी है।[3] जन्मोत्सव-वर्णन में जिस धूमधाम के साथ उन्होंने रासकमण्डल का उल्लेख किया है, उससे प्रकट होता है कि उस समय रासक नृत्यों का व्यापक प्रचार था।

हर्षचरित में 'अश्लील रासक पदानि' का भी उल्लेख उसी वर्णन में आता है।[4] डॉ० वासुदेवशरण अग्रवाल के अनुसार यहाँ 'अश्लील रासक पदानि' का

दामोदरः—धोवसुन्दरि। वनमाले। चन्द्ररेखे। मृगाक्षि।
घोषवासस्यानुरूपोऽयं हल्लीसकनृतबन्ध उपयुज्यताम्।
—भास नाटकचक्रम् (सी० आर० देवधर), पृ० ५३६।

१. रास Is thus not to be derived from रस but from रास् a root which means to cry aloud, which may refer to be very primitive form of this dance when the proportion of music and artistic movements may not have been still realistic and when it must have been practised as wild dance.
(Types of Sanskrit Drama, p, 143, By D. R. Mankad)

२. हर्षचरित : एक सांस्कृतिक अध्ययन, डॉ० वासुदेवशरण अग्रवाल, पृ० ३३।

३. क्वचिन्नृपावला बलात्कारनर्त्यमाननृत्यस्यानभिज्ञान्तःपुरपालभावितभुजिष्यः सपर्वत इव कुसुमराशिभिः सधारागृह इव सीधुप्रपाभिः, सनन्दन वन इव पारिजातकामोदैः सनीहार इव कर्पूररेणुभिः साट्टहास इव पटहरवैः सामृतमंथन इव महाकलकलैः सावर्त इव रासकमण्डलैः, सरोमांच इव भूषणमणि 'किरणैः'...इत्यादि।
—हर्षचरित, चतुर्थ उच्छ्वास।

४. "पदे पदे झणझणित भूषणरवैरपि सहृदयैरिवानुवर्तमानताललयाः, कोकिला इव मदकलकाकली कोमलालापिन्यो विटानां कर्णामृतान्यश्लील रासकपदानिगायन्त्यः।"
—वही।

अभिप्राय स्त्रियों द्वारा गाये जानेवाले गीतों से हैं।[१] उक्त प्रसंग में, कोमल आलाप करनेवाली स्त्रियों के द्वारा विटों के कानों को अमृत की भाँति अच्छे लगनेवाले 'अश्लील रासक पद' गाये जाने का वर्णन है। विट कलाकुशल गणिकाओं की सेवा में रहनेवाले वे नागरक होते थे जो कालांतर में दरिद्र हो जाते थे। जो हो, 'रासक-पदानि' से इतना तो निश्चित ही हो जाता है कि बाणभट्ट के समय तक 'रासक' में गेयतत्त्व का समावेश व्यापक रीति से हो गया था और रासक का गेय-रूप उतना ही प्रचलित और लोकप्रिय था जितना कि उसका नृत्य-रूप।

रासनृत्य के साथ उसकी गेयता का प्रमाण श्रीमद्भागवत में भी मिलता है। भागवत के दशम स्कन्ध के तीसवें अध्याय में एकाधिक बार 'रास' शब्द आता है।[२] रास में संगीत और गान की प्रधानता थी, इस बात का पता श्लोकों से लग जाता है। एक श्लोक में गायन और एक में तो ध्रुपद का स्पष्ट उल्लेख मिलता है।[३]

रास, रासक में नृत्य-तत्त्व और गेय-तत्त्व का यह मिश्रण अगली कई शताब्दियों तक अस्पष्ट अनुपात में बना रहा। इस बीच में कर्पूरमंजरी (लगभग दसवीं शताब्दी तथा बारहवीं शताब्दी के जैन ग्रंथों में) दंडरास, लउडुरास, तालारासु आदि अनेक रासों की चर्चा मिलती है।[४]

---

१. हर्षचरित्र : एक सांस्कृतिक अध्ययन, पृ० ६७।

२. तत्रारमत गोविन्दो रासक्रीडामनुव्रतैः।
स्त्रीरत्नैरन्वितः प्रीतैरन्योन्याबद्धबाहुभिः॥
रासोत्सवः सम्प्रवृत्तो गोपीमण्डलमण्डितः।
योगेश्वरेण कृष्णेन तासां मध्ये द्वयोर्द्वयोः॥
प्रविष्टेन गृहीतानां कण्ठे स्वनिकटं स्त्रियः॥
—भागवत, दशम स्कन्ध, अध्याय ३३।२-३
वलयानां नूपुराणां किंकिणीनां च योषिताम्।
सप्रियाणामभूच्छब्दस्तुमुलो रासमण्डले॥ —वही, ६
काचिद्रासपरिश्रान्ता पार्श्वस्थस्यगदाभृतः॥
जग्राह बाहुना स्कन्धं श्लथद्वलयमल्लिका॥ —वही, ११

३. पादन्यासैर्भुजविधुतिभिः सस्मितैर्भ्रूविलासै-
र्भज्यन्मध्यैश्चलकुचपटैः कुण्डलैर्गण्डलोलैः।
स्विद्यन्मुख्यः कबररशनाग्रन्थयः कृष्णवध्वो
गायन्त्यस्तं तडित इव ता मेघचक्रे विरेजुः॥ —वही, ८
काचित् समं मुकुन्देन स्वरजातीरमिश्रिताः
उन्निन्ये पूजिता तेन प्रीयता साधु साध्विति।
तदेव ध्रुवमुन्निन्ये तस्यै मानं च बह्वदात्॥ —वही, १०

४. परिब्भमंतीउ विचितवधं हमाउ दो सोलह णच्चणीओ।
खेलंत तालाणुगदप्पआओ तुहंगणे दीसदि दंडरासो॥ कर्पूरमंजरी, ४-१०

लगभग इसी समय का एक चित्र इन्दौर के निकट बाघ-पेंटिंग्स में मिलता है जिसे लगुड रास का चित्र कहा है।[1]

ज्ञात होता है कि इस काल में रासक विविध रूपों में प्रकट होने की तैयारी कर रहा था। जैसा कि पहले देखा गया है कि रासक नृत्य तथा गेयपदों के रूपों में बाण के समय तक लोक-हृदय पर अधिकार कर चुका था। सातवीं शताब्दी से लगभग दसवीं शताब्दी के अंत तक रासक अपने को अनेक रूप में प्रकट करने की साधना कर रहा था। अप्रकाशित जैन ग्रंथ 'खरतर गच्छ पट्टावली' से ज्ञात होता है कि यद्यपि उस समय जैन मंदिरों में लगुडरास खेलने की आज्ञा नहीं मिलती थी[2], फिर भी जनता में प्रसन्नता के विशेष अवसरों पर अनेक प्रकार के रासों को खेलने की प्रथा थी।[3] इसी प्रकार १४वीं शताब्दी की बतायी जानेवाली एक हस्तलिखित पुस्तक उपदेशगच्छपट्टावली में हल्लीसक, लगुडरासक और प्रेक्षणक का उल्लेख मिलता है।

११वीं शताब्दी तक आते-आते 'रास' में गान-तत्त्व की प्रधानता होने के प्रमाण मिलने लगते हैं। श्रीमद्भागवत में 'रास' के साथ गाये जानेवाले ध्रुपद का उल्लेख किया जा चुका है। डॉ० दशरथ शर्मा के अनुसार, "श्रव्य रास की भी

लउडारसु जहिं पुरिसुवि दिंतिउ वारियह, —चर्चरी छंद, १६।

तालारासुवि दिंति त रयणिहिं

दिवसि वि लउडारसु सहुं पुरिसिहिं

—उपदेश रसायन रास, छं० ३६।

१. यह चित्र इन्दौर के निकट 'बाघ गुफा' में मिला है। इसके विवरण का कुछ अंश इस प्रकार है :—

"—We now come to the fourth scene plate D, consisting of a double group of female musicians. The left hand group comprises seven women standing around an eighth figure, evidently a dancer,......The next three musicians are each engaged in beating a pair of wooden sticks called danda in Hindi and tipri in Marathi." Painting by Dr. J. Ph. Vogel, p. 50.

२. स्त्रियों का तो प्रश्न ही क्या, पुरुषों को भी देवालयों में लगुडरास की अनुमति न थी। इसके अनेक कारण थे। रास करनेवाले की चेष्टाएँ अधिकतर त्रिटों की-सी होतीं, कभी-कभी प्रमादवश सिर में चोट लग जाती, पाठ भी भ्रष्ट होता।

—अपभ्रंश-काव्यत्रयी, पृ० १२।

३. किंतु सब समय और सब तरह के रास वर्जित न थे। जैनाचार्य जब किसी नगर में प्रवेश करते या किसी प्रतिद्वन्द्वी को शास्त्रार्थ में पराजित करते, तो श्रावकगण प्रसन्न होकर अनेक रासों की योजना कर आनंद मनाते।

खरतरगच्छपट्टावली—जिनपतिसूरि का जीवन।

(रासो के अर्थ का क्रमिक विकास : डॉ० दशरथ शर्मा, साहित्य-संदेश, जुलाई १६५१, से उद्धृत)।

११वीं शताब्दी तक उत्पत्ति हो चुकी थी। चर्चरी और रास नृत्यों के साथ लोग अनेक प्रकार की देश्यभाषा में रचित गीतियाँ गाते। यही गीतियाँ चर्चरी और रास के नाम से प्रसिद्ध हो चलीं।"[1] शर्माजी ने उदाहरण के लिए कर्पूरमंजरी के 'चतुर्थजवनिकान्तरम्' के अंतर्गत विदूषक द्वारा वर्णित चर्चरी को प्रस्तुत किया है। इसमें विचित्र बंध में तालानुगत नाचती हुई बत्तीस नर्तकियों को दंडरास करते हुए वर्णित किया गया है। इसमें समबाहु,समशीर्ष, समाभिमुख आदि नर्तकियों की मुद्राओं का भी वर्णन है।[2] वर्णन के पूर्व 'ततः प्रविशति चर्चरी' आता है जिससे ज्ञात होता है कि वे नर्तकियाँ नृत्य करने के साथ-साथ चर्चरी गा रही थीं। जनता में चर्चरी और रास नृत्यों के समय शृंगारपरक चर्चरियाँ और रास गाये जाते रहे होंगे। गीत अपेक्षाकृत संप्रसरणशील होता ही है। धीरे-धीरे इन चर्चरियों और रासकों में नृत्य का तत्त्व कम और गान का तत्त्व बढ़ता गया। जनता में इनका प्रचार देखकर जैनमत के प्रचारकों ने इन गीतियों को अपने उपदेशों का माध्यम बनाया। जनता रासकादि के साथ शृंगारी गीत गाती रही होगी और जैन मतावलम्बी उपदेशात्मक और धार्मिक गीत गाते रहे होंगे। डॉ० दशरथ शर्मा के मतानुसार, "यह भी संभव है कि इन्हीं उपदेशबहुल रासों के कारण गेयरास अंततः केवल श्रव्यमात्र रह गये। नृत्य से उनका संबंध सर्वथा विच्छिन्न हो गया।"[3]

इस प्रकार ११वीं शताब्दी तक रास में नृत्य-तत्त्व का अभाव और गेय-तत्त्व का यथेष्ट समावेश हो गया। किंतु लोक-संपर्क कभी किसी वस्तु को स्थिर नहीं रहने देता। १२वीं शताब्दी ई० के जैन आचार्य हेमचंद्र ने 'रासक' की गणना गेय उपरूपकों में की है।[4] उन्होंने प्रेक्ष्य काव्य के अंतर्गत गेय उपरूपकों के डोम्बिका, भाण, प्रस्थान, शिंग, भाणिका, प्रेरण, रामाक्रीड़, हल्लीसक रासक, गोष्ठी आदि भेद गिनाये हैं। टीका के अनुसार ये गेय उपरूपक तीन प्रकार के होते थे : मसृण, उद्धत और मिश्र। डोम्बिका शुद्ध मसृण थी। भाणक उद्धत था। मसृण में उद्धत मिले रहनेवाले कुछ उपरूपक होते थे। उनमें से कुछ में उद्धत कम रहता था, कुछ में अधिक। जैसे प्रस्थान में उद्धत की मात्रा कम होती थी और शिंगक में अधिक। इसी प्रकार उद्धत में भी मसृण का न्यूनाधिक मिश्रण रहता था। प्रेरण रामाक्रीड़, हल्लीसक आदि ऐसे ही उद्धत-प्रधान गेय रूपक हैं जिनमें थोड़ा-बहुत मसृण का भी

---

१. रासो के अर्थ का क्रमिक विकास, साहित्य-संदेश, जुलाई १९५१।

२. समं ससीसा समबाहु हत्था रेहाविसुद्धा अवराउदेंति ।
पंतीहिं दोहिं लअतालबंधं परीप्परं साहिमुही हुवन्ति ॥—कर्पूरमंजरी, ४।११

३. रासो के अर्थ का क्रमिक विकास, साहित्य-संदेश, जुलाई १९५१।

४- गेयं डोम्बिका भाण प्रस्थान शिंगकभाणिका प्रेरक रामाक्रीड़ हल्लीसकरासक गोष्ठी श्रीगदित राग काव्यादि।

—काव्यानुशासन, ८।४

प्रवेश हो जाता है।[1] 'सो रासक इसी प्रकार का एक उद्धत-प्रधान गेय उपरूपक है। इसमें (रासक में) बहुत-सी नर्तकियाँ विचित्र ताल-लय के साथ योग देती थीं।[2]

हेमचंद्राचार्य के अतिरिक्त लगभग १४ वीं शताब्दी के विश्वनाथ कविराज के 'साहित्य-दर्पण' में नाट्यरासक और रासक नामक दो उपरूपकों के लक्षण मिलते हैं।[3] नाट्यरासक और रासक दोनों के लक्षणों में अंक-नायक, नायिका-संधि आदि गिनाये गये हैं। 'साहित्यदर्पण' में नाट्यरासक के उदाहरणस्वरूप 'नर्मवती' (दो संधियों वाली), 'विलासवती' (चार संधियों वाली) नामक पुस्तकें दी हुई हैं तथा रासक का उदाहरण 'मेनकाहितम्' दिया हुआ है।

'नाट्यदर्पण' में रासक, नाट्यरासक और भावप्रकाश में नाट्यरासक की परिभाषाएँ मिलती हैं।[4]

---

१. मसृणेति—त्रिविधो हि गेयकाव्यस्य प्रयोगः—मसृण उद्धतो मिश्रश्च। तथा हि, डोम्बिकासु नटपति-चाटुक-प्राधान्येन प्रवृत्तासु सुकुमारमेलशुद्धं रूपम्। भाणकेषु नृसिंहादिचरितवर्णने उद्धतमेव। यत्पुनर्मसृणेप्युद्धतं प्रविशति तदुचितमेव। तत्राप्यल्पत्वबहुत्वकृतोभेदः। पूर्व-प्रस्थानप्रबन्धः। उत्तरः शिंगटभेदः। उद्धते तु मसृणानुप्रवेशाद् भाणिकाभेदः। अन्यदपि प्रेरण रामाक्रीड़रासकहल्लीसकादिकमल्पत्वबहुत्ववैचित्र्यकृतमिहैव प्रविष्टं वेदितव्यम्।
—काव्यानुशासनम्, टीका, पृ० ३९२

२. हिन्दी-साहित्य का आदिकाल : डॉ० हजारीप्रसाद द्विवेदी, पृ० ६०।

३. नाट्यरासकमेकांकं बहुताललयस्थिति।
उदात्तनायकं तद्वत्पीठमर्दोपनायकम्॥
हास्योडङ्गयत्र सश्रृंगारो नारी वासकसज्जिका।
मुखनिर्वहणे संधी लास्यांगानि दशापि च॥
केचित्प्रतिमुखं संधिमिह नेच्छन्ति केवलम्।
—साहित्यदर्पण, षष्ठ परिच्छेद।

रासकं पंच पात्रं स्यान्मुखनिर्वहणान्वितम्।
भाषाविभाषाभूयिष्ठं भारती कैशिकीयुतम्॥
असूत्राधारमेकांकं सवीथ्येगं कलान्वितम्।
श्लिष्टनान्दीसुतं ख्यातनायिकं मूर्खनायकं॥
उदात्तभावविन्याससंश्रितं चोत्तरोत्तरम्।
इह प्रतिमुखं संधिमपि केचित्प्रचक्षते॥
—वही।

४. षोडशद्वादशाष्टौ वा यस्मिन् नृत्यन्ति नायिकाः।
पिंडी बन्धादि विन्यासैः रासकं तदुदाहृतम्॥
पिंडनात् तु भवेत् पिंडी गुम्फनाच्छृंखला भवेत्।
भेदनाद् भेद्यको जातो लता जालापनोदतः॥
कामिनीभिर्भुवो भर्तुश्चेष्टितं यत्तु नृत्यते।
रामान् वसन्तमासाद्य स ज्ञेयो नाट्यरासकः॥
—नाट्यदर्पण, ओरियंटल इंस्टीट्यूट, बड़ौदा, पृ० २१४-२१५।

संस्कृत नाटकों के मर्मज्ञ विद्वान डॉ० कीथ ने नाट्यरासक को 'समूह नृत्य' और ताल नृत्य (?) कहा है।[1]

इन लक्षणों से प्रकट हो जाता है कि ईसा की बारहवीं-तेरहवीं शताब्दी तक 'रासक' का रूपक के रूप में यथेष्ट प्रचार हो गया था।

ज्ञात होता है कि दसवीं शताब्दी के इधर इन गेय उपरूपकों और नाट्य-रासकों से धीरे-धीरे ऐसे रासकों का विकास हुआ जिनमें कथा तत्त्व का भी समावेश हो चुका था। नृत्य-गान प्रधान रासकों से रूपकतत्त्व-प्रधान रासकों का भी विकास हुआ। नृत्य के स्थान पर गान की प्रधानता होने पर उसमें कथातत्त्व निरंतर बढ़ता गया होगा। धीरे-धीरे इनमें नृत्यगान का अंश अपेक्षाकृत कम होता गया। कथा अंश प्रधान होते ही इसका उपयोग लोग अनेक रूपों में करने लगे। शृंगारपरक कथाएँ तो उसमें रची ही जाने लगीं, जैन साधुओं ने सरस कथायुक्त रासों को अपने उपदेशों का भी माध्यम बनाया। किस्से-कहानियों के माध्यम से उपदेश देने की प्रथा तो पहले से थी ही, अब उन्हीं को जैन उपदेशक 'रासा बंध' में अर्थात् कथा को विविध छंदों में बाँधकर सामने लाने लगे, जो प्रचार की दृष्टि से निश्चित रूप से अत्यंत उपयोगी सिद्ध हुआ होगा। १२वीं शताब्दी के बाद कथा-प्रधान रास-रासक बड़ी संख्या में मिलने लगते हैं। ये रास विविध उद्देश्यों को सामने रखकर लिखे गये हैं। मुख्य रूप से इन्हें दो भागों में बाँटा जा सकता है—जैन रास और अन्य रास। जैन रासों में उपदेशात्मक कथाएँ हैं; किंतु अन्य रासों में शृंगारपरक और व्यक्तिपरक रचनाएँ हैं। शृंगारपरक रासकों में प्रेम और संयोग-वियोग की कथाएँ होती थीं और व्यक्तियों के नाम से लिखे जानेवाले रासकों में प्रायः आश्रय-दाता शासकों की वीरता का गुणगान होता था।

इन रासकों के काव्यरूप के विषय में हमें थोड़ी-सी जानकारी विरहांक और स्वयंभू नामक दो प्रसिद्ध अपभ्रंश छंदःशास्त्रियों से मिलती है। विरहांक ने 'वृत्त-जातिसमुच्चय' में और स्वयंभू ने 'स्वयंभू छंदस्' में 'रासक' और 'रासाबंध' पर विचार किया है।[2] 'वृत्तजातिसमुच्चय' के चौथे अध्याय में २७ से ३८वें छंद तक विरहांक ने अपभ्रंश छंदों के लक्षण दिये हैं। इसमें दोहा, मागधिका, मात्रा, रड्डा, अडिल्ला और ढोसा पर विचार करने के उपरांत ३७वें और ३८वें छंदों में रासक

अथ रासमेकांकं सूत्रधारेण वर्जितम्। सुश्लिष्ट नांदीयुक्तं पंचपात्रं त्रिसंधिकम्॥
वीथ्यंगमंडितं मुख्यनायकं ख्यातनायिकम्। गर्भावमर्शशून्यं च कलापोद्देशभूषितम्॥
उदात्तभावविन्यास भूषितं सोत्तरोत्तरम्।-एवं लक्षणमुद्दिष्टं रासकस्यात्र कैश्चन॥
—भावप्रकाश, पृ० २६६।

१. The Natyarasaka a ballet and pentomime
—The Sanskrit Drama, p. 351

२. मुनि जिनविजय और श्री हरिबल्लभ भायाणी द्वारा संपादित संदेशरासक पृ० ७६ के आधार पर।

की परिभाषा दी गयी है। इनसे पता चलता है कि विरहांक को दो प्रकार के रासकों की जानकारी थी। ३७वें छंद के अनुसार रासक में विस्तारितक और द्विपदी होते हैं तथा उसका समापन विदारी से होता है। किंतु ३८वें छंद में कहा गया है कि रासक अनेक अडिलों, दुवहओं, मात्राओं, रड्डाओं और ढोसाओं से मिलकर बनता है। 'स्वयंभू छंदस्' के ८वें अध्याय के ४९वें छंद से विदित होता है कि रासाबंध अपने घत्ताओं, छद्धड़िआओं, पद्धड़िआओं तथा अन्य सुंदर छंदों के साथ मिलकर अत्यंत जनप्रिय होता है। किंतु इसके तुरंत बाद वे २१ मात्राओं वाले 'रासा' नामक एक छंद की परिभाषा देने लगते हैं। श्री हरिवल्लभ भायाणी का अनुमान है कि 'रासाबंध' में रासा छंदों की प्रमुखता रहती थी।

किंतु यह रासा छंद क्या है ? ज्ञात होता है कि रास में गान का तत्त्व निरंतर बढ़ते रहने से उस विशिष्ट गान को ही लोग 'रासा' कहने लगे और उस गान का छंद 'रासा छंद' हो गया।

रासग्रंथों में सचमुच इस छंद की प्रमुखता दिखायी पड़ती है। पुस्तक के शीर्षक में ही किसी छंद का नाम देखकर यह समझ लेना चाहिए कि इस पुस्तक में इसी छंद की विशेषता है। वस्तुत: इन सभी काव्यों में कथानक आदि बिल्कुल एक ही कोटि के हैं। इन सभी में वर्णन-प्रणाली और आदि-अंत बहुत कुछ समान हैं। ज्ञात होता है कि इस कोटि की पुस्तकों के नामकरण में छंद ही निर्णायक होते थे। बात यह थी कि ये ग्रंथ जनता में प्रचलित होते थे, जनता इन्हें गाती थी। ऐसी परिस्थिति में पुस्तकों के साथ छंदों का नाम जुट जाना स्वाभाविक था।

इतना व्यापक हो जाने पर रास-रासक ग्रंथों में विषयों की सीमा का बंधन नहीं रह गया। जनता अपने दु:ख-सुख, मनोरंजन, धार्मिकता, वीरपूजा आदि सभी कुछ का प्रकटीकरण अपनी प्रिय और परिचित प्रणाली में ही करती है। इसे आल्हा के उदाहरण से अच्छी तरह समझा जा सकता है। आल्हा नायक का नाम है, ग्रंथ का नाम है और छंद विशेष तो वह है ही। आल्हा में मूलत: आल्हा-ऊदल के पराक्रम का वर्णन था। किंतु रामकथा कृष्णकथा ही नहीं आधुनिक काल में स्वतंत्रता आन्दोलन की अनेक घटनाओं को भी आल्हा छंद में बाँधकर उन्हें आल्हा कर दिया गया है। इसी प्रकार अहीरों के बिरहा में केवल शृंगार धर्म, उपदेश और जनकथाएँ ही नहीं गायी जातीं अपितु नित्यप्रति ऐसे बिरहे बनते रहते हैं जिनमें आधुनिक जीवन का स्पंदन मिलता है। इसी प्रकार प्रेम, धर्म, उपदेश और वीरता आदि को उद्देश्य बनाकर रचे हुए अनेक रास-रासक-रासो ग्रंथ उपलब्ध होते हैं। जैन रासों की चर्चा पहले हो चुकी है। लौकिक रासकों का कालांतर में प्रमुखत: दो दिशाओं में विकास हुआ। वीरतापरक रास, रासो के रूप में तथा लौकिक प्रेमगाथात्मक रास, रासक में। प्रथम के प्रमुख उदाहरण पृथ्वीराजरासो तथा परमालरासो हैं और दूसरे का संदेश-रासक।

बारहवीं-तेरहवीं शताब्दी के पश्चात् रास ग्रंथों की भरमार हो जाती है। ज्ञात होता है कि १४वीं शताब्दी तक रासक काव्य रूप प्रायः समस्त उत्तर भारत में लोकप्रिय हो गया था। १४वीं शताब्दी की प्रसिद्ध पुस्तक 'वर्णरत्नाकर' में[१] 'रासय' का उल्लेख 'नृत्य वर्णन' के अंतर्गत आता है।[२] इससे प्रकट होता है कि उस समय तक मिथिला में भी रास पहुँच गया था। फिर भी यह आश्चर्य की बात है कि अब तक प्राप्त होनेवाले सभी रास ग्रंथ पश्चिमी भारत से ही प्राप्त हुए हैं। किंतु पश्चिमी भारत केवल इस विषय में ही नहीं कई अन्य प्रकार की साहित्यिक निधियों को सुरक्षित रखने में सौभाग्यशाली रहा है। जैन मतावलंबियों के धर्म-प्रेम ने अतुल जैन साहित्य की सुरक्षा की है। इस सुरक्षित साहित्य का ही फल है कि इतिहासकारों को उच्छ्वसित भाव से हिंदी के लिए जैन साहित्य का इतना महत्त्व स्वीकार करना पड़ा है।[३]

प्राप्त रास ग्रंथों का, जिनकी संख्या एक सहस्र के लगभग बतायी जाती है,[४] डॉ० दशरथ ओझा ने कथानक के आधार पर निम्नलिखित विभाजन किया है।[५]

१—धार्मिक

२—ऐतिहासिक, जैसे विजय तिलक सूरि रास

३—पौराणिक, जैसे नल-दमयंती रास

४—आध्यात्मिक, जैसे कर्म विपाक रस

५—नैतिक, जैसे उपदेश रसायन रास।

६—लौकिक प्रेम तथा व्यवहार सम्बन्धी, जैसे रोहिणी या चोर रास, ताला रास, लगुड रास।

ओझाजी ने धार्मिक रास का उदाहरण देने की आवश्यकता कदाचित् इसलिए नहीं समझी कि जैन साधुओं द्वारा लिखे गये सभी रास धार्मिक ही हैं जैसे

---

१. "The importance of the V. R. as being one of a comparatively small number of authentic works in a modern Indo-Aryan language which goes back to the 14th century, may well be realised in discussing the development of Modern Indo Aryan"—S. K. Chatterji ; Varnratnakar, Introduction, p. XXXVI.

२. राज्य द्विधह नृत्यक कुशल, पृ० कल्लोल नृत्य वर्णन, वही।

३. अतएव भाषाविज्ञान की दृष्टि से ही नहीं वरन् हिंदी के प्रारंभिक रूप का सूत्रपात करने में भी जैन साहित्य का महत्त्व है।

डॉ० रामकुमार वर्मा : हिंदी साहित्य का आलोचनात्मक इतिहास, पृ० ७४।

४. इस प्रकार संपूर्ण रास ग्रंथों की गणना करना तो दुष्कर कार्य है। हाँ, उपलब्ध रास ग्रंथों की संख्या न्यूनाधिक एक सहस्र तक पहुँच जाती है।

—हिन्दी नाटक उद्भव और विकास पृ० ६१, डॉ० दशरथ ओझा।

५. वही पृ० ५३६।

जम्बू स्वामी चरिउ, गयसुकुमारास, नेमिरास आदि। लौकिक रस परक रासों के विपरीत ऐसे रास जैन मंदिरों में खेले जा सकते थे। इन्हें प्रदर्शित करनेवाले भी जिन सेवक हुआ करते थे।[1]

ओझाजी ने अपनी पुस्तक 'हिंदी नाटक उद्भव और विकास' में यह प्रतिपादित किया है कि रास ग्रंथ दृश्य हुआ करते थे।[2] संदेश रासक में सामोर नगर वर्णन के अंतर्गत एक छंद में रास का वर्णन इस प्रकार आता है —

कहव ठाह चउवेइहि वेउ पयासियइ।
कह बहुरुविणिवद्धउ रासउ भासियइ॥[3]

टिप्पनक में 'भासियइ' की टीका 'भाष्यते' दी हुई है[4] और श्री भायाणीजी ने उसका सीधे 'रंगमंच पर खेला जाता था' अर्थ कर दिया है।[5]

इसमें सन्देह नहीं कि प्राचीन 'रासों' में रूपक के कुछ न कुछ तत्त्व अवश्य थे। हेमचंद्र ने भी उनकी गणना उपरूपकों में की है।[6] किंतु उन्हें उपरूपक ही समझना चाहिए, रूपक नहीं। रूपक नाट्य के भेद माने जाते हैं और उपरूपक नृत्य के। किसी भी रास, रासक ग्रंथ में जवनिका आदि का उल्लेख नहीं मिलता। इसके अतिरिक्त संदेश-रासक के कवि ने प्रारंभ में ग्रंथ के पढ़नेवालों की योग्यता बताते और अंत में आशीर्वाद देते समय पढ़ने और सुननेवालों की ही चर्चा की है।[7] डॉ० ओझा ने सुझाया है कि रास 'अभिनय कला की सहायता से दृश्यकाव्य में परिणत श्रव्यकाव्य रहे होंगे।'[8] ओझाजी ने कुमारपाल रास और 'शत्रुंजय रास' को पाठ्यरासो बताया है।[9] इन पाठ्यरासों में निश्चित ही कथा का अंश और कोटि के रासों से अधिक रहता होगा क्योंकि उनमें नृत्यगान का आकर्षण न रहने के कारण केवल मनोरंजक कथाओं का ही आकर्षण पाठक के लिए बच रहता था। आचार्य हजारीप्रसाद द्विवेदी के अनुसार "धीरे-धीरे इन शब्दों का प्रयोग कुछ घिसे अर्थों में होने लगा। जिस प्रकार 'विलास' नाम देकर चरितकाव्य लिखे गये, 'रूपक' नाम देकर चरितकाव्य लिखे गये, 'प्रकाश' नाम

---

१. हिन्दी नाटक उद्भव और विकास, पृ० ५३८।
२. वही, पृ० ८८।
३. संदेश रासक, २।४३।
४. वही, पृ० १६।
५. वही, पृ० ८०।
६. काव्यानुशासन, ८।४।
७. संदेश-रासक : २१, २२, २२३।
८. हिंदी नाटक उद्भव और विकास, पृ० ६१।
९. वही, पृ० ५३६।

देकर चरितकाव्य लिखे गये उसी प्रकार 'रासो' या 'रासक' नाम देकर भी चरितकाव्य लिखे गये।"[1] कालांतर में रास, रासो नाम देकर चरितकाव्य ही लिखे गये और इनका पूर्वरूप (अभिनेय, गेय) धीरे-धीरे बिल्कुल भुला दिया गया। यही कारण है कि प्राप्त रास, रासक, या रासो ग्रंथों में से अधिकांश चरितकाव्य ही हैं। परवर्ती काल में रास, रासक शब्द भी क्रमशः कम होते गये और 'रासो' नाम से ही चरितकाव्यों के नामकरण की परिपाटी चल पड़ी। इसी कारण बहुत दिनों तक लोगों को यह विश्वास था कि वीरचरितात्मक काव्य रासो के नाम से जाने जाते थे जैसे पृथ्वीराजरासो, खुमानरासो, रायमलरासो, राणारासो, संगतसिंह-रासो, रतनरासो इत्यादि और रास रासक नामांत ग्रंथ शृंगारपरक या धार्मिक होते थे जैसे बीसलदेव रास (जो चरितकाव्य होने पर भी शृंगारपरक है) संदेश-रासक, उपदेश रसायनरास, कर्मविपाकरास आदि। किन्तु बाद में इस धारणा का निराकरण हो गया क्योंकि 'रास' नाम से भी वीरता प्रधान चरितकाव्य मिलते हैं जैसे 'शत्रुंजयरास'। इससे प्रकट हो गया कि वस्तुतः रास, रासक रासो में काव्य-रूप की दृष्टि से कोई मौलिक अंतर नहीं है। रास में स्वार्थक 'क' प्रत्यय जुट जाने से 'रासक' और रासक से रासअ रासउ या रासय फिर रासउ से रासो का शब्दविकास स्वाभाविक रूप से हो गया। रासय, रासा, रासउ सभी शब्द इस काव्यरूप के लिए प्रयुक्त मिलते हैं। किंतु जैसा कि हमने पिछले अध्याय के अंतर्गत रास के क्रमिक विकास पर विचार करते हुए देखा है, समय के साथ-साथ रास, रासक के अभिधेय में अंतर पड़ता गया है। अतएव काल का ध्यान रखकर, रास, रासक, रासा, रासो शब्दों के अर्थों में अंतर समझा जाय तो अनुचित नहीं होगा।

इस बात का संकेत पहले किया जा चुका है कि रास, दूहा, चउपइ, चर्चरी आदि नामों से मिलने वाले तत्कालीन रचनाओं में छंद प्रधानता के अतिरिक्त कोई तात्विक अंतर नहीं है। इस प्रकार की रचनाओं में साधारणतः ग्रंथ प्रारंभ करने तथा अंत करने की पद्धति समान पायी जाती है। उदाहरण के लिए नीचे कुछ रचनाओं के प्रारंभिक और अंतिम छंद दिये जा रहे हैं।

रेवतंगिरि रासु[2]

प्रारंभ—परमेसर तित्थेसरह पय पंकय पणमेवि।
भणिसु रासु रेवतंगिरे अंबिकदिवि सुमरेवि॥

अन्त—रंगिहि ए रमइ जो रासु सिरि विजय सेणिसूरि निम्मविउए
नेमिजिणु तूसइ तासु अंबिक पूरइ मणि रलीये।

१. हिंदी साहित्य का आदिकाल

२. रेवतंगिरि और शेष पुस्तकें प्राचीन गुर्जर काव्य संग्रह, गायकवाड़ ओरियन्टल सीरीज वाल्यूम १३, में संकलित है।

समरा रासु—

प्रारंभ—पहिलउ पणमिउ देव आदीसर सेतुज सिहरे,
अनुअरिहंति सव्वेवि आराहउं बहुमत्ति परे।
अंत—एहु रासु जो पढ़इ गुणइ नाचिउ जिण हरि देइ
श्रवणि सुणइ सो बयठऊ ए तीरथ जाय फल लेई ।।

चर्चरिका—

आरंभ—जिण चउवीस नमेविणु सरसइ पद पणमेवि।
आराहउं गुरु अप्पणउ अविचलु भाजु धरेवि। आदि

जहाँ तक इन रचनाओं में कथातत्त्व का प्रश्न है, यह कहा जा सकता है कि वीरता प्रधान चरित काव्यों में तो कथातत्त्व की प्रधानता रहती ही थी किंतु श्रृंगारपरक अथवा उपदेशात्मक रचनाओं में मुख्य ध्यान श्रृंगार वर्णन तथा उपदेश या धार्मिकता पर ही रहता था, कथा अंश पर नहीं। जैन साधु अपनी रचनाओं के लिए प्रायः धर्म ग्रंथों का आश्रय लेते थे। कभी-कभी वे लोक प्रचलित कथाओं को भी धार्मिकता में रँगकर उपस्थित करते थे किन्तु श्रृंगारात्मक रास प्रायः लोक जीवन में प्रचलित कहानियों के आधार पर रखे जाते थे। पश्चिमोत्तरीय भारत अपनी प्रेमात्मक निजंधरी कथाओं के लिएं प्रसिद्ध है। पंजाबी लोकगीत प्रेम गाथाओं की दृष्टि से अत्यंत समृद्ध है। हीर-रांझा की प्रसिद्ध निजंधरी कथा की मूलभूमि मुल्तान के आस-पास का ही प्रदेश है। तात्पर्य यह कि वह प्रदेश निश्छल प्रेम कथात्मक रचनाओं के लिए अत्यंत उर्वर है।

संदेश-रासक इसी प्रकार की प्रचलित प्रेमगाथा के आधार पर रचित है। इस पुस्तक का भी आदि-अंत बिलकुल उसी प्रकार का है जिसकी हम ऊपर चर्चा कर चुके हैं। संदेश-रासक इस प्रकार प्रारंभ होता है—

रयणायर धर गिरितरुवराइं गयणं गणंमि रिक्खाहँ।
जेणऽज्ज सयल सिरियं सो बुहवण वो सिवं देउ ।।[1]

और अंत भी पाठकों की शुभकामना के साथ परिचित प्रणाली पर हुआ है—

जेम अचिंतिउ कज्जु तसु सिद्धुखणद्धि महंतु।
तेम पढत सुणंतयह जयउ अणाइ अणंतु ।।[2]

हम आगे संदेश-रासक के काव्य रूप पर विचार करते समय देखेंगे कि संदेश-

१. संदेश-रासक १।१।
२. वही, ३।२२३।

रासक में कथा का तत्त्व अत्यल्प है। कवि ने लोक जीवन से उद्‌भूत स्वच्छंद और अकृत्रिम कथा के आधार पर अपने काव्य की रचना की है।

संदेश-रासक—कृति, कवि और रचनाकाल

संदेश-रासक को प्रकाश में लाने का श्रेय अनेक दुर्लभ ग्रंथों के उद्धारकर्ता और अपभ्रंश भाषा के प्रसिद्ध पंडित श्री मुनि जिनविजयजी को है। सन् १९१२ ई० में उन्होंने पाटन स्थित जैन-भंडारों में हस्तलिखित प्राचीन ग्रंथों की खोज प्रारंभ की और उसी समय उस पुस्तक की एक प्रति उन्हें प्राप्त हुई। मुनिजी की कुशल दृष्टि ने इस पुस्तक का महत्त्व तुरंत आँक लिया। किंतु प्राप्त प्रति में मूल पाठ की अवचूरिका अथवा संस्कृत छाया जैसी कोई वस्तु नहीं थी। अतएव अन्य स्थानों से संदेश-रासक की और प्रतियाँ पाने की आशा में मुनिजी ने इसके प्रकाशन को कुछ देर के लिए स्थगित रखना ही उचित समझा। सन् १९१८ ई० में पूना स्थित भंडार कर रिसर्च इन्स्टीट्यूट के अंतर्गत राजकीय हस्तलेख संग्रह के जैन-विभाग की जाँच करते समय उन्हें संदेश-रासक की दूसरी प्रति मिली। सौभाग्यवश इस प्रति में मूलपाठ की संस्कृत छाया 'अवचूरिका' नाम से दी हुई थी। इस बीच मुनिजी ने 'संदेश-रासक' की प्राप्ति की सूचना यशस्वी जर्मन विद्वान् याकोबी को दे दी थी। जर्मनी जाने के पूर्व मुनिजी ने संदेश-रासक की नकल अपने हाथों कर ली और उसे याकोबी को दिखाया भी। याकोबी ने उस पर अपनी विस्तृत सम्मति भेजने को कहा परंतु अधिक आवश्यक कार्यों में व्यस्त रहने के कारण याकोबी अपना समय इसके लिए न दे सके। सन् १९३८ ई० के आस-पास मुनिजी दोनों प्रतियों के आधार पर संदेश-रासक का संपादन करने के लिए सन्नद्ध हो चुके थे और हिंदी-गुजराती में निकलने वाली 'भारतीय विद्या' नामक पत्रिका में इसका संपादित रूप क्रमशः प्रकाशित करनेवाले थे। इसी समय उन्हें मारवाड़ स्थित लोहावत के आचार्य श्री जिनहरि सागरजी के भंडार से 'संदेश-रासक' की तीसरी प्रति प्राप्त हुई। इसमें मूलपाठ के अतिरिक्त किसी अन्य व्यक्ति की लिखी टिप्पण रूप में संस्कृत टीका भी दी हुई थी। इस प्रकार इन तीनों हस्तलिखित प्रतियों के आधार पर मुनिजी ने इसका संपादन प्रारंभ किया और अपभ्रंश भाषा के एक अन्य विद्वान् श्री हरिवल्लभ भायाणी की विशद विवेचना सहित संदेश-रासक सिंघी जैनग्रंथमाला के अंतर्गत सन् १९४५ ई० में प्रकाशित हुआ।

मुनिजी ने संदेश-रासक की भूमिका में तीनों हस्तलिखित प्रतियों का जो ब्यौरा दिया है, वह संक्षेप में इस प्रकार है—

पूनेवाली प्रति

इसमें कुल बारह पत्र हैं। प्रतिलिपि की तिथि नहीं दी हुई है। मुनिजी का

अनुमान है कि यह लगभग तीन सौ वर्ष पूर्व लिखी गयी होगी। इसकी लिपि जैन देवनागरी है। मूलपाठ अपेक्षाकृत बड़े अक्षरों में लिखा गया है और प्रत्येक पंक्ति के ऊपर दो लघु अक्षरों में संस्कृत अनुवाद 'अवचूरिका' के नाम से दिया गया है। मुनिजी का कहना है कि 'अवचूरिका' का लेखक अनुमानतः मूलपाठ के लिखने वाले से भिन्न व्यक्ति है। उसने संभवतः अपने सुविधा के अनुसार 'अव-चूरिका' लिखी है। इस प्रति के अंत में 'इत्यवचूरिः संदेश-रासकं समाप्तं। पं० नयसमुद्रेण लिखित' लिखा है। किन्तु मुनिजी का कथन है कि कई जैनसाधुओं का नाम नयसमुद्र था। यही नहीं उनके नाम से लिखे गये प्राचीन गुजराती में कई ग्रंथ भी मिलते हैं।

विद्वान् संपादक ने लक्षित किया है कि लिपिकार ने प्रमादवश एकाध ऐसे छंदों को भी मूलपाठ के अंतर्गत गिन लिया है जो केवल किसी विशेष छंद की परिभाषा देने के लिए मूलपाठ के इधर-उधर किसी ने लिख दिये होंगे। उन्होंने अपने तर्क के प्रमाण में बताया है कि एक परिभाषात्मक छंद में तो 'नंदड्ढ' नामक कवि का नाम भी आया है जिससे स्पष्ट प्रकट होता है कि यह छंद 'नंदड्ढ' नामक व्यक्ति द्वारा लिखित किसी छंदःशास्त्रीय ग्रंथ से उद्धृत किया गया है। लिपिकार ने छंदों की क्रमसंख्या देने में भी त्रुटि कर दी है और अंतिम छंद की संख्या २२३ के स्थान पर २१६ दी है।

जहाँ तक क्रमसंख्या का प्रश्न है, लिपिकार का प्रमाद स्पष्ट है, किंतु परिभाषात्मक छंदों की समस्या पर एक और दृष्टि से विचार किया जा सकता है। अपभ्रंश साहित्य में बीच-बीच में छंदों के लक्षण देते रहने के उदाहरण प्रस्तुत किये जा सकते हैं। 'पृथ्वीराजरासो' में भी कवि कभी-कभी किसी छंद को प्रयोग में लाने के पूर्व उसका लक्षण दे देता है।[1] केवल 'नंदड्ढ' नाम आने से बलपूर्वक यह नहीं कहा जा सकता कि यह छंद संदेशरासककार का न होकर 'नंदड्ढ' का ही है। ऐसा भी तो हो सकता है कि कवि वहाँ 'नंदड्ढ' की केवल साक्षी दे रहा हो अर्थात् वह अपनी कविता में इस छंद विशेष का लक्षण प्रस्तुत करते समय 'नंदड्ढ' नामक किसी आचार्य का केवल मत बता रहा हो।

लोहावत की प्रति

इस प्रति में कुल २८ पन्ने हैं। लिपिकार का नाम नहीं दिया हुआ है। किंतु

---

१. कविचंद सुबरनं करै सुकरनं सूरह लरनं भर भिरनं।
तिरभंगी छंदं नाग नरिंदं कथ्थ करिंदं दुषहरनं॥
पठमं दह मत्ता, पुनि अठमत्ता, असु बसु मत्ता रस मत्ता॥
घन घाइ सघत्ता सूर सरत्ता मैंगल मत्ता करि धत्ता॥

—पृथ्वीराजरासो--शशिव्रता विवाह प्रस्ताव

उसने यह बता दिया है कि इसका लेखनकार्य हिसार दुर्ग में बुधवार, शुक्ल पक्ष, अष्टमी को समाप्त हुआ था।

इस प्रति में मूल पाठ के अतिरिक्त छोटी-सी संस्कृत टिप्पणी भी दी हुई है। फिर भी इस टिप्पणी में पूने वाली प्रति की 'अवचूरिका' से थोड़ी अधिक व्याख्या दी गयी है। मुनिजी ने लिखा है कि इसके लिपिकार का संस्कृत-ज्ञान अत्यंत सीमित प्रतीत होता है, क्योंकि टिप्पणी को लिपिबद्ध करने में व्याकरण संबंधी, और लिखावट में कई त्रुटियाँ रह गयी हैं।[1] केवल अंतिम दो छंदों से टिप्पणीकार के विषय में कुछ संकेत मिलता है। लक्ष्मीचंद्र नामक, प्राग्वाट् वंशोद्भूत जैन साधु ने यह टिप्पणी विक्रम संवत् १४६५ में लिखी। वे रुद्रपल्लीयगच्छ देवेन्द्र सूरि के शिष्य थे। उनके पिता का नाम हलिग और माता का नाम तिलखु था। अंतिम छंद में टिप्पणीकार ने स्वीकार किया है कि उसने न तो संदेश-रासक की कोई टिप्पणी या अनुवाद ही देखा है, न किसी अध्यापक से इसका अध्ययन किया है और न सीधे रचयिता के ही मुख से इसे सुना है। जो कुछ गाहड़ नामक क्षत्रिय के मुख से इस काव्य की व्याख्या सुनी उसे ही वर्तिका के रूप में उसने प्रस्तुत कर दिया।[2] मुनिजी का अनुमान है कि पूनेवाली प्रति की अवचूरिका संभवतः इसी टिप्पणी के आधार पर लिखी गयी है।[3] लक्ष्मीचंद्र ने लिखा भी है कि संदेश-रासक की कोई टिप्पणी अथवा अनुवाद उन्हें देखने को नहीं मिला था। फिर भी यह पूर्ण विश्वास के साथ कहना कठिन है कि संदेश-रासक की सर्वप्रथम व्याख्या अथवा टिप्पणी लक्ष्मीचंद्र ने ही लिखी क्योंकि किसी वस्तु का न प्राप्त होना ही उस वस्तु के न होने का निश्चित प्रमाण नहीं माना जा सकता।

इस प्रति के मूल पाठ और टिप्पणी को देखने से ज्ञात होता है कि टिप्पणी करते समय इस प्रति के ही पाठ का सर्वत्र अनुसरण नहीं किया गया है। इस तथ्य को दृष्टि में रखकर मुनिजी ने अनुमान किया है कि टिप्पणी कदाचित् दूसरे पाठों के आधार पर बनाकर लिखी गयी है। किन्तु इस विषय में यह भी संभव है कि लक्ष्मीचंद्र ने भ्रमवश कुछ की कुछ टिप्पणी कर दी हो, क्योंकि यह तो कहा ही जा चुका है कि टिप्पणीकार को संस्कृत भाषा का सम्यक् ज्ञान नहीं था। फिर गाहड़ से सुनने और लिपिबद्ध करने में थोड़ा-सा अंतर पड़ जाना स्वाभाविक है।

---

१. संदेश-रासक, भूमिका, पृ० ७।

२. किन्तु क्षत्रिय गाहडस्य मुख तो, या या प्र (च ?) वृत्ति (:) श्रुता।
मा (सा) साह्यत्र विमूढ़मतिना, वार्ता निबद्धा ननु ॥

—संदेश० पृ० ९० टिप्पनक।

३. संदेश-रासक, भूमिका, पृ० ८।

पाटन भंडारवाली प्रति

मुनिजी को सर्वप्रथम यही प्रति प्राप्त हुई थी जिसका उपयोग उस समय वे किसी टीका या छाया के अभाव में नहीं कर सके थे। इसमें कुल १७ पत्न हैं। लिपि जैन देवनागरी है। इसके लिपिकार का नाम मुनि मानसागर था। मुनि मान-सागर के गुरु का नाम भी दिया हुआ है किंतु उसका कुछ अंश किसी ने मिटा दिया है। केवल उपाध्याय 'देवसागर···भट्टारक' मात्न पढ़ा जा सका है। लिपिकाल की कोई सूचना नहीं दी गयी है। मुनिजी का कथन है कि इस प्रति की अवस्था देखते हुए इसका लिपिकाल विक्रम संवत् १७०० और १७५० के मध्य में कभी होना चाहिए। इस प्रति में केवल मूल पाठ दिया हुआ है।

बीकानेर की प्रति

जिस समय संदेश-रासक का मुद्रण-कार्य लगभग समाप्त हो गया था उस समय श्री अगरचंद नाहटा ने इसकी एक और प्रति मुनिजी के पास भेजी। यह प्रति अपूर्ण थी। इस प्रति में केवल ७ पन्ने मिलते हैं। इसमें वर्तिका दी हुई है जो पूने वाली प्रति की अवचूरिका से बहुत मिलती-जुलती है। इसका प्रथम छंद लक्ष्मीचंद्र की टिप्पणी के प्रथम छंद से ज्यों का त्यों मिलता है। केवल चतुर्थ पाद के अंत में 'कुरुते मुनि पुंगव:' के स्थान पर 'कुरुते लब्धिसुंदर:' पाठ मिलता है। इससे प्रकट होता है कि इस वर्तिका की रचना लब्धिसुंदर नामक व्यक्ति ने की थी।

जयपुर की प्रति

मुनि जिनविजयजी और भायाणीजी को संपादन करते समय इन्हीं चार प्रतियों का पता लग सका था। इधर जयपुर के लूणकर्ण पांड्या के श्री दिगंबर जैन मंदिर से डॉ० हजारीप्रसाद द्विवेदी को संदेश-रासक की एक प्रति प्राप्त हुई है। इसमें ३१ पत्न हैं किंतु प्रारंभ के २ पत्न इसमें नहीं हैं। यह प्रति अत्यंत सुस्पष्ट लिपि में सुरक्षित है। पत्नों का आकार ११" × ४$\frac{1}{2}$" है। इसका लिपि-काल संवत् १६०८ है। मूल पाठ और उसकी संस्कृत छाया, दोनों की लिखावट में कोई अंतर नहीं है। संस्कृत छाया अत्यंत अशुद्ध है। किंतु वह पूने की प्रति में प्राप्त अवचूरिका से प्राय: ज्यों की त्यों मिलती है। प्रति में संस्कृत छाया को समाप्त करते समय 'इत्यवचूरि:' या 'इति श्री संदेश-रासक टिप्पनकं समाप्तं' जैसा कुछ नहीं लिखा है। केवल 'इति श्री संदेश-रासकं समाप्तं' लिखा है। हमने इस प्रति की संस्कृत छाया को 'अवचूरी' नाम अपनी ओर से दिया है। ज्ञात होता है कि पूनेवाली प्रति में प्राप्त 'अवचूरिका' बीकानेर की खण्डित प्रति का 'वार्तिक' और इस प्रति की संस्कृत छाया (अवचूरी) एक ही व्यक्ति अर्थात् लब्धिसुंदर

द्वारा लिखी गयी है। इस बात को बलपूर्वक इसलिए नहीं कहा जा सकता; क्योंकि पूने की प्रति के आरंभ में ऐसा कोई संकेत नहीं मिलता और जयपुर की प्रति के आरंभिक दो पत्र प्राप्त नहीं हैं। चूँकि इन तीनों प्रतियों की संस्कृत छायाएँ प्रायः समान हैं इसलिए उन्हें एक ही व्यक्ति द्वारा लिखित समझा जाय तो अनुचित नहीं होगा। जो थोड़ा-बहुत अंतर मिलता भी है इसका मुख्य कारण लिपिकारों का प्रमाद और उनके भाषा-विषयक ज्ञान की अपरिपक्वता ज्ञात होती है।

इस प्रति की परिसमाप्ति से ज्ञात होता है कि इसका लेखन संवत् १६०८ में वैशाख सुदी १४ को इतवार के दिन समाप्त हुआ था। यह प्रतिलिपि संयमराज सूरि के शिष्य श्री माणिक्य राजमिश्र ने अपने पढ़ने के लिए की। श्री इसिलेम साहि बादशाह के विजयराज्य में सरस्वतीपत्तन नामक स्थान पर की थी। अंत में हरषकीरति नामक व्यक्ति ने अलग से कुछ लिख दिया है, इसके बाद भी कुछ अंश काट कर किसी अन्य व्यक्ति ने 'पत्र ३१ अंके इकतीस पत्र इह पोथी का छै' लिखा है।

यह प्रति कई दृष्टियों से महत्त्वपूर्ण सिद्ध हुई है। पाठ शोध करते समय कई गुत्थियों को सुलझाते समय इससे अपूर्व सहायता मिली है।

इसके अतिरिक्त अलीगढ़ विश्वविद्यालय में संस्कृत विभाग के डॉ० रामसुरेश त्रिपाठी के संग्रह में से संदेश-रासक की किसी लुप्त प्रति का एक पत्र (११वाँ) प्राप्त हुआ है। इसकी लिपि अत्यंत सुस्पष्ट और स्वच्छ है। त्रिपाठीजी के अनुसार यह प्रति लगभग ३०० वर्ष पुरानी ज्ञात होती है।

यद्यपि इस प्रति का एक ही पत्र प्राप्त हुआ है, फिर भी सौभाग्यवश प्राप्त पत्र से एक विवादास्पद छंद (सं० ९५) के पाठ शोध के कार्य में बड़ी सहायता मिली है।

कवि

प्रथम प्रक्रम के आरंभिक अंश में ही संदेश-रासक के कवि ने अपना परिचय इस प्रकार दिया है—

> पच्चाएसि पहूओ पुव्वपसिद्धो य मिच्छदेसोत्थि।
> तह विसए संभूओ आरद्दो मीरसेणस्स॥
> तह तणओ कुलकमलो पाइय कव्वेसु गीयबिसयेसु।
> अद्दहमाण पसिद्धो संनेह रासयं रइयं[1]॥

इन गाहाओं से कवि के विषय में हमें इन बातों का पता चलता है—

१. संदेश-रासक प्रथम प्रक्रम, ३, ४।

(१) कवि का स्थान मिच्छदेस है जो पश्चिम और पूर्व दोनों में अत्यंत प्रसिद्ध है।

(२) उसी प्रदेश में 'मीरसेण आरद्द' का पुत्र अद्दहमाण उत्पन्न हुआ जो प्राकृत काव्य-रचना में अत्यंत निपुण था। और उसने

(३) संदेश-रासक की रचना की।

'मिच्छदेसोत्थि' की संस्कृत छाया पूने और लोहावत, दोनों स्थानों से प्राप्त प्रतियों में 'म्लेच्छनामादेशोस्ति' दी हुई है।[१] प्राकृत शब्द महार्णव में भी 'मिच्छ' का अर्थ 'म्लेच्छ' दिया है। फिर भी इस म्लेच्छ देश की ठीक-ठीक स्थिति हमें नहीं ज्ञात है। मनुस्मृति में म्लेच्छ देश को यज्ञीय देश के परे बताया गया है। इस यज्ञीय देश का लक्षण मनु ने यह बताया है कि वहाँ कृष्णसार मृग स्वाभाविक रूप से विचरते हैं।[२] किन्तु इतने से म्लेच्छ देश का ठौर-ठिकाना अच्छी तरह नहीं लग सकता।

इस म्लेच्छ शब्द का इतिहास भी थोड़ा विचित्र है। द्विवेदीजी से मुझे ज्ञात हुआ है कि 'म्लेच्छ' शब्द मूलतः असीरियन धातु 'म्लच्' से निकला है। इसी 'म्लच्' से जहाँ एक ओर 'म्लेच्छ' जैसा शब्द विकसित हुआ जो कालांतर में भारतीयों में निदार्थक और घृणास्पद अर्थ में चलने लगा, वहाँ इसी से निकला हुआ 'मलिक' शब्द जाति विशेष का सूचक है।

जो हो, यह अनुमान किया जा सकता है कि 'मिच्छ' या 'म्लेच्छ' देश से अद्दहमाण का आशय आज के पाकिस्तान या उसी के आसपास कोई प्रदेश रहा होगा। संदेश-रासक में आये हुए सभी नगर उसी प्रदेश में पड़ते हैं।[३] इससे यह प्रकट होता है कि कवि उस प्रदेश के निकटवर्ती किसी स्थान का निवासी रहा होगा। कालांतर में म्लेच्छ की संज्ञा पानेवाली आर्येतर जातियों का आगमन भी भारत में उसी ओर से हुआ। अतएव इस बात की पूरी संभावना प्रकट की जा सकती है कि उस भूखंड को म्लेच्छ देश कहने की परंपरा कभी रही होगी।

इसी म्लेच्छ देश में मीरसेन नामक 'आरद्द' था। 'आरद्द' का भी अर्थ उक्त दोनों टीकाओं में 'तंतुवाय' मिलता है।[४] सौभाग्यवश आगे चलकर १९वें छंद से इस बात की पुष्टि भी हो जाती है। स्वयं अद्दहमाण ने अपनी रचना को 'कोलिय पयासिउ' अर्थात् कौलिक द्वारा रचित कहा है।[५] पूनेवाली प्रति की टीका में

---

१. संदेश-रासक, पृ० २, टिप्पनक व्याख्या और अवचूरिका।

२. कृष्णसारस्तु चरति मृगो यत्र स्वभावतः। स ज्ञेयो यज्ञियो देशो म्लेच्छदेशस्ततः परः॥

—मनुस्मृति—अध्याय ३।२३।

३. मुलतान, खंभात, विजयनगर (मुनिजी के अनुसार विजयनगर आजकल जैसलमेर में पड़ेगा) संदेशरासक, भूमिका पृ० १२।

४. संदेशरासक, प्रथम प्रक्रम, पृ० २, टिप्पनक और अवचूरिका।

५. संदेशरासक, प्रथम प्रक्रम, १९।

स्पष्टतः 'कौलिकेन तन्तुवायुना'[1] मिलता है।

इसके अतिरिक्त 'मीरसेन' नाम भी ध्यान देने योग्य है। इसमें 'मीर' जहाँ मुसलिम जाति का शब्द लगता है वहाँ 'सेन' हिन्दू उपाधि है।[2] टिप्पनक तथा अवचूरिका, दोनों में 'अद्दहमाण' का रूप 'अब्दुल रहमान' दिया है।[3] कवि ने आत्मनिवेदन में जो कुछ कहा है उससे पता चलता है कि वे 'प्राकृत काव्य' में निष्णात थे।[4] यही नहीं, संदेशरासक के पाठक को पदे-पदे यह विश्वास होता चलेगा कि कवि को भारतीय साहित्य की परंपरा का सम्यक् ज्ञान है। कवि की सांस्कृतिक प्रवृत्तियों में अभारतीयता की कहीं गंध भी नहीं मिलती।

फिर भी हमें यह जानने का प्रयत्न करते चलना चाहिए कि अद्दहमाण किस जाति के थे अथवा उनका अपना कौन-सा मत था ?

वयनजीवी जातियों में जुलाहा प्रमुख हैं। आज साधारणतः सभी वयनजीवी जातियों को 'जुलाहा' ही जाना जाता है। 'ब्रह्मवैवर्त पुराण' के अंतगर्त ब्रह्मखंड के दसवें अध्याय में यह बताया गया है कि म्लेच्छ पिता और कुविंद माता से जुलाहों की उत्पत्ति हुई है।'[5] रिजली के अनुसार यह जुलाहा जाति किसी निम्नस्तर की भारतीय जाति का मुसलमानी रूप है। 'कबीर' में आचार्य हजारीप्रसाद द्विवेदी ने लिखा है कि 'जिन दिनों कबीरदास इस जुलाहा जाति को अलंकृत कर रहे थे उन दिनों ऐसा जान पड़ता है कि इस जाति ने अभी एकाध पुश्त से ही मुसलमानी धर्म ग्रहण किया था।'[6] यदि अद्दहमाण कबीर से पहले उत्पन्न हुए थे—जो प्रायः निश्चित है—तो यह अनुमान करना असंगत नहीं होगा कि यह हिंदू और मुसलमान, दोनों जातियों के बीच में रही होगी। कवि के पिता का द्विधर्मसूचक नाम भी इस अनुमान की पुष्टि करता है।

उक्त पुस्तक में द्विवेदीजी ने कबीरदास के वंश की विवेचना करते हुए यह निष्कर्ष निकाला है कि जिस जाति में कबीर उत्पन्न हुए थे उसमें 'निराकार भावना की उपासना प्रचलित थी।'[7] यद्यपि 'संदेश-रासक' में मतमतांतरों की चर्चा के लिए

---

१. संदेशरासक, पृ० ८, अवचूरिका।
२. मीरसेन की ही भाँति मुसलमान कहे जानेवाले प्रसिद्ध गायक तानसेन के नाम में भी सेन मिलता है। किन्तु साधारणतः 'सेन' मुसलमानी नाम के पीछे नहीं लगता। 'ऋतम्भरा' में सुनीति बाबू का 'तानसेन' निबन्ध इस विषय में द्रष्टव्य है।
३. संदेशरासक, पृ० ३, टिप्पनक और अवचूरिका।
४. संदेशरासक, ४।
५. म्लेच्छात् कुविन्दकन्यायां जोला जातिर्बभूव ह।
—ब्रह्मवैवर्तपुराण, ब्रह्माखण्ड, अध्याय १०।
६. कबीर, प्रस्तावना, पृ० ४।
७. कबीर, प्रस्तावना, पृ० १४।

कोई अवकाश नहीं है फिर भी प्रथम 'गाहा' में कवि ने जिस ढंग से ईश्वर की वंदना की है वह संकेतपूर्ण प्रतीत होता है।

मनुष्यों, देवों, विद्याधरों, नभ-मार्ग में सूर्य चंद्र बिंबों आदिक से ही नमस्कृत होता आया है, हे नागरिको उस कर्तार को नमन कहो।[1]

जायसी ने भी 'पद्मावत' प्रारंभ करते समय 'आदि कर्तार' को सुमिरा है।[2] क्या अद्दहमाण और जायसी को इस 'आदि कर्तार' के सूत्र से जोड़ा जा सकता है?

ग्रंथ के प्रारंभ की भाँति अंत में भी इसके विषय में संकेत मिलता है। यदि 'सी' प्रति (पाटन भंडार) के पाठ को स्वीकार किया जाय तो अंतिम पंक्ति इस प्रकार होगी।

तेम पठंत सुणंतयह जयउ अणायतु अंतु।

और इसका अर्थ होगा "उसी प्रकार पढ़ने-सुनने वालों के अनागत अंत की जय हो अर्थात् वे अनागत अंत के दिन (कयामत के दिन) विजयी हों।" इस दृष्टि से विचार करने पर यह निश्चित हो जाता है कि अद्दहमाण मुसलमान थे और अपने मजहब के प्रति उनकी आस्था में कोई कमी नहीं थी।

आचार्य द्विवेदी ने इस बात को लक्षित किया है कि 'योगियों और नाथपंथियों के मध्ययुगीन आचार-विचार पर प्रकाश डालने वाली जितनी भी पोथियाँ अब तक उपलब्ध हुई हैं, उनमें की अधिकांश मुसलमान कवियों की लिखी हुई हैं।'[3] आचार्य हजारीप्रसाद द्विवेदी, कबीर, दादू, रज्जब, कुतुबन और जायसी आदि निर्गुण कवियों का संबंध इन्हीं निराकारवादी कवियों से जोड़ना चाहते हैं।[4] क्या 'संदेश-रासक' जैसे आमुष्मिकता-रहित काव्य के रचयिता अद्दहमाण भी इनकी बिरादरी में बैठाये जा सकते हैं? जातिगत एकता और निर्गुण-वंदना इन दो आधारों पर यह साहस किया जा सकता है।

रचनाकाल

संदेश-रासक अथवा अद्दहमाण का कोई उल्लेख अब तक अन्यत्र नहीं प्राप्त

---

१. माणुस्स दिव्व विज्जाहरेणि णह मग्गि सूर-ससि बिंबे।
आएहिं जो णमिज्जइ तं णयेरे णमह कतारं ।।२

—संदेश-रासक, प्रथम प्रक्रम। १

२. सुमिरौ आदि एक करतारू।

—पद्मावत—स्तुतिखण्ड।

३. कबीर, प्रस्तावना, पृ० १३।

४. वही, पृ० १३।

हुआ है। अतएव इसके रचनाकाल का निर्धारण किसी बाहरी सहायता से नहीं किया जा सकता।

लक्ष्मीचंद्र की टीका का समय विक्रम संवत् १४६५ दिया हुआ है। अतएव यह तो निश्चित ही है कि संदेश-रासक की रचना १५वीं विक्रमी शती तक हो चुकी थी। संदेशरासक की भाषा और उसके द्वारा प्राप्त सूचनाओं के आधार पर श्री मुनि जिनविजयजी अद्दहमाण को मुहम्मद गोरी के आक्रमण से किंचित् पूर्वकाल का ईसा की १२वीं शताब्दी का कवि मानते हैं।[१]

संदेश-रासक को देखने से ज्ञात होता है कि उस समय मुलतान पश्चिमोत्तर भारत में प्रमुख हिंदू तीर्थ के रूप में प्रसिद्ध था। वह अपने सूर्य-कुंड के कारण पश्चिमोत्तर भारत का प्रमुख धार्मिक स्थान समझा जाता था। इससे अनुमान लगाया गया है कि संदेश-रासक की रचना के समय तक मुहम्मद गोरी का आक्रमण मुलतान पर नहीं हुआ था; क्योंकि मुहम्मद गोरी द्वारा एक बार नष्ट कर दिये जाने के पश्चात् फिर मुलतान अपनी पूर्व प्रसिद्धि को कभी न पा सका।

इसके अतिरिक्त रासक में विजयनगर अथवा विक्रमपुर तथा स्तंभतीर्थ (आधुनिक खंभात) का उल्लेख हुआ है।[२] विजयनगर आधुनिक जैसलमेर राज्य के अंतर्गत पड़ता है।[३] नायिका का पति धनोपार्जन के निमित्त स्तंभतीर्थ गया था। पथिक भी मुलतान से अपने स्वामी का लेख खंभात ही ले जा रहा था। इससे प्रकट होता है कि उस समय खंभात भी अत्यन्त समृद्ध रहा होगा, जहाँ देश के विभिन्न भागों से लोग धनोपार्जन के निमित्त आया करते थे। इतिहास बताता है कि खंभात चालुक्यवंशी शासक सिद्धराज और कुमारपाल के शासन-काल में अत्यंत समृद्ध रहा है। कुमारपाल की मृत्यु के पश्चात् ही खंभात की नगरश्री विलुप्त होने लगी।

इन ऐतिहासिक तथ्यों के आधार पर मुनि जिनविजयजी ने निष्कर्ष निकाला है कि संदेश-रासक मुहम्मद गोरी के आक्रमण (११९२ ई०) के पूर्व अथवा कुमारपाल की मृत्यु के पूर्व कभी लिखा गया होगा।

महापंडित राहुल सांकृत्यायन ने भी अपनी "काव्यधारा" में अद्दहमाण को ११वीं शताब्दी का कवि माना है।[४]

आचार्य हजारीप्रसाद द्विवेदी इसे १२वीं-१३वीं शताब्दी की रचना मानते

---

१. संदेश-रासक, भूमिका, पृ० १२।
२. संदेश-रासक, द्वितीय प्रक्रम। २४।
३. संदेश-रासक, पृ० १२।
४. हिंदी काव्यधारा, पृ० २९२।

हैं ।[1]

किंतु श्री अगरचन्द नाहटा संदेश-रासक को इतनी पुरानी रचना मानने के पक्ष में नहीं हैं । उनके अनुसार लक्ष्मीचंद्र की टीका से, जो संवत् १४६५ में लिखी गयी थी, यह स्पष्ट होता है कि संदेश-रासक की रचना लक्ष्मीचंद्र के बहुत पूर्व नहीं हुई थी । क्योंकि टिप्पनक के अंत में लिखा है कि उन्होंने न तो संदेश-रासक की कहीं वृत्ति देखी है, न किसी गुरु के पास रहकर इसे पढ़ा है । कर्ता के मुख से भी उन्होंने इसका अर्थ नहीं बूझा । इत्यादि ।

नाहटाजी का मत है कि लक्ष्मीचंद्र के यह कहने से कि उन्होंने संदेश-रासक के कर्ता के मुख से इसका अर्थ नहीं जाना, प्रकट होता है कि उन्हें अद्दहमाण से मिल सकने की संभावना थी अर्थात् अद्दहमाण और लक्ष्मीचंद्र समसामयिक रहे होंगे । इस स्थित में संदेश-रासक का रचनाकाल अधिक से अधिक १५वीं शताब्दी के प्रारंभ तक ले जाया जा सकता है ।[2]

उक्त श्लोक को ध्यान से पढ़ने पर यह प्रतीत होता है कि लक्ष्मीचंद्र ने यह सब विनयभाववश अपनी सार्थकता दिखाने के लिए कहा है । उन्होंने संदेश-रासककार के मुख से उसकी रचना का अर्थ नहीं सुना यह ठीक है; किंतु इससे केवल यही अर्थ कैसे निकाला जाय कि वे लक्ष्मीचंद्र के समसामयिक थे । अद्दहमाण टिप्पनककार से सौ-दो-सौ वर्ष पूर्व हुए थे, यह समझने में भी कोई बाधा नहीं उपस्थित होती ।

यद्यपि संदेश-रासक के रचनाकाल को निर्धारित कर सकने वाले सबल प्रमाणों का अभाव है, फिर भी मुनिजी के तर्कों को न मानने का कोई कारण नहीं दिखायी पड़ता । संदेश-रासक का रचनाकाल १२वीं शती ईसवी के आस-पास मानने में कोई आपत्ति नहीं उपस्थित होती ।

संदेश-रासक का काव्यरूप

लक्षण

संदेश-रासक—जैसा कि इसके नाम से प्रकट होता है—रासक काव्य है । इसके पहले हम रास, रासक और रासो नाम से प्राप्त साहित्य का परिचय प्राप्त कर चुके हैं । इस अध्याय में यह विचारणीय है कि 'संदेश-रासक' में रासक काव्य के क्या लक्षण मिलते हैं और उनके आधार पर इसे रासक कहना कहाँ तक उचित है ?

---

१. हिंदी साहित्य का आदिकाल, पृ० ४० ।
२. विकास २।३ ।

हम देख चुके हैं कि अपभ्रंश के दो छंदशास्त्रियों के विचार 'रासक' पर मिलते हैं। विरहांक ने 'वृत्तजातिसमुच्चय' में और 'स्वयंभू' ने 'स्वयंभू छंदस्' में 'रासक' के लक्षणों पर विचार किया है। 'वृत्तजातिसमुच्चय' के चौथे अध्याय में २७ से ३८वें छंद तक अपभ्रंश छंदों की चर्चा मिलती है। इसमें विरहांक ने दोहा, मागधिका, मात्रा, रड्डा, अडिल्ला और ढोसा नामक छंदों के लक्षण गिनाने के उपरांत 'रासक' का लक्षण दिया है। उसके अनुसार 'रासक' में 'द्विपदी' अथवा 'विस्तारितक' होता है और 'विदारी' से इसका समापन होता है। इसके पूर्व द्विपदी, विस्तारितक, विदारी आदि की परिभाषा उन्होंनें दे दी है। किंतु 'रासक' की जो परिभाषा ३८वें छंद में दी गयी है, वह हमारे अधिक काम की है—

'अनेक अडिलों, दुहवओं, मात्राओं, रड्डाओं और ढोसाओं से जो रचित होता है, उसे रासक कहते हैं।'[१]

इसी प्रकार स्वयंभू ने अपने 'स्वयंभू छंदस्' के आठवें अध्याय के अंतिम चार छंदों में रासक के लक्षणों का उल्लेख किया है। उनका विचार है कि—

'काव्य में घत्ता छड्डुड़िया, पद्धड़िया और अन्य सुंदर छंदों से युक्त 'रासाबंध' जन-मन-अभिराम होता है।'[२]

'रासाबंध' के विषय में इतना कहने के तुरंत बाद वे एक छंद में, जो कुछ अशुद्ध पाठ के साथ मिलता है, ऐसे रासक का लक्षण देते हैं जो २१ मात्राओं का होता है और जिसमें १४ मात्रा पर विराम होता है। इसको भी ग्रंथकार ने समृद्ध और अभिरामतर रासाबंध कहा है। इसमें गति लघु होती है और अवसान तथा विरति की सुन्दरता के कारण यह सुन्दरतर होता है।[३]

विरहांक और स्वयंभू के लक्षणों में यद्यपि 'रासक' या रासाबंध के साथ प्रयुक्त होने वाले अन्य छंदों के नामों में विभिन्नता दिखायी पड़ती है, किन्तु हमें

---

१. अडिलाहिं दुवहएहिं व मत्ता-रड्डुहि तह अ ढोसाहिं।
बहुएहिं जो रइज्जइ सो भण्णइ रासओ णाम॥
—वृत्तजातिसमुच्चय ४।३८
(संदेश-रासक—सं० मुनिजिनविजय : श्री हरिवल्लभ भायाणी से उद्धृत)

२. घत्ता-छड्डुणिआहिं पद्धड़िया (हिं) सु-अण्णरुहिं।
रासाबंधो कव्वे जण-मण-अहिरामो (मओ) होइ॥
—स्वयंभूच्छंदस् ८।१६ (वहीं से उद्धृत)

३. एक्कविस मत्ताणिह णड उद्दाम गिरु।
चउदसाइ विस्सामहो भगणविरइथिरु॥
रासाबंध समिद्धु एउ अहिराम अरु।
लहु अति अलअवसाण विरइअ महुर अरु।
—स्वयंभूच्छंदस् ८।५०, (वहीं से उद्धृत)

इस विभिन्नता को अधिक महत्त्व नहीं देना चाहिए। अभिप्राय दोनों का यही ज्ञात होता है कि रासक में कई तरह के छंद तथा उनके द्वारा गिनाये हुए छंद प्रयुक्त होते थे।

इसके अतिरिक्त स्वयंभू ने २१ मात्रावाले 'रासा' नामक छंद का लक्षण, अलग से, रासाबंध के लक्षण बताने के उपरांत दिया है। इसके आधार पर श्री वीर वल्लभ भायाणी का अनुमान है कि रासाबंध में इस विशेष छंद की प्रधानता भी होती होगी।[१]

'संदेश-रासक' में प्रयुक्त छंदों को देखने से भायाणी जी का अनुमान पुष्ट होता है। 'संदेश-रासक' में कुल २१ छंद प्रयुक्त हुए हैं—

रासा, गाहा, अडिल्ल, रड्डा, पद्धड़िया, डोमिलव, दोहा, कामिणी, मोहण, चूडिल्लय, आडय, खंधय, दुबइ, नंदिणी, भमरावली, लंकोडय और रमणिज्ज।

'संदेश-रासक' की कुल छंद संख्या २२३ है, जिसमें ८४ छंद केवल 'रासा' ही हैं। संख्या की दृष्टि से 'रासा' के बाद 'गाहा' (कुल छंद संख्या ४०), फिर अडिल्ल (कुल छंद संख्या २४), तदनन्तर पद्धड़िया, (कुल छंद संख्या २२) और दोहा (कुल छंद संख्या १८) आदि आते हैं।

इस प्रकार संदेश-रासक में विरहांक स्वयंभू के गिनाये हुए अडिल्ल, दोहा, रड्डा और पद्धड़िया छंद प्राप्त होते हैं, साथ ही पूरे ग्रंथ में प्रधानता 'रासा' छंद की है। इससे प्रकट होता है कि इन दोनों अपभ्रंश छंदशास्त्रियों द्वारा निर्दिष्ट लक्षणों पर संदेश-रासक 'रासक' या 'रासाबंध' सिद्ध होता है।

छंदों की दृष्टि से विचार करने के उपरांत, अन्य दृष्टियों से भी हमें 'संदेश-रासक' के काव्य रूप पर विचार कर लेना समीचीन होगा।

'काव्यानुशासन' के आठवें अध्याय में हेमचंद्राचार्य ने काव्य के दो मुख्य भेद—प्रेक्ष्य, श्रव्य[२]—करते हुए, प्रेक्ष्य में पाठ्य और गेय तथा गेय[३] उपरूपकों में डोम्बिका, भाण, प्रस्थान, शिंगटक, भाषिका, प्रेरण, रामाक्रीड़, हल्लीसक, गोष्ठी, श्रीगदित और रागकाव्यादि की गणना की है।[४] टीका में कहा गया है कि ये गेय रूपक तीन प्रकार के होते थे—कोमल, उद्धत और मिश्र।[५] जैसा कि नाम से ही प्रकट होता है, यह विभाजन गेय रूपकों की सुकुमारता, औद्धत्य और दोनों के मिश्रण के आधार पर किया गया था। काव्यानुशासन की टीका में डोम्बिका को

१. संदेश-रासक : फार्म ऐंड स्ट्रक्चर, पृ० ७६।
२. काव्यानुशासनम् ८।१।
३. वही, ८।२।
४. वही, ८।४।
५. वही, टीका, पृ० ३९२।

कोमल और भाणक को उद्धत कहा गया है। शेष प्रस्थान, शिंगटक, भाणिका, प्रेरण, रामाक्रीड़, रासक और हल्लीसक आदि मिश्र गेय-रूपक हैं। इन मिश्र गेय रूपकों में कोमलता और औद्धत्य की विभिन्न मात्राएँ होती हैं।[1] कुछ में कोमलता अधिक होती है, जैसे, प्रस्थान; और कुछ उद्धतता प्रधान होते हैं, जैसे, शिंगटक। रासक भी इसी प्रकार का एक मिश्र गेय-रूपक था। आचार्य हजारीप्रसाद द्विवेदी के शब्दों में 'रासक आरंभ में एक प्रकार के उद्धत-प्रयोग-प्रधान गेय-रूपक को कहते थे जिसमें थोड़ा-बहुत मसृण या कोमल प्रयोग भी मिले होते थे।'[2]

संदेश-रासक प्रेम-काव्य है। उसमें नायिका के विरह-निवेदन की प्रमुखता है। अतएव उसमें कोमलता की अपेक्षा थी। उसमें सर्वाधिक मात्रा में 'रासा' छंद प्रयुक्त हुए हैं। ध्यानपूर्वक देखने से पता चलता है कि इस छंद का प्रयोग अद्दहमाण ने विशिष्ट स्थलों पर एक विशेष प्रकार का प्रभाव पैदा करने के लिए किया है। प्रथम प्रक्रम में रासा छंद का प्रयोग बिलकुल नहीं मिलता। वहाँ कवि को आत्म-निवेदन करना है। वह अपने ग्रंथ की और पाठक की योग्यता आदि का वर्णन गाहा, रड्डा, पद्धड़िया और दुमिला में करता है। द्वितीय प्रक्रम में भी प्रथम दो छंद रड्डा हैं। किंतु नायिका की चेष्टाओं का वर्णन करते ही कवि 'रासा' छंद का प्रयोग प्रारम्भ कर देता है। नायिका पथिक को देखकर मंथरगति छोड़कर लघुगति से क्या चलने लगी कि छंद भी नायिका की गति से चलने लगा—

तं जि पहिय पिक्खेविणु पिअउक्कंखिरिय,
मंथर गय सरलाइवि उत्तावलि चलिय।
तह मणहर चल्लंतिय चंचल रमणभरि,
छुडवि-खिसिय रसणावलि किंकिणि रव पसरि[3]॥ आदि

ऐसा प्रतीत होता है मानो रासा की इसी छंदगत मनोहरता को स्वयंभू ने अपने लक्षण में 'लहु अति' (लघुगति) कहकर व्यंजित करना चाहा था।[4]

इसी प्रकार पूरी पुस्तक में जहाँ-जहाँ 'रासा' छंद आया है वहाँ-वहाँ वह अपनी सहज गति-भंगिमा के कारण एक विशेष प्रभाव उत्पन्न करता है। ऋतु-वर्णन के अंतर्गत ग्रीष्म और शिशिर-वर्णन को छोड़कर 'रासा' छंद का प्रयोग प्रायः उन्हीं स्थलों पर हुआ है जो नायिका की चेष्टाओं अथवा विभिन्न मनोदशाओं का चित्रण करते हैं। संदेश-रासक में प्रारंभिक और अंतिम अंशों को छोड़कर मुख्य

---

१. काव्यानुशासनमृटीका, पृ० ३६२।
२. हिंदी साहित्य का आदिकाल—पृ० ६०।
३. संदेश-रासक, द्वितीय प्रक्रम, छं० २६।
४. संदेश-रासक : फार्म ऐंड स्ट्रक्चर—पृ० ७७ की पादटिप्पणी २।

ग्रंथ में प्रायः प्रति चार-पाँच छंदों का अवकाश देकर 'रासा' आया करता है।[1] अन्य छंदों के प्रयोग में यद्यपि वस्तु और प्रसंग की दृष्टि से दूर तक कोई व्यवस्था नहीं ढूँढ़ी जा सकती, फिर भी कवि कथा-सूत्रों को जोड़ने अथवा अपनी तरफ से कुछ कहने के लिए 'गाहा' का प्रयोग करता है और लंबे-लंबे छंदों का प्रयोग करते-करते जैसे एकरसता समाप्त करने के लिए 'दोहा' ले आता है। एक दोहे में प्रायः एक पूरी बात कह दी जाती है और फिर अन्य छंद आने लगते हैं।

विभाजन और काव्य-प्रकृति

संदेश-रासक तीन प्रक्रमों में विभाजित है। प्रथम प्रक्रम में काव्य की प्रस्तावना है। वास्तविक कथा द्वितीय प्रक्रम से प्रारंभ होती है। तीसरे प्रक्रम में षड्ऋतु वर्णन है और उसके पश्चात् नायक के घर लौट आने के साथ ही साथ ग्रंथ समाप्त हो जाता है।

अब तक किसी अन्य ग्रंथ का विभाजन 'प्रक्रमों' में नहीं प्राप्त हुआ है। यह विभाजन कथावस्तु की तीन अवस्थाओं के आधार पर किया गया है। ईश्वर-वंदना, कवि-परिचय, ग्रंथ-परिचय तथा पाठकों से निवेदन प्रथम प्रक्रम में समाप्त हो जाता है। दूसरे प्रक्रम में विरहिणी नायिका का वर्णन और पथिक-दर्शन के उपरांत उसकी आकुलता तथा प्रिय को संदेश भेजने की उत्कंठा का चित्रण है। विरहिणी पथिक से संदेश कहती ही जाती है। जब कभी पथिक ऊबकर जाने की आज्ञा माँगता है तो वह 'चार गाहा और, तीन अडिल्ल और, केवल दो दोहे और' आदि कहकर उसे रोके रहती है। अंत में उसकी विरह-दशा सुनते-सुनते पथिक का मन भी पसीज जाता है और वह पूछता है कि हे विरहिणी! तुम्हारी यह दशा कब से है? अब क्या पूछना था! नायिका को विरह का पूरा पोथा खोलने का अवसर मिल जाता है। यहाँ से तृतीय प्रक्रम प्रारंभ होता है। विरहिणी एक-एक करके छहों ऋतुओं में अपनी विरह-दशा का वर्णन करती है। इस प्रकार छहों ऋतुओं का और प्रत्येक ऋतु में अनुभूत विरह-दुःख का भरपूर वर्णन करके वह पथिक को जाने की अनुमति देती है। वहाँ से वह अपने घर की ओर मुड़ी ही थी कि उसका प्रियतम आता हुआ दिखायी पड़ता है। दोनों की भेंट होती है और इसी हर्ष-प्रसंग में रासककार भी पाठकों को शुभाशीः देते हुए विदा लेता है।

प्रथम प्रक्रम के समाप्त होते ही कथा सीधे प्रारंभ हो जाती है और द्वितीय प्रक्रम में कवि एकदम कथा आरंभ कर देता है। इसी प्रकार द्वितीय प्रक्रम के विरह-

---

१. 'रासा छंद' के प्रयोग का क्रम, इस प्रकार है—
२६-३०, ४१-५८, ६४-६८, ९१-९२, ९६-९९, १०१-१०३, १०४, १०९-११०, ११३, ११७-११८, १२१-१२५, १३०-१३६, १३९-१४७, १५१, १५४-१५५, १८४-१९०, १९२-१९८।

व र्णन से कथा छलाँग मारकर षड्ऋतु वर्णन में पहुँच जाती है । ज्ञात होता है कि वर्णन के इन्हीं मोड़ों को ध्यान में रखकर कवि ने अपनी रचना का विभाजन प्रक्रमों में किया है ।

संदेश-रासक 'रासक' होने के साथ-साथ संदेश-काव्य भी है, जिसमें अपने प्रिय के प्रति कहे गये संदेशों की प्रधानता है । भारतीय-साहित्य में इस प्रकार के संदेश-काव्यों की कमी नहीं है । 'मेघदूत' से 'उद्धवशतक' तक न जाने कितने ऐसे काव्य गिनाये जा सकते हैं जिनकी रचना का मुख्य आधार संदेश-प्रेषण है । मेघदूत का भी विभाजन दो खंडों—'पूर्वमेघ' और 'उत्तरमेघ' में कर दिया है । किंतु मेघदूत और संदेश-रासक में समानताएँ कम मिलेंगी, असमानताएँ अधिक । संदेश-प्रेषण दोनों में ही है, किंतु संदेश-रासक की भाँति 'मेघदूत' में संदेश और विरह-वर्णन की ही प्रधानता नहीं है । प्रारंभ से अंत तक मेघदूत प्राकृतिक दृश्यों की मनोरम झाँकी दिखाता चलता है । विरही यक्ष के चित्त की अवस्था को अभिव्यक्त करने के हेतु जो अपूर्व चित्रावली कालिदास द्वारा प्रस्तुत की गयी है वह संदेश-रासक में कहाँ मिलेगी ! मेघदूत के पाठक का हृदय समस्त उत्तर भारत के परिदृश्य में निरंतर नवीन प्रकृति-सौंदर्य के पुण्य अवलोकन से रस-विभोर हो उठता है । उसमें सहृदय का चित्त स्वच्छंद प्रकृति का साक्षात्कार करता है । संदेश-रासक का प्राकृतिक कैनवास इतना भव्य नहीं है, उसका प्रधान आकर्षण संदेश-प्रेषण और विरह-वर्णन ही है । हाँ, प्रसंगानुसार लोक-जीवन के विविध पक्षों का स्वाभाविक चित्रण उसमें अवश्य हुआ है ।

कथा का प्रारंभ भी दोनों ग्रथों में अलग-अलग ढंग से हुआ है । मेघदूत के यक्ष का विरह ऋतु के प्रभाव से असह्य हो उठा था । और महीने तो उसने जैसे-तैसे काट लिए थे, किंतु आषाढ़ आते ही उस बेचारे की सुधि-बुधि खो गयी । आषाढ़ के प्रथम दिवस उसने सानु-संलग्न मेघों को देखा । उसका विवेक जाता रहा । किसी तरह अपनी प्रिया के पास संदेश भेजने की उसे कठोर अधीरता हुई और उसने अचेतन मेघ को ही अपना दूत बनाया । दूसरा वहाँ था भी कौन जिससे वह विरह-कातर यक्ष अपने संदेश भेजता ? फिर उसे चेतन और अचेतन का ज्ञान भी नहीं रह गया था । ऐसी सफाई कालिदास ने अपनी तरफ से दे दी है ।

संदेश-रासक में संदेश नायिका देती है, नायक नहीं । इसके अलावा, उस नायिका का संदेशवाहक मेघ नहीं, चेतन मनुष्य है । आकाशचारी मेघ को दूत बनाने के कारण कालिदास को प्रकृति-चित्रण का पूर्ण अवकाश मिल गया है । यही कारण है कि 'मेघदूत' के 'पूर्वमेघ' में प्रकृति-वर्णन की इतनी अधिकता है । यश का संदेश तो उत्तरमेघ के ४३वें श्लोक से प्रारंभ होता है । यक्ष-प्रिया की विरह-जन्य चेष्टाग्रों और मनोदशाओं का वर्णन 'उत्तर-मेघ' में मिलता है । 'संदेश-रासक' में प्रकृति-चित्रण केवल तृतीय प्रक्रम के अंतर्गत षड्ऋतु-वर्णन में आता

है। मेघदूत में जहाँ आद्यंत प्रकृति का साथ बना रहता है, संदेश-रासक में प्रारंभिक २३ छंदों को छोड़कर संपूर्ण द्वितीय और तृतीय प्रक्रम में नायिका के विरह-वर्णन का प्रसंग उपस्थित रहता है।

'मेघदूत' और 'संदेश-रासक' में एक महत्त्वपूर्ण समानता है। वह समानता कथातत्त्व की अपेक्षाकृत महत्त्वहीनता है। दोनों काव्यों को पढ़ जाने के पश्चात् उनमें कथावस्तु के महत्त्व की अल्पता का बोध पाठक को अवश्य होगा। मेघदूत की कुल कथा यही है कि एक शापित विरही यक्ष वर्षा ऋतु में मेघ को दूत बनाकर अपनी भार्या के पास संदेश पहुँचाता है। और संदेश-रासक में विरहिणी एक पथिक के माध्यम से अपने पति के पास संदेश भिजवाना चाहती है। संदेश कैसे दिया जाता है और क्या दिया जाता है, मुख्य बात यही है। वस्तुतः दोनों में कथावस्तु को बहाना बनाकर विरह-वर्णन का चित्रण करना ही कालिदास और अद्दहमाण का उद्देश्य है। संदेश-रासक में यत्र-तत्र कवि अपनी ओर से कुछ कहकर कथा-संधियों का सूत्र मिलाता रहता है। इन कथा-सूत्रों का अपने आप में कोई विशेष महत्त्व नहीं है। यदि हम संदेश-रासक के विरह-वर्णनात्मक छंदों को कथा-सूत्र से अलग करके स्वतंत्र मुक्तकों के रूप में ग्रहण करें तब भी उसकी मार्मिकता और प्रभाव में कोई कमी नहीं पड़ती। उदाहरणार्थ इस दोहे को—

जसु पवसंत ण पवसिआ, मुइअ विओइ ण जासु।
लज्जिज्जउ संदेशडउ, दिंती पहिय पियासु[1]॥

या इस 'गाहा' को

तुह विरह पहर संचूरिआइं विहडंति जं न अंगाइं।
तं अज्जकल्लसंघडण ओसहे णाह तग्गंति[2]॥

चाहे कथावस्तु के संदर्भ में पढ़ा जाय चाहे मुक्तकों के रूप में, कोई अंतर नहीं पड़ता। इन्हें मुक्तक मानने में कोई गंभीर बाधा भी नहीं उपस्थित की जा सकती। यह कहा जा सकता है कि इनमें प्रोषितपतिका और पथिक या किसी अन्य व्यक्ति की कल्पना ऊपर से करनी पड़ेगी। किंतु भारतीय तथा फारसी आदि विदेशी साहित्य में भी मुक्तक को कथा का सहारा किसी-न-किसी प्रकार बनाना पड़ा है। मुक्तकों की रचना प्रायः विशिष्ट नायक-नायिकाओं को ही दृष्टि में रखकर की जाती रही है। बिहारी के दोहों का अर्थ समझने के लिए उनमें कथा का अध्याहार करना पड़ता है। कभी-कभी तो एक कथा ऊपर से जोड़े बिना उन दोहों का अर्थ

१. संदेश-रासक, द्वितीय प्रक्रम, ७०।
२. वही, ७२।

खोलना भी असंभव हो जाता है। आचार्य रामचंद्र शुक्ल के अनुसार: "अनेक स्थानों पर इनके व्यंग्यार्थ को स्फुट करने के लिए बड़ी क्लिष्ट कल्पना अपेक्षित होती है। ऐसे स्थलों पर केवल रीति या रूढ़ि पाठक की सहायता करती है और उसे एक पूरे प्रसंग का आक्षेप करना पड़ता है।"[१]

इस प्रकार संदेश-रासक के विरह-वर्णनात्मक छंदों में और मुक्तकों में कोई विशेष अंतर नहीं रह जाता। इस प्रकार के क्षीण-प्रबंध-धर्मा मुक्तक काव्यों की भारतीय साहित्य में कमी नहीं है। 'मेघदूत', 'ऋतुसंहार', 'गीतगोविंद', 'चौर-पंचाशिका', 'रम्भा शुक संवाद', 'वीसलदेव रासो', 'ढोला मारू रा दोहा' और 'उद्धवशतक' आदि इसी प्रकार के काव्य हैं जिनमें प्रबंधात्मकता केवल नाममात्र के लिए है और जो शुद्ध मुक्तक काव्यों से दूर नहीं पड़ते। ऐसे काव्यों में कवि को कथावस्तु से उतना मोह नहीं रहता। बीच-बीच में कथा की कड़ी वह केवल इसीलिए जोड़ता रहता है ताकि उसे पात्रों के हृद्‌गत भावों को वर्णन करने के बहाने और अधिक मुक्तकों की रचना करने का अवसर मिले। वह कथासूत्रों की योजना मुक्तकों के लिए करता है। उदाहरण के लिए संदेश-रासक का एक प्रसंग लें—

पथिक नायिका का संदेश सुनते-सुनते ऊब चला था और बार-बार जाने की अनुमति माँगता था। किंतु विरहिणी उसे रोक लेती थी। उसके संदेश का क्रम चल ही रहा था कि अचानक पथिक द्रवित होकर पूछ बैठता है कि हे चंद्रवदनी! सच बताना कि नवघन रेखा से निकले हुए शरत्कालीन निर्मल, प्रत्यक्ष अमृतस्रावी चंद्रमा से भी अधिक सुंदर तुम्हारा यह मुख विरहाग्नि के द्वारा कब से श्यामीकृत किया जा रहा है।[२]

यहाँ पहले से चली आयी हुई कथा का सूत्र मिलने लगता है, किन्तु वास्तविकता यह है कि संदेश-रासक का कवि यहाँ ऋतुवर्णन का बहाना निकाल रहा है। अब पथिक ने पूछा तो क्या विरहिणी बतायेगी नहीं? और वह क्या संक्षेप में बतायेगी? वह बताने लगती है कि उसका प्रियतम ग्रीष्म में गया था। ग्रीष्म से वर्षा बीती, वर्षा से शरद्, शरद् से हेमंत और हेमंत के बाद वसंत भी बीत गया, किंतु उसका प्रिय नहीं लौटा।

संदेश-रासक इसी प्रकार मुक्तक प्रधान या क्षीण प्रबंध-धर्मा मुक्तक काव्य है जिसके अधिकांश छंदों का सौंदर्य कथासूत्र से अलग कर के पढ़ने से भी ज्यों का त्यों बना रहता है। इसके छंदों की तुलना उन मुक्तामणियों से की जा सकती है जो एक सूत्र में ग्रथित होने पर कंठहार के रूप में भी सुशोभित होते हैं और बिखर कर

---

१. हिन्दी साहित्य का इतिहास—रामचंद्र शुक्ल।
२. सं० रा०, द्वितीय प्रक्रम, १२२।

अलग हो जाने पर भी सुंदर और मूल्यवान् बने रहते हैं।

संदेश-रासक की भाषा

संदेश-रासक की भाषा के विषय में विद्वान् एकमत हैं कि वह परवर्ती अपभ्रंश की रचना है।[१] काव्यानुशासन में हेमचंद्र ने शिष्ट अर्थात् परिनिष्ठित अपभ्रंश से भिन्न 'ग्राम्य' अपभ्रंश का अस्तित्व स्वीकार किया है। यह 'ग्राम्य' अपभ्रंश शिष्ट अपभ्रंश की अपेक्षा जन-जीवन की बोली के निकट थी। हेमचंद्र के बाद अपभ्रंश काव्य की जो धारा बहती रही उसमें इस ग्राम्य तत्त्व का अधिकाधिक समावेश तो होता ही गया, हेम-व्याकरण द्वारा निबद्ध नियमों के पालन में भी शिथिलता बढ़ती गयी। इस विकसित या परवर्ती अपभ्रंश की परिनिष्ठित अपभ्रंश से कुछ स्पष्ट विभिन्नताएँ भी हैं। इसी आधार पर लोगों ने इसे अपभ्रंश से अलग 'अवहट्ट' नाम देना चाहा है।[२] संदेश-रासक के कवि ने भी अपनी रचना को बोलचाल के निकट रखने की ओर यथेष्ट ध्यान दिया है। वे जब कहते हैं कि मेरी कविता सदा उन्हीं के सामने पढ़ी जानी चाहिए जो न पंडित हैं न मूर्ख, बल्कि मध्यम हैं तो इसका अर्थ यही है कि उन्होंने अपने काव्य की रचना जन-साधारण के लिए की है।

यहाँ हम परवर्ती अपभ्रंश या 'अवहट्ट' की प्रवृत्तियों की विवेचना नहीं करने जा रहे हैं। हमारा ध्यान संदेश-रासक में मिलने वाली भाषागत उन विशेषताओं पर ही अधिक रहेगा जिनके सहारे इसकी भाषा को परिनिष्ठित अपभ्रंश से अलग समझा जा सकता है।

१. लुप्त-विभक्तिक प्रयोग

संदेश-रासक की भाषा में रूप निर्माण संबंधी जिस विशेषता पर सबसे पहले ध्यान जाता है वह लुप्त-विभक्तिक पदों के प्रयोग। ऐसा ज्ञात होता है कि लुप्त-विभक्तिक प्रयोगों का अवहट्ट काल में काफी प्रचलन हुआ।

कर्ता—

लहि छिद्द बियंभिउ बिरह घोरु।—संदेश-रासक।२१२

---

१. भाषा शास्त्र की दृष्टि से यह अधिक अग्रसर हुई भाषा है। संदेश-रासक इसी प्रकार के अपभ्रंश में बारहवीं-तेरहवीं शताब्दी में···रचित हुआ था।

—हिंदी साहित्य का आदिकाल, पृ० ४२

The author has not composed in the classical Apabhramsa which by his times was long dead.

सं० रा० इन्ट्रोडक्शन, पृ० १८

२. कीर्तिलता और अवहट्ट, पृ० ७।

उच्चरहिं सरसु महुयर झुणीउ।—२१६
लखन कहा हँसि हमरे जाना।—तुलसी

कर्म—

सिहि चडिउ पिक्खि मायंदसाह।—सं० रासक।२१२
तूरा रवि तिहुयण बहिरयंति।—वही।२१८
मुकुता लेउं तो घुंघुची डोठी।—जायसी
सुफलक सुत दुख दूर करौ।—सूर

करण—

णिय घरणिय सुमरंत विरह सबसेय कय।—संदेश-रासक। १०३
जल रहिय मेह संतविअ काँइ।—वही। ६१८
पुहुप पंक रस अभिय सँवारे।—जायसी
तिहि अनुराग वस्य भए ताके।—सूर
मोरे कर ताकर वध होई।—तुलसी

संबंध—

अवर कहव वरमुद्ध हसंतिय अहरयलु।—संदेश-रासक। १५
अंगिहिं तुह अलहंत धिट्ठ करयल फरिसु।—वहो, १६१
बिरह बान तस लाग न डोली।—जायसी
बिथा बिरह जुर जारी।—सूर

अधिकरण—

जइ पिम्मविओय विसंठुलयं हिययं।—संदेश-रासक। ११५
टेकु पियास बाँधु जिय धीती।—जायसी
एक दिवस मेरे घर आए मैं ही मथत दही।—सूर
सोइ भरोस मोरे मन आवा।—तुलसी

अपादान और संप्रदान के लिए संदेश-रासक में लुप्त-विभक्तिक पदों का प्रयोग विरल है। इनके लिए, उसमें 'रेसि', 'लग्गि', 'हंत', 'टिठ्यइ' आदि परसर्ग आते हैं।

हेमचंद्र के प्राकृत व्याकरण में यद्यपि केवल षष्ठी बहुवचन के लिए ही विभक्ति लोप का नियम मिलता है,[1] किन्तु स्वयं हेमचंद्र द्वारा उदाहरणरूप दिये गये दोहों

१. षष्ठ्या, ३४५।

में ही और लुप्तविभक्तिक प्रयोग ढूंढ़े जा सकते हैं जैसे निम्न दोहे में कर्ता विभक्ति का लोप स्पष्ट है—

अम्हे थोवा रिउ बहुउ कायर एम्ब भणंति।
मुंधि णिहारय गयण तलु कइ जण जोण्ह करंति।।

फिर भी यह सत्य है कि संदेश-रासक की भाषा में लुप्त-विभक्तिक पदों के प्रयोग पहले से कहीं अधिक मिलने लगते हैं। इससे प्रकट होता है कि आधुनिक भारतीय आर्यभाषाओं का यह लक्षण संदेश-रासक के रचना-काल तक स्फुट हो चला था।

२. परसर्ग

लुप्त-विभक्तिक पदों का व्यवहार बढ़ जाने का परिणाम यह हुआ कि अर्थ-स्पष्टता के लिए परसर्गों का व्यवहार परिनिष्ठित अपभ्रंश की अपेक्षा परवर्ती अपभ्रंश में बढ़ गया। हेमचंद्र के व्याकरण में केहिं, रेसिं, तणेण, होन्तओ, करेअ, केर, मज्झि आदि परसर्ग दिखायी पड़ते हैं, किंतु संदेश-रासक में सत्थिहि, सम, सउ, सरिसु, हुंतउ ट्ठियइ, रेसि, लग्गि, महि इत्यादि परसर्गों की भरमार हो जाती है। ध्यान देने की बात है कि इनमें प्रथम चार परसर्ग केवल 'साथ' अर्थ बोधक हैं। इससे यह भी अनुमान किया जा सकता है कि एक ही अर्थ बताने वाले कई परसर्गों का व्यवहार होने लगा था।

सत्थिहि (साथ)—

विविह-विअक्खण-सत्थिति जइ पवसियह।—संदेश-रासक। ४३
सोहहि सिज्ज तरुणि जण सत्थिहि।—वही। १७५

सम (से के साथ)—

कावि केण सम दर हसइ।—सं० रा०। ४७

सउ—भायाणीजी ने इसे 'सम' का ही विकृत रूप माना है।[1]

दोहा पंच कहिज्जसु गुरु विणएण सउ।—सं० रा०। ७४
महण समत्थिम विरह सउ।—वही। ७६

हिन्दी के स्यूं, सन इसी के विकसित रूप होते हैं।

---

१. संदेश-रासक ग्रामर, पृ० ३६।

कलिजुग हम स्यूं लड़ि पड़ा ।—कबीर
सो मोसन कहि जात न कैसे ।—तुलसी

सरिसु (समान, सदृश)—

कंपएलु मियणाहिण सरिसउ सेवियइ ।—सं० रा० । १८७
संसोसिउ तणु हिमिण हाम हेमह सरिसु ।—वही । १९१
नर नारायन सरिस सुभ्राता ।—तुलसी

हुंतउ (से० अपादाने)—

तिह हुंतउ हउं इक्कणि लेह उपेसियउ ।—सं० रा० । ६५
जलहुंति निकसि सकति मुवकाछू ।—जायसी
मोरि हुंति विनय करब कर जोरि ।—तुलसी

ट्ठियउ (स्थित से)—

तह खणि खुबइ कवालु न वामकरट्ठियउ ।—सं० रा० । ८६

भायाणीजी के अनुसार गुजराती का 'थी' इसी 'ट्ठिउ' से संबद्ध है । अवधी में बहुप्रयुक्त 'थे' अनुमानतः इसी से संबद्ध है ।

ताथें विनय करौं सब पाहीं ।—तुलसी

रेसि (के कारण)—

णहु रहइ बुहा कुकवित्त रेसि ।—सं० रा० । २१

'रेसि' का प्रयोग व्रज, अवधी या हिंदी की छंद किसी साहित्यिक भाषा में नहीं मिल सका है । ज्ञात होता है कि इसका व्यवहार धीरे-धीरे समाप्त हो गया । संभव है हिंदी के अतिरिक्त अन्य किसी आधुनिक भाषा में इसके विकसित रूप मिलें ।

लग्गि (समय की सीमा का बोधक)—

कइय लग्गि विरहग्गिधूमि झंपिइउ मुहु ।—सं० रा० । १२२
तब लगि मोहि परखेहु तुम्ह भाई ।—तुलसी

तणि (संबंध वाचक परसर्ग)—

तसु लइ मइतणि णिंद णहु ।—सं० रा० । ९४

'तन' का संबंध अनुमानतः इसी से है।

पियतन चितइ भौंह करि बाँकी !—तुलसी

(महि) में—

णिट्ठुर करुणु सद्दु मण महि लव।—सं० रा०। ६६

'महि' के किंचित् परिवर्तित कई रूप मिलते हैं।

युवराजन्हि माझ पवित्र।—विद्यापति
उवा सक अस नखतन माँहा।—जायसी
देवल माँहे देहुरी।—कबीर
राधा मनमैं इहै बिचारत।—सूर
तिन मँह प्रथम रेख जग मोरी।—तुलसी

३. सर्वनाम

संदेश-रासक में आये हुए सर्वनामों को नीचे दिया जा रहा है।

उत्तम पुरुष-हउ, हउं (प्रथमा)—

संदेशडउ सवित्थरउ हउं कहणह असमत्थ।—सं० रा०। ८०
तिह हुंतउ हउं।—वही। ६५
हौं रानी पदुमावति सात सरग पर बास।—जायसी
जीवित विवाह न हौं करौं।—तुलसी

मइ (द्वितीया)—

तं तइय मुक्ख खल पाइ मइ।—सं० रा०। १९१

हिंदी में मइ का प्रयोग द्वितीया में नहीं मिलता।

मइ (सप्तमी)—

जइ मह णत्थि णेहु ताकंतह।—सं० रा०। १०४

मह, महु, मज्झ (षष्ठी)—

पहिय ण सिज्झइ किरि वलु मह कंदप्प सउ।—सं० रा०। ९९
महु इक्कह परि पहिय।—वही। १०४
जं बिरहग्गि मज्झ णक्कंतह।—वही। १०४

नां तूं मिलै न मैं खुसी ऐसा वेदन मुज्झ ।—कबीर

अम्हिहि (तृतीया बहुवचन)—

पाइउ अम्हिहि जाइ पियह भणु ।—सं० रा० । ११४

अम्ह (षष्ठी बहुवचन)—

इहु अच्चरिउ तुज्झ उक्कंठि सरोरुह अम्ह बड्ढए ।

—सं० रा० । १२०

हिंदी में अम्हिहि 'अम्ह' जैसे रूप न होकर 'हम' के रूप में मिलते हैं।

मध्यमपुरुष

तुहु, तूं, (प्रथमा)—

तुहु पुण कज्जि हिआवलउ ।—सं० रा० । ८८
जिहि अंगिहि तूं विलसियउ ।—वही । ७७
तुहुं करुनामय देव दयानिधि ।—विद्यापति
तूं जोगी तप करु मन जथा ।—जायसी

तइ (तृतीया)—

इम दुक्खह तरलच्छि काँइ तइ अप्पियइ ।—सं० रा० । १२४

हिंदी में यह 'तइ' सानुनासिक होकर 'तैं' हो गया है और प्रथमा में प्रयुक्त होता है। जैसे "तैं कियो"।

पइ (सप्तमी)—

पइ पारिस निलएण ।—सं० रा० । ७७

हिंदी में वह 'पइ' नहीं मिलता। आचार्य हजारीप्रसाद द्विवेदी के अनुसार "माँग माँग पै कहहु प्रिय" में 'पै' तुम के अर्थ में प्रयुक्त हुआ है।

तुअ, तुह, तुझ (षष्ठी)—

तुअ छंड्डिवि हियअट्ठियह ।—सं० रा० । ७५
तुह विरह पहर संचूरिआइं ।—वही । ७२
इहु अच्चरिउ तुझ उक्कंठि ।—वही । १२०

हिंदी में तुझ का प्रयोग कर्म और अधिकरण में भी मिलता है।

नैन हमारे जलि गए छिन-छिन लोडें तुझ ।—कबीर

जांणैगां रे जीवड़ा, मार पड़ेगी तुझ ।—कबीर

तुम्हेंहि तुम्हि (तृतीया बहुवचन)—

तुम्हेंहि वि जं न सुउ विअडबंधु सुच्छंदु सरसउ । सं० रा० । १८

संकेतवाचक सर्वनाम

सु, सो तं—(प्रथमा)—

सु पुणु तत्थव रय हूअउ ।—सं० रा० । १९९
सो बुहयण वो सिवं देउ ।—वही । १
सदा सो सानुकूल रह मोपर !—तुलसी

तं (द्वितीया)—

तं ज पहिय पिक्खेविणु ?—सं० रा० । २६

तिणि-तेण (तृतीया)—

तिणि सूडिय झडि करि असेस ।—सं० रा० । १९२
णाहण आणिउ तेण ।—वही । १९९
तिन्ह फिरि भवनु न देखो आहि ।—तुलसी

तसु-तस्स-तह—(षष्ठी)—

तसु कहउ बिबुह संगहवि हत्थु ।—सं० रा० । २०
तस्स वयणु आयन्नि । वही । ९८
मालिणवित्तु कहिव्वउ इक्कह तह खलह ।

हिंदी में इनसे संबद्ध 'तासु' रूप मिलते हैं, जैसे—

तात तासु तुम्ह प्रान अधारा ।—तुलसी

ɫहि (सप्तमी)—

किं तहि देखि णहु फुरइ ।—सं० रा० । १८३
तेहिं अवसर मुनि नारद आए करतल बीन ।—तुलसी

निकटवर्ती निश्चयवाचक सर्वनाम

इहु, एहु, एह, एउ, इय, आहि—

हुई उवम इहु कहु कवण । —सं० रा० । १९९
दुक्करु गमियइ एहु णाहु सुमरंतियइ ।—वही । २०४
जिण किय एह अवत्थ णेहरहरहियमण ।—वही । ९१
तिह पुरउ पढिव्वउ णहुवि एउ ।—वही । २०
कहवि इय गाह पंथिय मन्नाएवि पिउ ।—वही । ७४

हिंदी में इन सर्वनामों से मिलते-जुलते कई रूप मिलते हैं ।

एहि जग बहुत नदी जल जूड़ा ।—जायसी
एहि मह रघुपति नाम उदारा ।—तुलसी आदि

संबंधवाचक सर्वनाम

जु जो जं (प्रथमा)—

संपडिउ जु सिक्खइ कुइ समत्थु ।—सं० रा० । २०
जो कालंगुलि मूंदडउ सो बाहडी समाइ ।—वही । ८१
पामर जण थूलक्खरहि जं रइयउ णिसुणेहु ।—वही । १९

हिंदी में 'जो' की कमी नहीं है ।

स्रवन सुनहु जो कुंदन सीपि ।—जायसी
जो जस कीन्ह सो तस फल चाखा ।—तुलसी

जं—(द्वितीया)—

णत्थि तिहुयणिं जं च णहु दिट्ठु ।—सं० रा० । १८

जिण, जिणि (तृतीया)—

जिण किय एह अवत्थ ।—सं० रा० । ९१
जिण हउँ विरहह कुहरि ।—वही । ९२
जिन देखे सखी सति भाइन ते ।—तुलसी

जसु, जासु (षष्ठी)—

जसु पवसंत ण पवसिया ।—सं० रा० । ७०
भुइय विओइ ण जासु ।—वही । ७०
जासु चरित अवलोकि भवानी ।—तुलसी

प्रश्नवाचक सर्वनाम

को, कवणु (प्रथमा)—

णिसुणेविणु को रहइ । —सं० रा० । १८
मुणइ णामु तह कवणु सरोरुह दल नयणि ।—वही । ६४
को करि तरक बढ़ावै साखा ।—तुलसी
पेड़ा रोटी खाइ भरि गला कटावै कौंण ।—कबीर

कि पि (द्वितीया)—

अप्पह णिद्दय किं पि भणे ।—सं० रा० । ६५

कसु (षष्ठी)—

जाउ सरणि कसु पहिय भणे ।—सं० रा० वही । ९५

कह (पंचमी)—

कहँ व तुह आइयउ ।—सं० रा० । ४१

कह (सप्तमी)—

भणु कह कालि पडुत्तउ सुन्दरि तुअ सुहउ ।—सं० रा०

पूर्वकालिक क्रिया—

संदेश-रासक में इवि, अवि, एवि, एविणु, अप्पि, इय और इ प्रत्यय लगाकर बनाये हुए पूर्वकालिक रूप मिलते हैं।

हंसिहि कंदुट्टिहि घुट्टिवि रसु ।—वही । १६२
झंपवि तम वद्दलिण दसह दिसि छायउ अंबरु ।—वही । १४८
कहवि इय गाह पंथिय मन्नाएवि पिउ ।—वही । ७४
गाह पढ़िज्जसु इक्क पिय कर लेविणु मन्नाइ ।—वही । ७१
मइ घणु दुक्खु सहप्पि ।—वही । १६६
तं झंखरु विरहिणिहि अंगु फरिसिउ दहइ ।—वही । १३२
तसु सुयण निवेसिय, भाइण पेसिय ।—वही । ६५
जिणि हउ विरहह कुहरि एव करि घल्लिय ।—वही । ६२

इसके अतिरिक्त संयुक्त पूर्वकालिक का एक यह उदाहरण मिलता है।

विरह हुयासि दहेवि करि आसा जल सिंचेइ ।—वही । १०८

प्रक्षिप्त माने गये एक और दोहे में भी इसका उदाहरण दिखायी पड़ता है।

इकु ँ मणि विंभउ थियउ कि रूविणि पिक्खि करि—पृ० ।१५

खड़ी बोली हिंदी में चलने वाले 'जलकर', 'रोकर' जैसे रूपों का यह पूर्वरूप ज्ञात होता है।

क्रियार्थक संज्ञा—

संदेश-रासक में क्रियार्थक संज्ञाओं के चार प्रत्यय मिलते हैं।

१ अणह, २ अजउ, ३ अणु, ४ अण—

संदेसडउ सवित्थरउ हउ कहणह असमत्थ ।—वही । ८०
लज्जवि पंथिय जइ रहउँ, हियउ न धरणउ जाइ ।—वही ।७१
संदेसडउ सवित्थरउ, पर मइ कहणु न जाइ ।—वही । ८१
किम कोइल कलरउ सहण जाइ ।—वही । २१८
जानि न जाइ निसाचर माया ।—तुलसी
केसव कहि न जाइ का कहिए ।—तुलसी

तव्यार्थक क्रिया—

तव्यार्थ क्रियाएँ इव्वउ, और इज्ज प्रत्यय लगाकर बनायी हुई मिलती हैं।

तिह पुरउ पढिव्वउ ण हु वि एउ ।—वही । २०

पूर्वी भाषाओं (मैथिली, भोजपुरी आदि) में सर्वनाम-व्यंजक चिह्न के साथ यह रूप प्रयुक्त होता है।

हमरहूँ सुधि द्याइवी कछु करुण कथा चलाइ ।—विनय-पत्रिका
तिम जंपिय जिम कुवइ-णहु तं पभणिय जं जत्तु । वही। २२२
विन्नि चउपइय पभणिज्ज तसु निग्घिणे ।—वही । ८५
काह धौं कीजिए जू । घनानन्द

भाववाच्य—

संदेश-रासक में अधिकांश भाववाच्य अइ प्रत्ययांत मिलते हैं। जैसे—

भुवणुप्परु परिहरवि पसुप्पइ जामिणिहि ।—वही । १८८

संदेश-रासक में 'आण' प्रत्ययांत कर्मवाच्य मिलता है—

भण पिय इकत्ति बलियडइ वेवि समाणा हत्थ । ८०

अवधी में इस प्रकार के प्रयोगों की कमी नहीं है—

जो फरा सो झरा जो बरा सो बुताना। —तुलसी
बिन्दु समानी सिन्धु में। —कबीर

समास—

संदेश-रासक में आये हुए समासों की सबसे बड़ी विशेषता उनकी अनियमितता और स्वतंत्र प्रवृत्ति है। जैसे—

धम्मिल्ल उमुक्क (२५) जिसे नियम के अनुसार उमुक्क धम्मिल्ल होना चाहिए था।

णेवर-चरण विलग्गिवि (२७) जिसे चरण-णेवर विलग्गिवि होना चाहिए था। और—

णव धण-जंति-तलि (१३०) इसे णवधण तालि जंति होना था।

संस्कृत, हिंदी में समासगत नियमों की उपेक्षा करने के उदाहरण कम नहीं हैं। इस विषय में हरिऔधजी के 'प्रिय-प्रवास' में समास संबंधी स्वच्छंदता पूरी तरह बरती गयी है—

बसुमती-अनुराग-स्वरूपिणी,
बिलसती-बहु-वीर बहूटियाँ
या
परम-म्लान हुई बहु-बोलि को,
निरखके फलिता अति पुष्पिता[1] ?

वाक्यगठन—

(क) षष्ठी का कार्यविस्तार—

षष्ठी का कई कारकों के लिए प्रयोग संस्कृत में ही मिलता है। संदेश-रासक में भी इस प्रकार के प्रयोग मिलते हैं।

षष्ठी का कर्म के लिए प्रयोग—

तुअ छड्डिवि हिअयट्ठियह। ७५
मज्झ संतोसिहइ। १९७

षष्ठी का तृतीया के लिए प्रयोग—

दक्खिण मग्गु णियंतह, भत्तिहि
दिट्ठ अइत्थिरिसिउ मइ झत्तिहिं। १५९

---

1. प्रियप्रवास १२।१२, १३।

एम भमंतह सुन्नहियय जं रॅयणि विहाणिय । १६६

हिंदी खड़ी बोली में 'बात का मारा', 'चक्की का पीसा' जैसे प्रयोग इसी तरह के हैं।

षष्ठी का तुलना में प्रयोग—

सुन्नारह जिम (१०८), जम जीहह णं (१३२)

मात्रानुरोध—

पद्यरचना के लिए कवियों को कुछ विशेष अधिकार प्राप्त होते हैं। वे शब्दों को थोड़ा-बहुत इधर-उधर छंद के आग्रह या अन्य किन्हीं कारणों से कर सकते हैं। अपभ्रंश के कवियों को यह रियायत कदाचित् अपेक्षाकृत अधिक मात्रा में मिली थी। उस पर भी परवर्ती अपभ्रंश काव्यों में इस अधिकार का मनमाना दुरुपयोग किया गया है। रासो की भाषा में यह स्वच्छंदता अपनी चरम सीमा पर दिखायी पड़ती है। शब्दों का यह मनमाना प्रयोग संदेश-रासक में भी मिलता है। इसके लिए निम्नलिखित पद्धतियाँ काम में लायी गयी हैं—

१—लघु स्वर को गुरु बना दिया जाता है। लघु को गुरु तीन तरीकों से बनाया गया है।

(क) दीर्घीकरण द्वारा—

पावास < पवास < प्रवास (कहइ रुवइ विलवंती पिय पावासहइ) । ११८

साहार < सहआर < सहकार (हउ किय णिस्साहार पहियसाहारवण) । १३४

अग्गीहर < अग्गिहर < अग्निगृह (सिसिर भइण किञ्उ जलणु सरणु अग्गीहरहि) । १९४

(ख) साधारण व्यंजन को द्वित्त करके—

णवब्भिस < णवभिस < नवबिस (सकलाय णवब्भिस सुद्धगले)। १७१

चिरग्गय < चिरगय < चिरगत (पुण पिउ समरिउ पहिया चिरग्गउ) । १८१

तुस्सार < तुसार < तुषार (अवलोइय धवल हरसेय तुस्सारभरि)।१८४

(ग) अनुस्वार द्वारा—

सुहं < शुभ (सं केवइ जणइ सुहं विआसु) । २०१

२—गुरु अक्षर को लघु बना दिया जाता है। इसके लिए तीन पद्धतियाँ

अपनायी गयी हैं।

(क) दीर्घस्वर को ह्रस्व करके—

झल < झाल < ज्वाला (उल्हवइण केणइ विरहज्झल)। १३७

सियल < सीयल < सीतल (मरु सियलु वाइ महि सीयलंतु)। २१०

(ख) द्वित्त व्यंजन को सरल करके—

उसास < उत् + श्वास (दीह उसासिहि दीहरयणि मह गइय णिरक्खर)। १९१

दुसह < दुःसह (दुसह फुरंत तिव्वमह)। १२०

(ग) अनुस्वार को दुर्बल अर्थात् सानुनासिक बनाकर—

सिंगारु < शृंगार (करिवि सिंगारु विविह आहरणिहिं)। १६७

(घ) कभी छंदानुरोधवश किसी वर्ण का लोप हो जाता है, जैसे—

वक्खर < उवक्खर < उपस्कर (मह साइय वक्खरु हरि गउ तक्खरु)। ९५

(ङ) छंद के अनुरोध से स्वार्थक प्रत्ययों का आगमन

अलिकयउ < अलंकृत + उ, पंकियउ < पंकित + उ मयणवहु मिअ-णाहिण कस्स व पंकियउ।

अन्नह भालु तुरक्कि तिहइ आलंकियउ। ४८

जैसा कि कहा जा चुका है, अब्दुल रहमान ने संदेश-रासक की रचना जन-साधारण के लिए की थी। उस समय तक अपभ्रंश को साहित्यिक मान्यता मिल चुकी थी और उसकी साहित्यिक भाषा, जिसका आधार शौरसैनी थी, परिनिष्ठित हो चली थी। साथ ही साथ ग्राम्य अपभ्रंश का विकास हो रहा था। इस ग्राम्य अपभ्रंश में देशी तत्त्व की अधिकता रही होगी। इसमें परिनिष्ठित अपभ्रंश के व्याकरणिक नियमों का पालन भी उतनी कड़ाई से नहीं हो सकता था। इसी परवर्ती अथवा ग्राम्य अपभ्रंश का विकसित रूप आधुनिक भारतीय आर्य भाषाएँ हैं। संदेश-रासक की भाषा में गुजराती, राजस्थानी, पुरानी ब्रज और खड़ीबोली के पूर्व रूप मिलते हैं।[1]

---

१. संदेश-रासक की भाषा के सम्यक् अध्ययन के लिये श्री हरिवल्लभ भायाणी द्वारा लिखित 'ग्रामर' (संदेश-रासक : सं. श्री जिनविजयमुनि तथा श्री हरिवल्लभ भायाणी एम. ए.) देखिए।

ज्ञात होता है कि संदेश-रासक का रचयिता समादृत मधुर प्राकृत शब्दों और प्राचीन शैली का मोह नहीं छोड़ पाया था। संदेश-रासक के दोहों की भाषा, गाहा, रड्डा तथा अन्य छंदों की भाषा से अधिक विकसित जान पड़ती है। दोहे को अपभ्रंश का अपना छंद कहा गया है। संदेश-रासक का कवि गाहा तथा अन्य छंदों को लिखते समय अपने-आपको संस्कृत, प्राकृत आदि के ज्ञानभार से सर्वथा मुक्त नहीं कर पाता था।

'प्राकृत व्याकरण' और संदेश-रासक के एक ही अर्थ का बोध कराने वाले दोहों की तुलना से भी यह बात स्पष्ट हो जाती है कि संदेश-रासक का दोहा अपेक्षाकृत नवीन है—

जउ पवसन्तें सहुँ न गय न मुअ विओएँ तस्सु।
लज्जिज्जइ संदेसड़ा दिन्तहि सुहय जणस्सु।।

—प्रा० व्या ४।४२१

जसु पवसंत ण पवसिआ मुइअ विओइँ ण जासु।
लज्जिज्जउ संदेसडउ दिंती पहिय पियासु।।

—संदेश-रासक। ७०

संदेश-रासक के दोहों में तस्सु, 'सुहय जणस्सु' जैसे रूप नहीं हैं अपितु 'जासु' और 'पियासु' जैसे क्षतिपूरक दीर्घीकृत शब्द हैं।

प्राकृत व्याकरण में उदाहृत सभी दोहों का भाषा-स्तर एक नहीं है। उनमें कुछ दोहे अपेक्षाकृत प्राचीन ज्ञात होते हैं और कुछ नवीन। दूसरी कोटि के ये दोहे भाषा की दृष्टि से संदेश-रासक के दोहों से बहुत दूर नहीं पड़ते। इसमें कोई संदेह नहीं कि संदेश-रासक की भाषा परिनिष्ठित अपभ्रंश और प्राकृतपैंगलम् की भाषा की कड़ी है, किंतु रासक की भाषा परिनिष्ठित अपभ्रंश से उतनी दूर नहीं है जितनी कि प्राकृतपैंगलम् की भाषा से। ऊपर उद्धृत दोनों दोहों के साथ प्राकृतपैंगलम् के इस दोहे को रखने से इसकी आधुनिकता स्पष्ट हो जाती है—

सुर अरु सुरही परसमणि णहि वीरेस समाण।
ओ वक्कल अरु कठिण तण, ओ पसु ओ पासाण।।

—प्रा० पै० मात्रावृत्तम् ७६

संदेश-रासक में प्रयुक्त छंद

अपभ्रंश साहित्य-छंदों की दृष्टि से अत्यंत समृद्ध है। संस्कृत, प्राकृत और अपभ्रंश इन तीनों भाषाओं की अपनी-अपनी छंदविषयक विशेषताएँ हैं। श्लोक

संस्कृत का, गाहा, प्राकृत का और दोहा अपभ्रंश का मुख्य छंद है। किंतु दोहे में एक ऐसी बात है जो पूर्ववर्ती छंदों में नहीं थी—वह बात तुक मिलाने की है। दोहे की इस विशेषता का परवर्ती भारतीय साहित्य पर अत्यंत व्यापक और गंभीर प्रभाव पड़ा। दोहे का प्रथम प्रयोग 'विक्रमोर्वशीय' में बताया जाता है। यदि विक्रमोर्वशीय का यह दोहा प्रक्षिप्त न हो तो अनुमान किया जा सकता है कि दोहे का आरंभ ईसा की पहली दूसरी शताब्दी तक हो गया था। 'प्राकृत-पैंगलम्' में दोहे से ही मिलते-जुलते एक छंद को 'आभीर छंद' कहा गया है।[1] वस्तुतः दोहा, आभीर, सोरठा ये एक ही जाति के छंद हैं। जैसा कि डॉ० हजारी-प्रसाद द्विवेदी ने लक्षित किया है अहीरों के प्रिय छंद बिरहा का खाका भी दोहे का ही है।[2] जो हो, अपभ्रंश भाषा की भाँति अपभ्रंश के मुख्य छंद 'दोहे' का सम्बन्ध भी कुछ-न-कुछ अहीरों से अवश्य ज्ञात होता है।

दोहा मुक्तक काव्य के लिये अत्यंत उपयुक्त छंद रहा है और चौपाई चरित काव्यों का प्रिय छंद है। साधारणतः यही समझा जाता है कि हिंदी में दोहे-चौपाई में चरितकाव्य लिखने की परंपरा का आरंभ सूफी कवियों ने किया। किंतु अब यह माना जाने लगा है कि इसका आरंभ और पहले से ही हो गया था।[3] अपभ्रंश काव्य कड़वकबद्ध हैं। उनमें पज्झटिका या अडिल्ल की कई पंक्तियों के बाद नियमित रूप से बीच-बीच में एक घत्ता दे दिया जाता है। चार पद्धड़ियों या आठ पंक्तियों का एक कड़वक होता था। घत्ता वस्तुतः एक छंद है किंतु कालांतर में वह केवल एक छेदक छंद के रूप ही समझा जाने लगा। घत्ता या छेदक छंद द्विपंक्तिलेख्य (couplet) होते थे। दोहा, बरवै, सोरठा आदि कई द्विपंक्तिलेख्य छंद 'घत्ता' के रूप में व्यवहृत होते थे। सूफी कवियों के बाद से घत्ता के रूप में दोहों का प्रयोग सबसे अधिक लोकप्रिय हुआ। दोहे का घत्ता रूप में प्रयोग 'थूलभद्द फागु' में भी मिलता है। इसी प्रकार चौपाई और दोहे का साथ-साथ प्रयोग भी प्राचीन ज्ञात होता है।

अपभ्रंश छंदों को मोटे तौर पर दो भागों में बाँटा जा सकता है। पहली

१. प्रा० पैं० मात्रावृत्तम् १७७।

२. हिंदी साहित्य का आदिकाल, पृ० ९२, (प्रथम संस्करण)

३. अइसें विसन संधि को पइखइ। जो जइ अत्थि णउ जावन दीसइ
पंडिअ सअल सत्थ वक्खाणइ। देहहि बुद्ध बसंत ण जाणइ
गमणागमण न तेन विखण्डिअ। तो वि णिलज्ज भणहि हउँ पण्डिअ
जीवंतह जो नउ जरइ,
सो अजरामर होइ।
गुरु उवएसे विमल मइ
सा पर धण्णा कोइ॥
—सरहपा। हिंदी साहित्य का आदिकाल, पृ० ९६ पृ० सं० से उद्धृत।

कोटि में वे छंद आते हैं जो परस्पर या अपभ्रंश महाकाव्यों से संबद्ध हैं। ये शास्त्रीय परंपरा के छंद हैं। दूसरी तरह के वे छंद हैं जो अपभ्रंश मुक्तकों और मागधों द्वारा गाये जाने वाले विविध प्रकार के गानों में मिलते हैं। इन्हें मागध परंपरा के छंद कहा जा सकता है। यह स्पष्ट है कि द्वितीय परंपरा का लोकजीवन से अधिक सम्पर्क था। अतएव इसमें निरंतर संशोधन और परिवर्धन होते रहे हैं। 'स्वयंभू छंदस्' 'छंदानुशासन' और 'कविदर्पण' में अधिकांशतः उन्हीं छंदों के लक्षण मिलते हैं जो शास्त्रीय परंपरा हैं जब कि 'छंदःकोश' और 'प्राकृतपैंगलम्' में मागध परंपरा के अधिकांश छंदों के लक्षण मिलते हैं। 'छंदःकोश' और 'प्राकृत-पैंगलम्' में लक्षणों का संग्रह प्राचीन ग्रंथों के आधार पर अधिक हुआ है।[1]

किंतु इन विभाजनों से यह नहीं समझना चाहिए कि अपभ्रंश महाकाव्यों में केवल 'शास्त्रीय छंदों' का और इतर काव्यों में केवल 'मागध-परंपरा' के ही छंदों का प्रयोग हुआ है। दोनों प्रकार के काव्यों में छंदों के प्रयोग में इस तरह की कोई सतर्कता नहीं बरती गयी है। यह विभाजन केवल सुविधा के लिए किया गया है। अपभ्रंश काव्यों में छंद विविधता का भी प्रचलन था अर्थात् अवसरानुकूल अथवा यों ही थोड़ी-थोड़ी देर बाद छंद परिवर्तित करते चलने की रीति 'करकंडुचरिउ', 'णायकुमारचरिउ' आदि ग्रंथों में मिलती है।

संदेश-रासक में कुल बाईस प्रकार के छंद प्रयुक्त हुए हैं। इतने छोटे-से काव्य में बाईस छंदों का प्रयोग यह सूचित करता है कि उन दिनों थोड़ी-थोड़ी देर पर छंद बदलते रहने की पद्धति व्यापक रूप से अपना ली गयी थी। आगे हम देख चुके हैं कि रासकग्रंथों में 'रास' छंद की प्रमुखता रहती थी। संदेश-रासक में लगभग एक-तिहाई इसी छंद में है और शेष दो-तिहाई इक्कीस छंदों में। संदेश-रासक में प्रयुक्त छंदों का संक्षिप्त विवरण इस प्रकार है :—

(१) रासा (रासक)—काव्यरूप पर विचार करते समय हम इस छंद का उल्लेख कर चुके हैं। रासककाव्यों में यह सर्वप्रमुख छंद होता था। संदेश-रासक की कुल छंद संख्या का एक-तिहाई भाग इसी छंद में है। रासक २१ मात्राओं का छंद है। इसकी अंतिम मात्रा लघु होती है और इसमें ५ मात्राओं के गण का व्यवहार वर्जित है। छंदःकोश में ३१ मात्राओं के छंद का नाम अहाणउ (आभाणक) दिया हुआ है।[2] संदेश-रासक छंद संख्या २६ की टिप्पनक व्याख्या में 'रासक' छंद का जो लक्षण दिया गया है उससे यह स्पष्ट हो जाता है रासक और आभाणक

१. संदेश-रासक 'ग्रामर', पृ० ४६।

२. सी के १७ डिफाइंस 'अहाणउ' ऐज ए मीटर अव २१ मात्रा'—संदेश-रासक : मीटर्स, पृष्ठ ५८।

वस्तुतः एक ही छंद है।[1] इसीलिए श्री भायाणीजी ने छंदों पर विवेचन करते समय 'रासा या आहाणउ' शीर्षक से इस छंद पर विचार किया है।[2]

'प्राकृतपैंगलम्' में 'रासक' या 'रास' नामधारी कोई छंद नहीं मिलता। किंतु इससे मिलते-जुलते 'प्लवंगम' नामक एक छंद का विवरण प्राप्त होता है।[3] हिंदी में अवश्य 'रासा' छंद प्रचलित रहा है। केलाग ने इसका यह उदाहरण दिया है—

करहु कृपा जगस्वामी मेरे साथ हो।
रहिहुं वदा अभिलाषी तेरे हाथ हो॥

२. चउपइय

संदेश-रासक छंद संख्या ८५ के अनुसार ८६ का छंद चउपइय है। किंतु रासक से और उससे कोई अंतर नहीं ज्ञात होता है।

३. लंकोडय

इसी प्रकार २०३वें छंद के अनुसार इसके आगे वाले छंद (२०४) को लंकोडय होना चाहिए। किंतु यह भी लगभग रासा छंद से मिलता-जुलता है। भायाणीजी के अनुसार इस नाम का कोई छंद प्राकृत अपभ्रंश के छंदों पर विचार करनेवाली किसी पुस्तक में नहीं मिलता।[4]

४. अडिल्ला

इस छंद के विषय में छंदःशास्त्रियों में बहुत मतभेद है। किंतु अधिकांश छंदःशास्त्री इस बात पर एकमत हैं कि यह यमकांत होता है अर्थात् इसके चारों पादों के अंतिम शब्दों में यमक होता है। प्रत्येक पंक्ति में १६ मात्राएँ होती हैं। अंतिम दो मात्राएँ लघु होती हैं। भायाणीजी का अनुमान है कि अडिल्ला पहले केवल

---

१. संदेश-रासक में २९वें छंद, जो इस ग्रंथ में प्रयुक्त प्रथम रासक छंद है, की टिप्पनक रूपा व्याख्या से भी रासक और अहाणउ की एकता प्रकट होती है—

मत्त होहि चउरासी चहु पय चारि कल
ते सठि जोणि निबद्धी जाणहु चहु अ दल।
पंचक्कलु वज्जिज्जहु गणु सुद्धि वि गणहु
सो वि आहाणउ छदु केवि रासउ मुणहु

—संदेश-रासक टिप्पनक व्याख्या, पृ० १२

२. संदेश-रासक 'मीटर्स', पृ० ५८।

३. प्रा० पैं० मात्रावृत्तम्, १८६।
ग्रामर ऑफ दि हिंदी लैंग्वेज, पृ० ५७९।

४. No metre with this name is known to the extent treatise on pk and Ap. metres.

एक प्रकार का छंद कौशल था जिसके द्वारा अपभ्रंश छंद में यमक ले आया जाता था किंतु बाद में धीरे-धीरे यह यमकांत छंद का पर्याय हो गया।[१]

प्राकृतपैंगलम् में अडिल्ला छंद का लक्षण इस प्रकार दिया हुआ है[२] :

सोलह मत्ता पाउ अलिल्लह।
वे बि जमक्का भेउ अलिल्लह॥
होण पओहर किं पि अलिल्लह।
अंत सुपिअ भण छंदु अलिल्लह॥

अर्थात् इसके प्रतिपादन में सोलह मात्राएँ होती हैं, दोनों चरणों में यमक होता है। जगण नहीं आना चाहिए और अंतिम दो मात्राएँ लघु होती हैं। केलाग ने[३] भी इसके यही लक्षण बताये हैं और उदाहरण में यह छंद प्रस्तुत किया है—

अब वह आवत वेणु बजावत।
ग्वाल बाल को नाच नचावत॥
लखु अति राजत छवि वह छावत।
झमकि झमकि सब खेल खिलावत॥

५ मडिला

मडिला छंद अडिल्ला का ही किंचित् भिन्न रूप है। यदि छंद के चारों चरणों में एक-एक ही यमक हो तो वह 'अडिल्ला' कहलाता है और यदि पहली दूसरी पंक्तियों के लिए एक यमक हो और तीसरी तथा चौथी पंक्तियों के लिए दूसरा यमक हो तो उस छंद को मडिला कहेंगे। इसके अतिरिक्त अडिल्ला और मडिला में कोई अंतर नहीं होता।

६. पद्धड़िया

पद्धड़िया अपभ्रंश महाकाव्यों का प्रमुख छंद है। कहा जाता है कि 'जिस प्रकार आजकल हम लोग चौपाई लिखने में तुलसीदास की श्रेष्ठता बतलाया करते हैं उसी प्रकार स्वयंभू ने चउम्मुह या चतुर्मुख को पद्धड़िया का राजा बताया था।'[४]

---

१. These facts make it probable that formerly it was a technical device rather than the name of any specific metre···and the result was that it ceased to be general name and came to be specially attached to that particular metre.

२. प्रा० पै० मात्रावृत्तम् १२७।

३. ग्रामर आफ़ दि हिंदी लैंग्वेज, पृ० ५७८।

४. हिन्दी साहित्य का आदिकाल, पृ० ६४।

अपभ्रंश रचनाओं में पद्धड़िया बंध अत्यंत प्रचलित था। यह चौपाई के समीप का छंद है। कभी-कभी तो पद्धड़िया से चौपाई का अर्थ भी ले लिया जाता था।[1]

प्राकृतपैंगलम् में पञ्झटिका छंद का यह लक्षण दिया गया है—

चउमत्त करहु गण चारि ठाइँ।
ठइ अंत पओहर पाइँ पाइँ॥
चउसट्ठि मत्त पञ्झलइ इंदु।
समचारि पाअ पञ्झटिअ छंदु॥[2]

अर्थात् पञ्झटिका में चार चतुर्मात्र गण होते हैं, प्रत्येक पाद के अंत में जगण आता है। चारों पद सम होते हैं। चौसठ मात्रा का यह छंद चंद्रमा के समान अमृत की वर्षा करता है।

७. कव्व अथवा वत्थु

इसमें चार पाद होते हैं। षट्पदी के प्रथम चार पादों के रूप में भी वत्थु प्रयुक्त होता है। प्रत्येक पाद में २४ मात्राएँ होती हैं। कई छंदों का आलोड़न करके अल्सडोर्फ ने यह निश्चित किया था कि कव्व में प्रमुख यति १४ मात्रा के पश्चात् पड़ती है। कालांतर में ११वीं मात्रा के बाद फिर एक मात्रा पड़ने लगी।[3]

८. कामिणीमोहण

भायाणीजी के कथनानुसार 'छंद-कोश' और 'गाथालक्षण' तथा संदेश-रासक के व्याख्याकार के अतिरिक्त अन्य सभी छंदःशास्त्रियों ने इस छंद को 'मदनावतार' की संज्ञा दी है।[4] साधारणतः इसके विषय में यही जाना जाता है कि यह चार पंक्तियों का होता है और इसमें चार पंचमात्राएँ होती हैं।

९. दुवई

विरहांक को छोड़कर प्रायः सभी अपभ्रंश छंदःशास्त्रियों ने इस पर विचार

---

१. हिन्दी साहित्य का आदिकाल, पृ० ९६।

२. प्रा० पैं० मात्रावृत्तम् १२५।

३. संदेश-रासक-मीटर्स पृ० ५८ के इस पंक्ति के आधार पर—
After examining one hundred and odd stanzas from different sources Alsford (KP. P. P. 74-75) comes to the conclusion that the main caesura falls after the 3. (i. e. after the 14 Mora.)

४. All other authorities except the CK (10, 32, 39,) the Gl. (78) and the Vyakhya on the Sr. treat this metre under in the name—
मदनावतार—संदेश-रासक मीटर्स, पृ० ५८।

किया है। यह आश्चर्य की बात है कि यद्यपि इस छंद का नाम दुवई (द्विपदी) है किंतु स्वयंभू, हेमचंद्र, नांदिड्ढ्य, रत्नशेखर और वेलनकर आदि सभी पंडितों के अनुसार यह चार पादों का छंद है। संदेश-रासक की द्विपदी भी चार पादों की है। भायाणीजी के अनुसार अपभ्रंश महाकाव्यों में किसी संधि के प्रारंभिक स्थलों पर यह दो ही चरणों की होती थी[1] और गीतात्मक रचनाओं में चार चरणों की होती थी।[2]

प्राकृतपैंगलम् में इस छंद के दिये हुए लक्षण के अनुसार इसके प्रारंभ में इंद्र (६ मात्रा) दो धनुर्धर(४+४), दो पैंदल (४+४) और अंत में मधुकर(६) होने चाहिए।

प्राकृतपैंगलम् में दुवई का जो उदाहरण दिया गया है वह केवल दो पंक्तियों का है—

> दाणव देब बेबि ढुक्कंतउ गिरिबर सिहर कंपिओ।
> हअ गअ पाअ घाअ उट्ठंतउ धूलिहि गअण झंपिओ ॥[3]

१०. खणिज्ज

इस छंद पर केवल विरहांक ने ही विचार किया है। उन्होंने इसके साथ ही दो और छंद 'सोम्मिआ' और 'संपिंडिया गलिआ' पर भी विचार किया है। 'संपिडिआ गलिआ' का लक्ष्य बताने के उपरांत उन्होंने लिखा कि वह समणिज्ज और सोम्मिआ के समान होता है।[4] संदेश-रासक के व्याख्याकार ने इसे (खणिज्ज को) रासक छंद का ही एक भेद बताया है।

११. गाहा

यह प्राकृत का अपना छंद है। अपभ्रंश काल में भी गाहा में सदैव प्राकृत के ही व्यवहार करने का नियम था। किंतु बाद में अपभ्रंश में गाहा लिखे जाने लगे। किंतु गरिमा उनमें प्राकृतवत् रहती थी। यति की दृष्टि से गाहा के दो भेद किये जाते हैं। मुखविपुला और जघनविपुला। केलाग ने इसकी गणना हिंदी छंदों के अंतर्गत की है। यद्यपि गाहा मूलतः प्राकृत का छंद है किंतु हिंदी में भी इसका व्यवहार किया गया है। केलाग द्वारा उद्धृत गाहा इस प्रकार है—

---

१. संदेश-रासक मीटर्स, पृ० ६१।
२. वही, पृ० १२०।
३. प्रा० पैं० मात्रावृत्तम्, पृ० १५३।
वही, पृ० १५५।
४. वही मीटर्स, पृ० ६१।

आज चलहु सब मथुरा रहत जहाँ दीनबंधु आप अली।
माधो को बंधवावन चाहो चलती कस नहिं अली ।।[१]

१२. दोहा

जिस प्रकार गाहा प्राकृत का छंद है उसी प्रकार दोहा अपभ्रंश का छंद है। आचार्य हजारीप्रसाद द्विवेदी ने इस छंद के विषय में लिखा है कि 'दोहा वह पहला छंद है जिसमें तुक मिलाने का प्रयत्न हुआ और आगे चलकर एक भी ऐसी अपभ्रंश कविता नहीं लिखी गयी जिसमें तुक मिलाने की प्रथा न हो।'[२]

२४ मात्राओं का दो समान पादों का छंद है। यति १३वीं मात्रा के बाद आती है। हिंदी के लिए यह दोहा अत्यंत सुपरिचित है।

१३. चूडिल्लय

प्राकृतपैंगलम् के अनुसार प्रत्येक दोहार्द्ध में पाँच मात्राएँ बढ़ा देने से चूलिआला छंद हो जाता है।[३]

प्राकृतपैंगलम् और केलाग के हिंदी व्याकरण में भी इस पर विचार किया गया है। लक्षणों के विषय में कोई मतभेद नहीं है। हिंदी चूड़ियाला का उदाहरण इस प्रकार है--

मैं अब मिलन चहों सखी जसुमति सुत जहँ होय कता बहु।
झपटि झपटि सब दोरिकै यशुदा नंदन को लखवा बहु ।।[४]

१४. फुल्लय

संदेश-रासक के १०७ वें छंद के अनुसार अगला (१०८वाँ) छंद 'फुल्लय' है। केवल 'वृत्तजातिसमुच्चय' में 'उप्फुल्लक' नामक एक छंद का उल्लेख मिलता है। गणभेद के अतिरिक्त दोहे और फुल्लय में कोई अंतर नहीं है।

१५. डोमिलय

'डोमिलय' का विचार अपभ्रंश छंद के शास्त्रीय विचारकों हेमचंद्रादि ने नहीं किया है। प्राकृतपैंगलम् में ऐसे मात्रावृत्त और वर्णवृत्त दोनों माना है।[५]

---

१. ग्रा० हिं० लैं० पृ० ५६८।
२. हिन्दी साहित्य का आदिकाल, पृ० ६३।
३. प्राकृतपैंगलम्, पृ० १६७।
४. ग्रा० हिं० लैं०, पृ० ५७६।
५. प्रा० पैं० मा०, पृ० १६६।
ग्रा० हिं० लैं० पृ० ५८०।

प्राकृतपैंगलम् के अनुसार दुरमिला छंद में ३२ मात्राएँ होती हैं। मात्राओं का क्रम १०+८+१४ होता है। केलाग ने दुरमिला छंद की मात्राओं का क्रम १०+८+८+६ बताया है। वस्तुतः त्रिभंगी, पदमावती और दुरमिला में कोई महत्त्वपूर्ण भेद नहीं है। केलाग ने दुरमिला छंद का यह उदाहरण दिया है—

इक त्रियबृतधारी, पर उपकारी, नित गुरु आज्ञा अनुसारी।
निरसंचय दाता, सब रस ज्ञाता सदा साधु संगति प्यारी॥

१६. रड्डा

रड्डा दो विभिन्न छंदों से मिलकर बनता है। इसके प्रथम अंश को राढउ कहते हैं। शेष अंश में एक दोहा रहता है। दोहे का विवरण पीछे दिया जा चुका है।

राढउ का प्रथम पाद विषम होता है।[1]

१७. वत्थु अथवा छप्पय

हिंदी पाठकों को इस छंद का भली-भाँति परिचय है। यह भी दो छंदों काव्य और उल्लाला से मिलकर बनता है। काव्य छंद का उल्लेख पहले किया जा चुका है। संदेश-रासक में यह छंद तीन प्रकार का मिलता है। एक चरण को छोड़कर शेष सभी चरण दो मात्रा के हैं। हाँ, उनमें यतिस्थान का अंतर अवश्य है। भायाणी जी ने[2] लक्षणग्रंथों के आधार पर यह निष्कर्ष निकाला है कि छप्पय तीन प्रकार के मिश्रणों से बनते थे। कभी काव्य और उल्लाला मिलते थे, कभी रासा और उल्लाला मिले रहते थे और कभी काव्य रासा संकीर्ण तथा उल्लाला।

'प्राकृतपैंगलम्'[3] में छप्पय का 'वत्थु' नाम नहीं मिलता। कालांतर में छप्पय हिंदी का अत्यंत प्रचलित छंद हो गया। वीरगाथाकाल के चारण कवियों ने इसका खूब प्रयोग किया। चंद को तो 'छप्पय का राजा' कहा जाता था। युद्ध का वर्णन करते समय तुलसी ने भी छप्पय का व्यवहार किया है।

१८. खडहडय

'वृत्तजातिसमुच्चय' के अनुसार भमरावलि और गाहा के मिलने से खडहडय बनता है।[4] संदेश-रासक में इसे मित्र छंद की तरह न मानकर भमरावलि और

---

१. संदेश-रासक, पृ० २२।

२. संदेश-रासक, मीटर्स, पृ० ६८।

३. प्रा० पैं० मात्रा, पृ० १०५।

४. V. J. S. (वृत्तजातिसमुच्चय) IV 73 says that when भमरावलि is combined with गाथा the result is खडहडय —संदेश-रासक मीटर्स, पृ० ६९ से उद्धृत।

गाथा दोनों को अलग-अलग दो छंद मान लिया गया है।

१९. खंधय

संदेश-रासक के ११८वें दोहे के अनुसार ११९वें दोहे का नाम खंधय है। किंतु जहाँ खंधय में प्रत्येक पाद में ३२ मात्राएँ होनी चाहिए वहाँ इसमें केवल ३० ही मात्राएँ हैं, जिसे छंदःशास्त्र के अनुसार उद्गाथ कहा जाना चाहिए। जो हो, संदेश-रासक में खंधय के नाम पर निम्नलिखित छंद दिया हुआ है।

'प्राकृतपैंगलम्' के अनुसार इस छंद का लक्षण इस प्रकार है :—

चउमत्ता अट्ठगणा
पुव्बद्धे उत्तरद्ध होइ सम रूआ
सा खंधआ विआणहु
पिंगल पभणेइ मुद्धि बहु संभेआ।

अर्थात् इसमें चतुर्मात्रा के आठ गण होते हैं। पूर्वार्द्ध उत्तरार्द्ध समरूप होते हैं और इसके अनेक भेद होते हैं।

शेष तीन प्रकार के छंद मालिनी, नंदिणि और भमरावलि वर्णवृत्तक हैं। इनके विषय में एक ध्यान देने योग्य बात है कि इनकी भाषा प्राकृतिक रंजित अपभ्रंश है।

ये छंद अपेक्षाकृत प्राचीन ज्ञात होते हैं।

२०. मालिनी

मालिनी नामक प्रसिद्ध छंद का उदाहरण भी निम्नलिखित है—

मालिनी छंद का लक्षण 'प्राकृतकौलम्' में यह बताया गया है कि उसमें प्रथम दो रस (३ मात्रा) फिर तीन चमर (गुरु) फिर एक शर (लघु) दो गुरु फिर एक गंध (लघु) और दो कर्ण (गुरु) होते हैं। प्राकृतपैंगलम् में मालिनी के उदाहरणस्वरूप यह छद दिया गया है :—

बहइ मलअ बाआ, हंत कंपंत काआ
हणइ सबण रंधा कोइला लाव बंधा।
सुणिअ दह दिहासुं भिग झंकार भारा
हणिअ हणइ हंजे चंड चंडाल मारा।[1]

---

१. प्रा० पैं० वर्णवृत्तम् १६४,
……१६५

२१. नंदिणि

इस छंद का 'नंदिणि' नाम केवल 'वृत्तजातिसमुच्चय' और संदेश-रासक तथा उसकी टीका में मिलता है।[१] भायाणीजी के मत से यह 'तोटक' छंद का ही दूसरा नाम है।[२] 'वृत्तजातिसमुच्चय' में इसी छंद की परिभाषा छित्तय नाम से भी की गई है।[३]

२२. भमरावलि

तोटक और भमरावलि में कोई विशेष अंतर नहीं है। नंदण में जब एक सगण जोड़ दिया जाता है तो वह भमरावलि कहलाता है।[४] वृत्तजातिसमुच्चय में इस छंद की परिभाषा दो बार की गयी है।

'प्राकृतपैंगलम्' में इस छंद का लक्षण बताते हुए कहा गया है कि इसमें प्रत्येक पंक्ति में पाँच सगण (करपञ्च) होते हैं और पाँच गुरु तथा दस लघु मात्राएँ होती हैं।[५]

संदेश-रासक में ये २२ प्रकार के छंद व्यवहृत हुए हैं। इन छंदों को ध्यान-पूर्वक देखने से ज्ञात होता है कि मुख्यतः इन्हें पाँच कोटियों में रखा जा सकता है—

१—चार चरणों के छंद—जैसे अडिल्ला, मडिला, रासा, चउपइय, लंकोडय, पद्धड़िया, कव्य अथवा वत्थुय, कामिण, मोहण दुवई और खपिज्ज।

२—दोहा की तरह के छंद—जैसे दोहा, चूडिल्लय और फुल्लय।

३—अंत्यानुप्रासिक छंद—जैसे डोमिलय,

४—मिश्र छंद—रज्डा, वत्थु अथवा छप्पय और खडहडय

५—गाथा की तरह के छंद—जैसे गाहा, खंधय, मालिनी, नंदिणि और भमरावलि।

संदेश-रासक में प्राप्त इन छंदों पर विचार करने से ज्ञात होता है कि कई छंदों

---

१. Only V. J. S. III 20 and the text and the comm. of the Sr. (st. 170) Support the name

नंदिनी और नंदणि—वही मीटर्स, पृ० ७१

२. It is nothing but the commonly known तोटक वही.

३. V. J. S. IV 54 again defines this metre under the name छित्तय (-स्पृष्टक)

४. प्रा० पैं० वर्णवृत्तम् १५४

५. When तोटक is extended by सगण we get भमरावलि—संदेश-रासक मीटर्स पृ० ७१।

का विकास प्रायः किसी एक मुख्य-छंद के आधार पर हुआ है। जैसे दोहा के गण में अंतर कर देने से फुल्लय या नंदिणि में एक सगण बढ़ा देने से भमरावलि छंद हो जाता है। मिश्र छंदों में दो छंदों को एक साथ मिलाकर एक नवीन छंद बना लिया जाता है। जैसे राडउ और दोहा मिलाकर रड्डा या काव्य और उल्लाला को मिला देने से वत्थु बनने के उदाहरण मिलते हैं। स्पष्ट ही छंदों में इस प्रकार विकार, संशोधन और परिवर्धन चारण, मागधों या जनसाधारण के अतिव्यवहार के कारण हुआ होगा।

संदेश-रासक में प्राप्त छंदों का विकास हिंदी कविता में देखा जा सकता है। हिंदी के प्राचीन काव्य ग्रंथों में संदेश-रासक में मिलने वाले कई छंद मिल जाते हैं। रासो जैसे विशाल काव्य में संदेश-रासक का शायद ही कोई छंद छूटा हो। केशव-दास की रामचंद्रिका तो एक प्रकार से विविध छंदों की प्रदर्शिनी ही है। इससे दो बातों का पता चलता है। एक तो यह कि अपभ्रंश के छंदों की परंपरा हिंदी में चलती ही नहीं रही बल्कि उनमें वृद्धि और विकास भी होता रहा है। दूसरे यह कि प्रारंभिक हिंदी काव्यों में छंदबहुलता का कारण अपभ्रंश काव्यों की छंद-बहुलता है।

इस प्रकार हम देखते हैं कि हिंदी साहित्य में प्रयुक्त होने वाले कई मुख्य छंदों का अस्तित्व प्रायः ज्यों का त्यों, अथवा प्रारूप, अपभ्रंश काव्य में उपस्थित है, जिनकी जानकारी संदेश-रासक के माध्यम से की जा सकती है। उसके अनेक छंद लगभग उसी रूप में 'प्राकृतपैंगलम्' में मिल जाते हैं। केलाग द्वारा विवेचित अनेक छंद भी संदेश-रासक में प्राप्त होने वाले अनेक छंदों के विकसित रूप हैं।

काव्य प्रस्तावना

संदेश-रासक, रासक काव्यरूप की विशेषताओं से संयुक्त तीन प्रक्रमों में विभाजित दो सौ तेईस छंदों का एक छोटा-सा विरह काव्य है, जिसमें कथावस्तु का कोई विशेष महत्त्व नहीं है। विरहिणी नायिका का पथिक के द्वारा अपने प्रिय के पास संदेश भेजना भारतीय साहित्य में अति प्रचलित काव्य-रूढ़ि है। किन्तु संदेश-रासक की विशेषता उसके कथानक में नहीं, उसकी अभिव्यक्ति और कथनशैली में है। महाकाव्य या भारी भरकम काव्य न होने के कारण अद्दहमाण को छोटी-छोटी बातों का विशद वर्णन करने का अवसर नहीं था फिर भी जिस मार्मिकता, संयम और सहृदयता का परिचय कवि ने दिया है वह उसकी कवित्व शक्ति, पांडित्य, परंपरा-ज्ञान और लोकवादिता की पूर्ण प्रतिष्ठा पाठक के हृदय में कर देती है।

अद्दहमाण भारतीय साहित्य की परंपरा के अनुसार सर्वप्रथम ईशवंदना और आत्मपरिचय में प्रवृत्त होते हैं। वंशनाम और ग्रंथ आदि का उल्लेख करते हुए वह

पूर्ववर्ती कवियों की स्तुति करते हैं। ठीक कालिदास, भवभूति आदि संस्कृत कवियों तथा जायसी, तुलसी इत्यादि परवर्ती कवियों की भाँति, पूर्वकवियों की तुलना में अपनी हीनता और असमर्थता प्रकट करते हैं। किंतु अद्दहमाण केवल अपनी असमर्थता ही प्रकट नहीं करते हैं। सीमाओं को स्वीकार करते हुए भी तेवर के साथ वे कवि कर्म के लिए अपने अधिकार की घोषणा उच्च स्वर से करते हैं। क्या हुआ यदि वे बहुत बड़े कवि नहीं हैं। संसार में छोटों को भी तो कुछ करने का अधिकार है। यदि रात्रि में चंद्रमा अपनी षोडश कलाओं से उदित होकर लोक का चित्त हर लेता है तो क्या रात्रि समय घर में दीपक न जले। वसंतकालीन तरुशिखरासीन कोयलों की सुंदर वाणी सुनकर घर की मुडेरों पर बैठे हुए कौवे न करकराएँ[1] इत्यादि, इत्यादि। अंततोगत्वा अद्दहमाण पाठक से मनवा लेते हैं कि जैसी जिसकी काव्यशक्ति है उसको उसी से काव्यरचना करनी चाहिए। यह भी कोई बात हुई कि ब्रह्मा ने वेदों की रचना कर दी तो शेष कवि आतंक के मारे कविता ही न करें।

> जा जस्स कव्वसत्ती सा तेण अलज्जिरेण भणियव्वा।
> जइ चउमुहेण भणियं ता सेसा मा भणिज्जंतु ॥[2]

ज्ञात होता है कि ग्रंथ के प्रारंभिक अंश में इस प्रकार तर्कपूर्ण युक्तियों को प्रस्तुत करना तत्कालीन काव्य पद्धति की एक रूढ़ि बन गयी थी। 'पृथ्वीराज रासो' के भी प्रारंभिक कई गाहाओं में लगातार इसी प्रकार की बात कही गयी है। यदि बड़े लोग दुग्ध-शर्करायुक्त भोजन करें तो क्या गुर्जरी रब्बड़ी खाकर न जिये ? या यदि वसंत में आम्रवनों को कोकिल मनोहर स्वर से पूरित कर दे तो क्या बबूल के वृक्ष पर बैठ कबूतर गुटरगूँ न बोलें ?[3]

इसके अतिरिक्त यदि अद्दहमाण की कविता महान् कवियों जैसी सरस न भी हुई तो भी उसमें एक यह विशेषता तो है ही कि वह सर्वजनसुलभ है। जिस प्रकार पात्र दुर्लभ होने पर लोग शतपत्रिका में ही आश्वस्त हो लेते हैं उसी प्रकार जिन लोगों को प्राचीन कवियों की रचनाएँ रस नहीं दे पातीं उन सबको संदेश-रासक का कवि काव्य-रस पान के लिए निमंत्रण देता है। इससे यह भी ज्ञात होता है कि इस ग्रंथ की रचना करते समय अद्दहमाण का दृष्टिकोण लोकवादी था। उन्होंने

---

१. संदेश-रासक १।८, ९

२. संदेश-रासक १।१७

३. पय सबकरी सुभत्तौ। उकतौं कनय राय भोयंसी।
करकंसी गुज्जरीय। रव्वबरियं नैव जीवंति ॥
बर बबूर बिरष्षं। कपोतयं नैव कलयंति।
—संक्षिप्त पृथ्वीराजरासो पृ० ३ सं० डॉ० हजारीप्रसाद द्विवेदी : नामवर सिंह।

संदेश-रासक का प्रणयन, साधारण जनों को दृष्टि में रखकर, उनके आनंद और विनोद के लिए किया था, पंडितों और विद्वानों के लिए नहीं। वे संदेश-रासक के पाठक का हाथ पकड़कर कहते हैं कि जो लोग पंडित और मूर्ख में भेद करते हैं अर्थात् जो अपने को साधारण जनों की अपेक्षा अधिक विद्वान् समझते हैं उनके सामने इसे मत पढ़ना।[१]

अद्दहमाण को आशंका है कि पंडितम्मन्य और मूर्ख दोनों को उनके काव्य का आनंद उठाने में बाधा होगी। अपने को विद्वान् मानने वाले इसे असंस्कृत भाषा नें रचित होने के कारण निम्नकोटि का समझेंगे और अज्ञानी अज्ञान के कारण इसमें प्रवेश नहीं पा सकेंगे। अतएव जो न पंडित हैं और न मूर्ख हैं अर्थात् साधारण जन हैं उन्हीं के सामने इसे पढ़ना उचित होगा।[२]

ग्रंथ के श्रोताओं की योग्यता बताकर अंत में वे ग्रंथ की विशेषता बताते हैं। यह बताते समय अद्दहमाण संदेश-रासक का मूल विषय और रस बता जाते हैं, जिससे प्रारंभ में ही प्रकट हो जाता है कि संदेश-रासक शृंगारपरक काव्य है, क्योंकि उन्हीं के शब्दों में संदेश-रासक—

अनुरागियों का रतिगृह, कामियों का मन हरने वाला, काम में प्रवृत्त जनों के पथ का प्रकाशक, विरहिणियों के लिए मकरध्वज और रसिकों के लिए शुद्ध रस संजीवनकारी है।[३]

रूप-वर्णन और औपम्य विधान

भारतीय साहित्य के आचार्यों ने इतर क्षेत्रों की भाँति रूप-वर्णन को भी नियमबद्ध कर दिया था। विशिष्ट अंगों की उपमा विशिष्ट वस्तुओं से देने की मर्यादा बाँध दी गयी थी। मध्ययुगीन छोटे-बड़े प्रायः सभी कवियों ने उसी चिराचरित परिपाटी का पालन किया है। यह सूची बड़ी लम्बी-चौड़ी है और कवियों को इसमें से इच्छानुसार उपमान चुन लेने की यथेष्ट स्वच्छंदता है फिर भी कवियों की कल्पना को इस प्रकार सीमित दायरे में बाँध देना साहित्य के लिए बहुत शुभ नहीं सिद्ध हुआ। १४वीं शताब्दी की कही जाने वाली पुस्तक 'वर्णरत्नाकर' में कवि शिक्षा के लिए उपयोगी अनेक वर्णनों का संग्रह है।[४] प्राचीन साहित्य में प्रयुक्त उपमानों की वृहद् सूची आचार्य हजारीप्रसाद द्विवेदी ने अपने 'हिंदी साहित्य की भूमिका के' परिशिष्ट में दी है।

१. संदेश-रासक १।२०
२. वही, १।२१
३. वही, १।२२
४. वर्णरत्नाकर—सं० सुनीतिकुमार चटर्जी और बबुआ मिश्रा, बिब्लियोथिका इण्डिका १९४० ई०।

सूची प्रस्तुत रहने पर भी इन उपमानों का प्रयोग करने में कवि प्रतिभा की परीक्षा हो जाती थी। रूप-वर्णन में प्रवृत्त कवियों ने यद्यपि उपमान एक ही प्रकार के जुटाए हैं फिर भी जहाँ प्रतिभाशाली जागरूक कवि अपनी सहृदयता और सौंदर्य-बोध के कारण रूप सौंदर्य चित्रित करने में सफल हुए हैं वहाँ मध्यम कोटि के कवियों का रूप-वर्णन आँखों के सामने कोई सुषमित चित्र खड़ा करने के स्थान पर उपमानों की तालिका उपस्थित कर देता है।

संदेश-रासक के कवि ने भी यद्यपि रूप-वर्णन के लिए अधिकांशतः परंपरा-गृहीत उपमानों का ही आश्रय लिया है फिर भी उसने अपने हृदय-रस से स्निग्ध करके उसे वास्तविक और हृदयस्पर्शी बना दिया है। कहीं-कहीं अद्दहमाण ने स्वच्छंद कल्पना-शक्ति का भी परिचय दिया है जो उनके संवेदनशील कवित्व का परिचायक है। जैसे केशों की उपमा 'अलिकुलमाला' से देने के पूर्व वे उसकी उपमा पिशुन की कुटिलता से देते हैं![1]

'संदेश-रासक' में एक ही स्त्री-पात्र होने के कारण केवल विरहिणी नायिका के ही रूप-वर्णन का अवकाश है। यत्र-तत्र नगर या षड्ऋतु वर्णन के प्रसंग में साधारण स्त्रियों का वर्णन भी कवि लगे हाथों कर जाता है। उस प्रोषितपतिका का रूप-वर्णन भी जमकर एक ही स्थान पर किया गया है। अन्य स्थानों पर उसकी विरह-दशा की व्यंजना के लिए ही आनुषंगिक रूप से उसके रूप या शरीर चेष्टाओं को वर्णन कर दिया गया है।

द्वितीय प्रक्रम के प्रारंभ में ही विजयनगर की विरहिणी की अवस्था का वर्णन करते हुए कवि उसे भिड़ के समान पतली कमर वाली, हंसगामिनी और 'कनकांगतनु' कहता है।[2]

किंतु हृदय खोलकर उस नायिका के रूप-वर्णन का अवकाश कवि को तब मिलता है जब वह पथिक के पास पहुँचती है। पथिक के नेत्रों ने उस नायिका को इस रूप में देखा—

'उसकी अति कुटिल केशराशि नदी की जल-बीचियों के समान थी। वे कृष्णत्व के कारण भ्रमर समूह की भाँति लगती थीं। उसका मुख रात्रि के तम को नष्ट करने वाले अमृतस्रावी निष्कलंक पूर्ण चंद्रमा के समान था। दोनों नेत्र कमल-दल के समान दीर्घ और रक्ताभ थे। दोनों कपोल दाड़िम-कुसुम-समूह की भाँति दिखलायी पड़ते थे। उसके बाहु-युगल स्वर्ग-सरोवर में उत्पन्न दोहरे मृणाल-नाल की तरह थे। दोनों स्तन कठोर और नित्य उन्नत खड़े रहने के कारण दुष्ट और परस्पर मिले रहने के कारण स्वजन की भाँति थे। पर्वतीय नदी के गंभीर आवर्त की भाँति उसकी नाभि थी। इसकी कटि मनुष्य के सुखों की भाँति तुच्छ थी।

---

१. संदेश-रासक २।३२

२. २।२४

कदलीस्तंभ से अधिक मनोरम और सुरम्य उसकी जंघाएँ थीं। उसके चरणों की अंगुलियाँ पद्मराग के समान थीं। नख स्फटिकखंड के समान थे। अंगुलियों पर रोमराजि कोमल मृणालतन्तुओं के समान शोभित होती थी।'[1]

रूप-वर्णन में घुमा-फिराकर संदेश-रासक के कवि ने इन्हीं उपमानों का प्रयोग किया है। मुख के लिए अमृतस्रावी चंद्रमा की उपमा अद्दहमाण को बड़ी प्रिय है। एक स्थान पर उन्होंने केवल जांघों के लिए नहीं प्रत्युत संपूर्ण शरीर की सरस कोमलता के लिए कदली की उपमा दी है।[2]

संदेश-रासक में आये हुए उपमानों की संक्षिप्त तालिका इस प्रकार बनायी जा सकती है—

उपमेय	उपमान
१. शरीरकांति	स्वर्णाभा
२. केश	जलकल्लोल, भ्रमरावलि
३. मुख	अमृतस्रावी चंद्रमा, कमल
४. नेत्र	कमल
५. कपोल	दाड़िम पुष्पसमूह
६. बाहु	दोहरे कमलनाल
७. स्तन	कलश, सज्जन, दुर्जन
८. नाभि	पर्वतीय नदी का आवर्त
९. कमर	भिड़ की कमर, मनुष्य का सुख
१०. ऊरु	कदली स्तंभ
११. पैरों की उँगलियाँ	पद्मराग
१२. नख	स्फटिक-खंड
१३. रोम	मृणालतंतु
१४. गति	हंसगमन
१५. विरहजन्य श्यामता	राहुग्रहण, धूमकी कालिमा[3]

इस अध्याय के प्रारंभ में 'वर्णरत्नाकर' नामक जिस ग्रंथ की चर्चा की गयी थी उसमें गिनाये हुए अधिकांश उपमान और संदेश-रासक में प्रयुक्त उपर्युक्त उपमान एक ही नहीं हैं। फिर भी समता के लिए वर्णरत्नाकर में दिये हुए कुछ उपमान ढूँढ़े जा सकते हैं।[4]

---

१. संदेश-रासक, २।३२-३९

२. वही, २।१२३

३. वही, २।२४
—वही २।१२२

४. पूर्णिमाक चाँद अमृत पूरल अहसन मुह·········

मध्यकालीन कई संस्कृत और अपभ्रंश तथा हिंदी कवियों के रूप-वर्णन पर तुलनात्मक विचार करते हुए यह निस्संकोच भाव से कहा जा सकता है कि अद्दहमाण ने उनकी भाँति कहीं भी केवल चमत्कारी उपमानों का सहारा लेकर रूप-वर्णन के नाम पर खिलवाड़ नहीं किया है। इसमें कोई संदेह नहीं कि चंद और जायसी इत्यादि ने अत्यंत उपयुक्त उपमानों के व्यवहार से शरीर-सौंदर्य का उत्कृष्ट वर्णन प्रस्तुत किया है। फिर भी वे चमत्कारप्रियता के लोभ से अपनी रक्षा सर्वत्र नहीं कर सके हैं।[1]

कवियों की कारीगरी से अपरिचित सहृदय पाठक के लिए इन दाँव-पेंचों में कुछ नहीं है। रीतिकालीन कवियों में इस प्रकार की करामात दिखाने का बड़ा चाव था।

संदेश-रासक के कवि ने स्वाभाविकता की उपेक्षा कहीं नहीं होने दी है। परंपरा विहित उपमानों को ग्रहण करने पर भी उन्होंने अपनी मौलिकता और सूक्ष्म निरीक्षण का पूरा उपयोग किया है। केशराशि को उपमा नदी जलकल्लोल से देने की चर्चा की जा चुकी है। कटि की तुच्छता को मर्त्य सुख से और स्तनों की दुर्जन और सज्जन से दी गयी उपमाएँ ध्यान देने योग्य हैं।

संदेश-रासक के रूप-वर्णन की प्रमुख विशेषता यह है कि कवि उपमानों की योजना इस ढंग से करता है कि वे केवल शारीरिक सौंदर्य का बाह्य चित्र ही नहीं उपस्थित करते बल्कि अपना प्रभाव हृदय पर भी छोड़ते हैं, अर्थात् कवि ने उपमान केवल रूपगत साम्य के आधार पर ही नहीं चुने हैं बल्कि रूप-वर्णन में प्रभावसाम्य का पूरा ध्यान रखा है। किसी अंग के समान कोई अन्य वस्तु ढूँढ़ निकालना उतनी बड़ी बात नहीं है। कवित्व की वास्तविक परीक्षा उस वस्तु को पहचान लेने में है, जिसके दर्शन से हृदय पर वैसा ही प्रभाव पड़ता हो जैसा कि उपमेय को देखने से पड़ता है। शरीर-साम्य के लिए बाह्य उपमान केवल नेत्रों की सहायता से जुटाये जा सकते हैं, किंतु प्रभावसाम्यमूलक उपमान ढूँढ़ने में हृदय का पूर्ण योग रहता है। कहने की आवश्यकता नहीं कि सच्चे कवि की सफलता इसी प्रकार के

वाहं युगलक शोभा देषिपुक नाल पंक निमग्न भेल·········जंघ
युगलक शोभा देषि कदली विपरीत गति कइलि।

—वर्णरत्नाकर, द्वितीय कल्लोल, सखी वर्णना।

१. कुञ्जर उप्पर सिंघ सिंघ उप्पर दोय पव्वय।
पव्वय उप्पर भृंग भृंग उप्पर सति सुभ्भय।
ससि उप्पर इक कीर कीर उप्पर मृग दिट्ठौ,
मृग उप्पर कोबंद संध कंद्रप्प बयट्ठौ॥
अहि मयूर महि उप्परह हीर सरस हेमन जर्‌यो।
सुर भुवन छँडि कवि चंद कहि तिहि घोषै राजन पर्‌यो।

—पृथ्वीराजरासो, कनवज्ज समय।

उपमानों को आँकने में है जो केवल बाह्य शरीरसाम्य पर ही न आधारित हों अपितु जो शरीर-सौंदर्य के साथ-साथ हृदय पर पड़ने वाले प्रभाव से भी समानता रखते हों।[1]

संदेश-रासक में ऐसे कई मार्मिक उपमान हैं जो शरीर की बाह्य दशा के अंकन की अपेक्षा अन्तर्दशा का चित्रण अत्यन्त मार्मिक ढंग से करते हैं। ऐसे स्थलों पर अद्दहमाण की संवेदनशीलता और सशक्त कवित्व देखा जा सकता है। उदाहरणार्थ, पथिक के यह बताने पर कि वह खंभात (जहाँ विरहिणी का पति गया था) जा रहा है, कवि ने नायिका की प्रतिक्रिया इस प्रकार व्यक्त की है—

एय वयण आयन्नवि सिंधुब्भववयणि,
ससिवि सासु दीहुन्हउ सलिलुब्भवनयणि।
तोडि करंगुलि करुण सगग्गिर गिरपसरु,
जालंधरिव समोरि मुंध थरहरिय चिरु।[2]

इसी प्रकार एक दोहे में रूपक के माध्यम से हृदय को स्वर्णकार, विरह का अग्नि और आशा को जल बताकर एक अन्तःस्पर्शी चित्र खींचा गया है—

सुन्नारह जिम मह हियउ, पिय उक्किख करेइ
विरहहुयासि दहेवि करि, आसाजलि सिंचेइ॥[3]

इस तरह हम देखते हैं कि संदेश-रासककार ने यद्यपि अधिकांशत परंपरागृहीत उपमानों का ही प्रयोग किया है फिर भी अपनी काव्योचित सहृदयता से उन्हें प्राणवंत बना दिया है। कहीं-कहीं अद्दहमाण ने स्वच्छंद पद्धति विरल प्रयुक्त या नये उपमानों का प्रयोग करके अपनी मौलिकता का भी परिचय दिया है। संदेश-रासक में केवल बाह्य रूप-वर्णन ही नहीं है अपितु गहरे जाकर हृदय पर पड़ने-वाले रूप-प्रभाव को भी उपमानों के माध्यम से व्यक्त किया गया है।

संदेश-रासक में प्रकृति-वर्णन

काव्य में प्रकृति-वर्णन दो रूपों में पाया जाता है। प्रकृति का स्वतंत्र, आलंबन रूप में और नायक-नायिका के भावों के उत्तेजक उद्दीपन रूप में। बाह्य

---

१. नासिक खरग देऊँ कह जोगू, खरग खीन वह बदन संजोगू।
नासिक देख लजानेउ सूआ, सूक आइ बेसिर होई ऊआ
सुआ जो पिअर हिरामन लाजा, और भावका बरनों राजा।
—पद्मावत, नखशिख-खंड।

२. संदेश-रासक, २।६६।

३. वही, २।१०८।

प्रकृति का प्रभाव हमारी अंतःप्रकृति पर अपने आप पड़ता है। संस्कृत साहित्य में स्वच्छंद प्रकृति-वर्णन की महती परंपरा है। आदिकवि वाल्मीकि और कालिदास ने अपने महाकाव्यों में प्रकृति के नाना रूपों का वर्णन जिस सूक्ष्म दृष्टि से किया है वह अन्यत्र दुर्लभ है। इन कवियों ने प्रकृति के केवल भव्य रूपों का ही अंकन नहीं किया है बल्कि साधारण से साधारण वस्तु के भी मनोहर पक्ष का उद्‌घाटन अपनी सर्वग्राही रसात्मकता के बल पर किया है। वाल्मीकि ने केवल तुषाराच्छादित पर्वत-श्रेणियों, कल-कल-निनादमुखर निर्झरों, शुभ्राकामंडित शरद् रजनी तथा सर्ज कदंब-पुष्पों से व्यामिश्र पर्वत सानु ताम्र सरिताओं का ही वर्णन नहीं किया है, बल्कि पाला गिरने से गीली घासों पर पड़ती हुई धूप की शोभा, अति शीतल हेमंतकालीन जलस्पर्श से वन्य द्विरद का वितुण्डसंकोचन तथा जीर्ण होकर झड़े हुए पत्तों वाले, टूटी छितरी केसरकर्णिक वाले पाले से ध्वस्त नालमात्र शेष कमलों का भी वर्णन किया है।[1]

इसी प्रकार कालिदास ने जहाँ एक ओर हिमालय का अद्वितीय वर्णन किया वहाँ वर्षाकाल में मेघगर्जन से समुत्पन्न कुकुरमुत्तों की भी उपेक्षा नहीं की।[2] वे मेघ के साथ आकाश में रत्नच्छायाव्यतिकर इंद्रधनुष की शोभा में नहीं निमग्न रहे। उन्हें भ्रूविलासानभिज्ञ जनपदवधुओं की निरीह भावनाओं का भी आदर करना था। अलका के अलौकिक पुष्पोद्यान को तो उन्होंने सराहा ही, किंतु शीघ्र ही जोते हुए खेतों की सोंधी-सोंधी गंध में भी उनका कविहृदय थोड़ी देर के लिए बिलम गया।[3]

किंतु हिंदी काव्य के उदय काल में प्रकृति के इस स्वच्छंद वर्णन की प्रणाली समाप्तप्राय हो चुकी थी। मध्यकालीन संस्कृत कवियों ने साहित्य के प्रत्येक क्षेत्र की भाँति प्रकृति-वर्णन में भी बँधी-बँधाई परिपाटी का ही अनुसरण किया है। आरंभिक हिंदी कविता के लिए अपने समकालीन संस्कृत साहित्य से प्रभावित होना अनिवार्य था। फलतः तत्कालीन हिंदी कविता में भी स्वतंत्र प्रकृति-वर्णन का अभाव है। इन कवियों की कल्पना प्राकृतिक दृश्यों के चित्रण में वाल्मीकि, कालिदास, भवभूति आदि की भाँति ऐसे रूपों की योजना करने में नहीं प्रवृत्त होती थी जिनसे किसी दृश्य का पूर्ण चित्र आँखों के सामने उपस्थित हो और जो चित्र स्वतंत्र रूप से स्वयं पाठक, या श्रोता के भाव के आलंबन हों।

परवर्ती कवियों में स्वतंत्र प्रकृति-वर्णन का क्रमशः लोप हो गया। माघ आदि धुरंधर पंडित कवियों में वाल्मीकि, कालिदास और भवभूति का शुद्ध प्रकृति-प्रेम नहीं मिलता।

---

१. वाल्मीकि रामायण अरण्य कांड। १६।२०, २१, २६।

२. पूर्वमेघ १०।

३. वही, १६।

आचार्य रामचंद्र शुक्ल का अनुमान है कि 'कालिदास के समय से, या उसके कुछ पहले ही से, दृश्य-वर्णन के संबंध में कवियों ने दो मार्ग निकाले। स्थल-वर्णन में तो वस्तु-वर्णन की सूक्ष्मता बहुत दिनों तक बनी रही, पर ऋतु-वर्णन में चित्रण उतना आवश्यक नहीं समझा गया जितना कुछ इनी-गिनी वस्तुओं का कथनमात्र करके भावों के उद्दीपन का वर्णन'।[1] शुक्लजी ने आगे लिखा है कि 'जान पड़ता है ऋतु-वर्णन वैसे ही फुटकर पद्यों के रूप में पढ़ा जाने लगा जैसा बारहमासा पढ़ा जाता है। अतः उनमें अनुप्रास और शब्दों के माधुर्य आदि का ध्यान अधिक रहने लगा।' संस्कृत साहित्य में ऋतु-वर्णन सबसे पहले शायद 'ऋतुसंहार' में ही मिलता है। उसमें कालिदास ने इतर स्थलों की भाँति शुद्ध प्रकृति-वर्णन नहीं किया है अपितु विविध वस्तुओं में प्रकृति का उद्दीपन रूप चित्रित किया है और उसे मनुष्यों के केलिविलास के ही संदर्भ में देखा है। 'मेघदूत' के प्रकृति-चित्रण और ऋतुसंहार के प्रकृति-चित्रण में उद्देश्यभिन्नता स्पष्ट है। इसे दोनों की तुलना करके भलीभाँति देखा जा सकता है।

कभी-कभी कवियों ने एक साथ ही सभी ऋतुओं का वर्णन विशिष्ट पद्धति में न करके यथावसर पात्रों के मुँह से ऋतुसौंदर्य का उद्घाटन करवाया है। कहीं-कहीं इस प्रकार के वर्णन इतने सुन्दर और स्वाभाविक हैं कि वे स्वतंत्र प्रकृति-वर्णन से कम अच्छे नहीं ठहराए जा सकते। राजशेखर की कर्पूरमंजरी में इस प्रकार के कई सुंदर प्राकृत श्लोक मिलते हैं।[2]

हम पहले देख चुके हैं कि परवर्ती काव्य में प्रकृति-चित्रण मुख्यतः उद्दीपन के रूप में ही होने लगा। महाकाव्यों में तो अधिक अवकाश होने और लक्षण-पालन के लिए स्वतंत्र प्रकृति-वर्णन के लिए थोड़ा-बहुत बहाना मिल भी जाता था, किंतु लघुतर काव्यों में इसका अभाव हो गया। शृंगारी काव्यों में षड्ऋतु-वर्णन जैसी परंपरा के कारण कवियों को प्रकृति की ओर झाँकने का यत्किंचित् अवसर मिल जाता था। षड्ऋतु का वर्णन काव्य में संयोगसुख या विरहदुःख को तीव्रतर दिखाने के लिए किया जाता था। संदेश-रासक में प्रकृति-वर्णन इसी रूप में अर्थात् षड्ऋतुवर्णन के अन्तर्गत ही आया है। इतने छोटे काव्य में हमें विस्तृत प्रकृति-वर्णन की आशा भी नहीं करनी चाहिए। संदेश-रासक के कवि को षड्ऋतुवर्णन करना था इसलिए उसे बाह्य प्रकृति की सहायता लेनी पड़ी।

---

१. काव्य में प्राकृतिक दृश्य, पृ० २१, चिंतामणि, प्रथम भाग।

२. लंकातोरणमालिआतरलिणो कुंभुब्भवस्सागमे,
मंदादोलिअचंदणद्दुमलदाकप्पूरसंपक्किणो।
कंकोलीकुलकंपिणो फणिलदाणिप्पंद णेहावआ
चंडं चुंबिदतंबपण्णिसलिला बाअंति चेतानिला।
—कर्पूरमंजरी १।७

संदेश-रासक में षड्ऋतुवर्णन ग्रीष्म से प्रारम्भ होता है। नायिका पथिक को बताती है कि उसने अपने प्रिय के बिना ग्रीष्म कैसे बिताया। ग्रीष्म होता भी कितना दुस्सह है। उस ऋतु में मदनार्त्ताओं के लिए मलय समीरण कितना कष्टकर हो जाता है। सूर्य की प्रचंड किरणों के विषम ताप से भूमि-तल वन-तृण जलने लगते हैं। इतना ही नहीं, यमराज की जिह्वा के समान आकाशतल लहलहाने लगता है। धरित्री कठिन ताप न सह सकने के कारण तड़-तड़-तड़ शब्द कर के फटने लगती है। व्योम में अति उष्ण प्रभंजन चलता है। तप्त वायु विरहिणियों के अंगों का स्पर्श करके उन्हें जलाती है। उस समय नव घन की उत्कंठा से चातक 'प्रिय प्रिय' शब्द करने लगता है। नदियों में थोड़ा और स्वच्छ जल रह जाता है। फलभार से नमित सुंदर सहकार-वन और सुंदर लगने लगते हैं।

जमजीहह णं चंचलु णहयलु लहलहइ,
तडतडयड धर तिडइ ण तेयह भरु सहइ।
अइउन्हउ बोमयलि पहंजणु जं वहइ,
तं झंखरु विरहिणिहि अंगु फरिसिउ दहइ ॥[1]
पिउ चावइहि भणिज्जइ नवघणकंखिरिहिं।
सलिलनिवहुतुच्छच्छउ सरइ तरंगिणिहिं।
फलहारिण उन्नमियउ अइसच्छयइ सुहि।[2] इत्यादि

इतना वर्णन करने के पश्चात् कवि प्रकृति की ओर से अपना ध्यान नायिका के विरह की ओर आकृष्ट करता है।

ग्रीष्म के पश्चात् नायिका वर्षाकालीन विरहदुःख को बताने के लिए वर्षा का वर्णन प्रारंभ करती है।

वर्षा में प्रकृति कितनी समृद्ध हो जाती है! विरही प्रेमी-प्रेमिकाओं के लिए इससे बढ़कर दुरंत-काल की कल्पना नहीं की जा सकती। कालिदास के यक्ष ने विरह के और दिन काट लिये थे। किंतु वर्षा में कंठलग्न प्रणयी जनों का भी चित्त और हो जाता है तब विरही प्रेमियों का क्या पूछना! संदेश-रासककार ने भी वर्षाकालीन प्रकृति का वर्णन जरा जम के किया है।

वर्षा में चारों ओर घोर अंधकार छा जाता है। जल से परिपूर्ण बादल आकाश में मानों सरोष गर्जन करते हैं। भयभीत विद्युत् के चमकने पर ही पगडंडियाँ दिखायी पड़ती हैं। पपीहे संतुष्ट होकर मनोहर शब्द करने लगते हैं। नवघनमाला में उड़ती हुई वकपंक्ति शोभित होती है। ग्रीष्मकालीन प्रचंड सूर्य की किरणों के ताप से पुष्कर मेघ इतनी वर्षा कर रहे हैं कि जल पोखरों में नहीं समाता। प्रवास

---

१. संदेश-रासक, ३।१३२।
२. वही, ३।१३३।

गमन करनेवाले पथिकों को जलाधिक्य के कारण जूते हाथ में लेकर चलना पड़ रहा है। पग-पग पर आकाश में विद्युत् के प्रकाश से पगडंडी दिखायी पड़ रही है।[1]

वर्षा ऋतु में बगुले तालाब छोड़कर वृक्षों पर चले गये हैं। पर्वतशिखरों पर नृत्य करते हुए मयूर केकाध्वनि कर रहे हैं। जल में मेंढक शब्द कर रहे हैं। आम्रवृक्षों के शिखरों पर बैठकर कोयलें मनोरम स्वर से दिशाओं को पूरित कर रही हैं। विषधर नागों के आधिक्य से मार्ग अवरुद्ध हो गये हैं। जल की अधिकता से पाटलदल छिन्न-भिन्न हो गये हैं। हंस पर्वतशिखरों पर करुण स्वर से रो रहे हैं।[2]

विरहिणी और आगे भी वर्षा का वर्णन करती है, किंतु उसका अभिप्राय प्रकृति का वर्णन न करके अपनी विरहदशा का वर्णन करना है। वर्षा के पश्चात् नायिका शरद् में अनुभुत विरहदुःख को व्यक्त करने के लिए पहले शरद्कालीन प्रकृति की स्वच्छ सुषमा चित्रित करती है—

आकाश में बादल फट गये हैं। रात्रि में सुंदर तारे दिखायी पड़ते हैं। सर्प पाताल में चले गये हैं। चंद्रमा की ज्योति निर्मल हो गयी है : सरोवरों का जल शतपत्रों से सुशोभित हो रहा है। नदियों के विविध प्रवाह सुंदर रीति से प्रवाहित होने लगे। जलाशयों की जिस शोभा को ग्रीष्म ने हर लिया था, शरद् ने उसे फिर ला दिया। हंस कमल-नालों का रस उत्कंठापूर्वक पीकर सुंदर शब्द कर रहे हैं। सकल भुवन शतपत्रों से भर गया है। तीर्थस्थानों पर जल अपने स्थान पहुँच गया। उज्ज्वल शब्दों से जलाशयों के तटप्रदेश अत्यंत मनोहर हो गये। नदियों के तटों पर बैठी हुई विहंगम पंक्तियाँ बड़ी अच्छी लगती हैं। कर्दमयुक्त जल में प्रतिबिंब स्पष्ट दिखायी पड़ता है।[3] आदि

शरद्कालीन प्रकृति सौंदर्य का इस प्रकार चित्र खींचने के पश्चात् कवि उस शोभा की पृष्ठभूमि में नायिका का विरह-वर्णन करता है।

हेमंत और शिशिरवर्णन में कवि को प्रकृति का बहुत कम ध्यान रहता है। इन ऋतुओं का वर्णन करते समय उसका ध्यान मानव-व्यापारों पर ही अधिक केंद्रित रहता है।

वसंत का वर्णन करते समय भी अद्दहमाण का ध्यान प्रकृति में उतना नहीं रमता जितना कि सुखी प्रेमियों के विलास-केलि और नायिका के विरह-दुःख वर्णन में। वसंत में प्रकृति की शोभा अवश्य बढ़ जाती है किंतु विरही जनों की विरहाग्नि भी उसी मात्रा में अधिक तापकारी हो जाती है। इसके अतिरिक्त संदेश-रासक की नायिका के विरह की चरम सीमा भी कवि को वसंत में ही दिखानी

---

१. संदेश-रासक १३९-१४१।

२. वही, ३।१४४, १४५ ;

३. वही, ३।१६०—१६४।

थी। इसके बाद तो उससे प्रियतम की भेंट ही हो जानेवाली है। वसंत में नायिका की यह स्थिति हो गयी है कि वह प्रकृति के किसी दृश्य या व्यापार को अपने विरह से अलग करके नहीं देख पाती है। वसंत में कुसुमित पलाश को देखकर वह कहती है कि किंशुक का रंग घने काले और रक्तवर्ण का हो गया है। मानो पलाश प्रत्यक्ष पलास (मांसभक्षक) हो गया है। प्रचंड वायु सभी के लिए दुस्सह हो गयी है। सुहंजन (=सहिजन, सुखांजन) से भी सभी को असुख ही मिलता है।

किंसुयइ कसिण घण रत्तवास,
पच्चक्ख पलासइ धुय पलास।
सवि दुस्सह हूय पहंजेणण,
संजणिउ असुहु वि सुहंजणेण ॥[१]

संदेश-रासक के प्रकृति-वर्णन को देखने से पता चलता है कि वह मेघदूत की अपेक्षा ऋतुसंहार के निकट है। यद्यपि मेघदूत और संदेश-रासक दोनों विरहकाव्य हैं जब कि ऋतुसंहार संयोगकालीन ऋतुवर्णन, फिर भी संदेश-रासक का प्रकृति-वर्णन मेघदूत की भाँति स्वच्छंद नहीं है। इसमें प्रकृति की झाँकी ऋतु-वर्णन के अंतर्गत दिखायी गयी है। यहाँ परिवर्तित ऋतुओं में प्रकृति विरहजन्य दुःख की विविध छायाओं का अनुभव कराती है। प्रकृति की भूमिका पर नाना ऋतुओं में विरह का चित्र खींचना ही कवि को अभीष्ट है। मेघदूत में प्रकृति का वर्णन मेघ को पथ बताने के व्याज से किया गया है। वहाँ प्रकृति विरह-वर्णन का माध्यम बनकर नहीं आयी है। यही कारण है कि 'मेघदूत' में प्रकृति-वर्णन पहले आता है और यक्षप्रिया की विरहावस्था का चित्रण बाद में होता है।

प्रकृति-वर्णन की पद्धति की दृष्टि से संदेश-रासक की तुलना 'पृथ्वीराजरासो', 'ढोला मारू रा दोहा' और 'पद्मावत' से की जा सकती है। संदेश-रासक की ही भाँति इन तीनों काव्यों में भी ऋतु-वर्णन के अंतर्गत प्रकृति-वर्णन किया गया है।

'पृथ्वीराजरासो' में कनवज्ज प्रयाण के समय जब पृथ्वीराज अपनी रानियों से विदा माँगने जाते हैं तो प्रत्येक रानी उन्हें एक-एक ऋतुभर उस ऋतु का वर्णन करके रोक लेती है। सबसे पहले पृथ्वीराज वसंत के समय बड़ी रानी इंछिनी के पास विदा माँगने जाते हैं। इंछिनी उन्हें जाने की आज्ञा देने के स्थान पर वसंत का मनोरम वर्णन करके उन्हें अपने पास रोक लेती है।[२] इसी प्रकार पृथ्वीराज

१. संदेश-रासक, ३।२०९।

२. मवरि अंब फुल्लिग कदंब रयनी दिघ दीसं
भँवर भाव भुल्लै भ्रमंत मकरंद बरीसं।
बहत बात उज्जलति मौर अति बिरह अगिनि किय,
कुह कुहंत कलकंठ पत्र शाषा अति अग्गिय।

एक-एक रानी के पास आज्ञा माँगने जाते हैं और चन्द को एक-एक ऋतु के वर्णन का अवसर मिल जाता है।

'ढोला मारू रा दोहा' में ढोला द्वारा मारवाणी से मिलने की अभिलाषा प्रकट करने पर मारवाणी क्षुब्ध होकर ढोला को रोकने के लिए उस ऋतु की भयंकरता बताती है। ग्रीष्म का वर्णन करते हुए वह कहती है कि इस ऋतु में भूमि तपी हुई है, लू सामने चल रही है। पथ में तुम जल जाओगे। मेरा कहना मानो और घर में बैठ रहो।

थल लता लू साँमुही दाझोला पहियाह।
म्हाकउ कहियउ जउ करउ घरि बइठा रहियाह ॥[1]

इसी प्रकार प्रत्येक ऋतु में ढोला मारवाणी के पास जाने की इच्छा प्रकट करता है और मारवाणी उसे रोकने के लिए उस ऋतु की भयंकरता का चित्र खींचा करती है। कवि को भी ऋतुवर्णन का पूरा अवसर मिलता रहता है।

पद्मावत में ऋतु-वर्णन के लिए किसी अन्तःकथा की योजना नहीं की गयी है। जायसी ने 'षड्ऋतुवर्णन खण्ड' में रतनसेन और पद्मावती के सुख-विलास का वर्णन किया है और 'नागमती वियोग खण्ड' में बारहमासे के रूप में नागमती का विरह-वर्णन किया है।

'षड्ऋतुवर्णन खण्ड' वसंत से प्रारंभ होता है—

प्रथम नवल बसंत रितु आई।
सुरितु चैत बैसाख सुहाई॥
चंदन चीर पहिरि धनि अंगा।
सेंदुर दीन्ह बिहँसि भरि मंगा॥[2] इत्यादि

पद्मावत के 'षड्ऋतुवर्णन खंड' में प्रकृति-वर्णन नाममात्र को ही है। संपूर्ण वर्णन में रतनसेन और पद्मावती के मिलन-सुख को ही नाना रीतियों से दरसाया गया है।

'नागमती वियोग खंड' का प्रकृति-चित्रण अत्यंत स्पष्ट और विशद है—

चढ़ा असाढ़ गगन घन गाजा।
साजा बिरह दुंद दल बाजा॥

पय लग्गि प्रानपति बीनवौं नाह नेह मुझ चित्त धरहु
दिन-दिन अवद्धि जुब्बन घटय कंत वसंत न गम करहु।
—पृथ्वीराजरासो, कनवज्ज समय

१. ढोला मारू रा दोहा, २४१।
२. पद्मावत 'षटऋतुवर्णन खंड'।

धूम साम धौरें घन धाए।
सेत धजा बग पाँति देखाए ।।
खड़ग बीजु चमकै चहुँ ओरा।
बुन्द-बान बरसहि घनघोरा ।।[१] इत्यादि

वस्तुतः संदेश-रासक, पृथ्वीराजरासो, ढोला, पद्मावत जैसे काव्यों में प्रकृति-वर्णन उद्दीपन के रूप में ही आया है। जहाँ तक संदेश-रासक का संबंध है यह अवश्य कहा जा सकता है कि प्रकृति का वर्णन उद्दीपन के लिए करने पर भी अद्दहमाण ने केवल नियम पालन के लिए नीरस तालिका नहीं जुटायी है प्रत्युत पूरे मनोयोग के साथ प्राकृतिक वस्तुओं, व्यापारों की अकृत्रिम झाँकियाँ दिखाकर नायिका के हृदयस्थित विरह की व्यंजना की है।

द्वितीय प्रक्रम में 'सामोरु' नगर का वर्णन करते समय कवि ने नगर की वनस्पतियों की लंबी सूची प्रस्तुत की है। उसमें केवल वनस्पतियों की नीरस नामावली भर मिलती है। अतएव उसे प्रकृति-वर्णन के अंतर्गत नहीं समझना चाहिए।

विरह-वर्णन और ऋतु-वर्णन

विरह-वर्णन संदेश-रासक का मुख्य विषय है। यह विरह-वर्णन नायिका द्वारा पथिक के माध्यम से संदेशप्रेषण के रूप में किया गया है। विरहिणी पथिक द्वारा अपने दारुण विरह-विवरण को पति के पास पहुँचाना चाहती है जिससे द्रवित होकर वह परदेश से शीघ्र ही घर लौट आये। आवागमन के साधनों से संपन्न आज हमें चाहे परदेशी प्रिय के पास अन्य व्यक्ति के माध्यम से विरह-संदेश भिजवाने का महत्त्व समझने में कठिनाई हो, किंतु मध्ययुगीन भारत में प्रवास से सकुशल लौट आना एक असाधारण बात समझी जाती रही होगी। उस समय प्रोषित-पतिकाओं के हृदय में आशंका, अनिश्चय और संदेह के अंधड़ चलते रहे होंगे। ऐसी स्थिति में यदि आशाबंधकुसुमसदृशा प्रेमातुरा विरहिणियाँ पागल हो जाती रही हों, निश्चित अवधि तक पति के न आने पर अभिलाषा, चिंता, स्मृति, गुणकथन, उद्वेग, प्रलाप उन्माद-व्याधि और जड़ता की अवस्थाओं में क्रमशः पहुँचती हुई अंत में मर जाती रही हों तो कौन आश्चर्य ![२] इसी विरह दशा में यदि उन्हें कोई पथिक वहीं जाता हुआ मिल जाय जहाँ उनका प्रियतम गया है, तो क्या वे उस क्षण के लिए लोक-लाज छोड़कर उस पथिक से अपनी दुस्सह विरह-दशा का संदेश प्रिय के पास पहुँचाने के लिए आतुर न हो उठेंगी। हमें इन संदेशों

१. पद्मावत 'नागमती वियोग' खंड ४।
२. साहित्यदर्पण ३।२१४।

और विरह-वर्णनों की मार्मिकता तक पहुँचने के लिए अपने देशकाल को क्षण भर भूलकर मध्ययुग में जाना पड़ेगा। अस्तु।

भारतीय साहित्य में, विरहिणी नायिका का किसी अन्य के द्वारा प्रवासी प्रिय के पास संदेश-प्रेषण एक ऐसी महत्त्वपूर्ण और व्यापक काव्यरूढ़ि रही है कि इसका उपयोग प्रेमकाव्य के रचयिताओं ने जी खोलकर किया है। यही नहीं, कल्पना-प्रवण भारतीय कवियों ने संदेश ले जाने के लिए हंस, शुक, भ्रमर, मेघ आदि मानवेतर जीवों और अचेतन वस्तुओं को भी इस कार्य में नियोजित किया है। प्रेम की भूमिका पर जड़चेतन के एकत्व का यह विधान भारतीय कवि हृदय की महत्त्वपूर्ण विशेषता है।

मध्यकालीन भारतीय प्रेम-काव्यों की एक दूसरी विशेषता यह है कि उन्होंने मन लगाकर स्त्रियों के ही विरह का वर्णन किया है। संस्कृत के महाकाव्यों में पुरुष पात्रों की भी विरहावस्था का विशद वर्णन किया गया है। आदि कवि वाल्मीकि ने शरद् की निर्मल रजनी में कामशोकाभिपीड़ित राम को विलाप करते हुए दिखाया है।[1] कालिदास के 'मेघदूत' को रचना का आधार यक्ष की ही विरह-वेदना है। 'रघुवंश' में इंदुमती की अकाल मृत्यु पर अज का हृदयद्रावक विलाप तो भारतीय साहित्य में अप्रतिम है।[2] कालिदास के परवर्ती कवियों में से भवभूति ने उत्तररामचरित में सीता-विरही राम के हृदय में चलते रहने वाले द्वंद का जो चित्र खींचा है वह हमारे साहित्य की समृद्धि का परिचायक है। दमयंती-मिलन के लिए प्रेमातुर नल का नैषधकार ने सुंदर चित्र खींचा है।[3] इसी प्रकार जयदेव के 'गीत-गोविन्द' में कृष्ण को राधा के विरह में संतप्त दिखाया गया है।[4]

किंतु हिंदी के कवियों का चित्त पुरुषों के विरह-वर्णन में नहीं लगा है। हिंदी में नायक का विरह-वर्णन बिलकुल नहीं मिलता, ऐसा नहीं कहा जा सकता। 'पृथ्वीराजरासो' में पृथ्वीराज के और 'पद्मावत' में रतनसेन के पूर्वानुराग का यथाविधि वर्णन है।[5] विद्यापति की 'पदावली' में 'कृष्णविरह' पर भी गीत हैं तथा सूर, तुलसी ने भी राधा और सीता के प्रति अपने-अपने आराध्यों की व्याकुलता दिखायी हैं। फिर भी इसे अस्वीकार नहीं किया जा सकता कि हिंदी में विरह-वर्णन का अर्थ नायिका का ही विरह समझा जाता है। हिंदी कवियों की इसी प्रवृत्ति को लक्ष्य करके आचार्य रामचंद्र शुक्ल ने कहा है कि 'ध्यान देने की बात यह है कि विरह की व्याकुलता और असह्य वेदना स्त्रियों के मत्थे अधिक मढ़ी

१. वाल्मीकि रामायण किष्किन्धाकाण्ड ३०।५।
२. रघुवंश ८।५३।
३. नैषवीय चरितम् ३।११४
४. गीतगोविन्द अध्याय ३।
५. पृथ्वीराजरासो, शशिव्रता विवाह खंड और पद्मावत—प्रेमखंड।

गयी है। प्रेम के वेग की मात्रा स्त्रियों में अधिक दिखायी गयी है। नायक के दिन-दिन क्षीण होने, विरहताप में भस्म होने, सूखकर ठठरी होने के वर्णन में कवियों का जी उतना नहीं लगा है।'[1] इसका कारण बताते हुए शुक्लजी आगे लिखते हैं, 'बात यह है कि स्त्रियों की शृंगारचेष्टा वर्णन करने में पुरुषों को जो आनंद आता है वह पुरुषों की दशा वर्णन करने में नहीं। इसी से स्त्रियों का विरह-वर्णन हिंदी काव्य का एक प्रधान अंग ही बन गया। ऋतु-वर्णन तो केवल इसी की बदौलत रह गया।'[2]

ऊपर संस्कृत कवियों द्वारा पुरुषों के विरह-वर्णन का उल्लेख किया गया है। अतएव यह कैसे मान लिया जाय कि हिंदी कवियों ने स्त्रियों का विरह-वर्णन केवल इसीलिए किया कि वे पुरुष थे और स्त्रियों की ही शृंगार चेष्टाओं में उनकी वृत्ति रमती थी, पुरुषों की विरह चेष्टाओं में नहीं। संस्कृत के कवि भी तो पुरुष ही थे। तब यह निश्चित है कि इस परवर्ती परिपाटी के लिए अन्य बातें जिम्मेदार हैं। कारण कुछ भी रहे हों, हिंदी में नायिकाओं के ही विरह-वर्णन की परंपरा चली। सूफी कवियों ने अलबत्ता फारसी प्रेम-पद्धति पर नायक की भी विरह-वेदना को स्थान दिया, किंतु उन्होंने भी अंत तक नायिका को उसके प्रेम में समान अनुरक्त दिखाकर भारतीय और फारसी प्रेम-पद्धतियों का समन्वय कर दिया।

संदेश-रासक में नायिका के ही विरहपक्ष का चित्रण किया गया है। वह प्रोषितपतिका है। प्रिय ने परदेश से कदाचित् कोई संदेश भी नहीं भेजा था। कवि ने प्रारंभ में रूप वर्णन द्वारा ही व्याकुलता और विरहकातरता व्यंजित कर दी है। वह दीनानना आँखों से जलधार बहाती हुई अपने पति की बाट जोह रही है। विरहाग्नि से उसके शरीर की हेम आभा श्यामल हो गयी है। मानों चंद्रमा को राहु ने पूर्णरूप से ग्रस्त कर लिया हो। वह दुःखार्ता रोती है और आँखों को पोंछती जाती है। उसका जूड़ा खुला हुआ है, उसे जँभाइयाँ आ रही हैं, वह अंगों को पीड़ा के कारण मोड़ती है, विरहानल से संतप्त वह लंबी साँसें ले रही है और अपनी उँगलियों को तोड़ रही है।[3]

इस प्रकार विलाप करती हुई उस वर नायिका ने नगर के बीच का मुख्य रास्ता छोड़कर किनारे जाते हुए एक पथिक को देखा। डूबते में तिनके का सहारा होता है। उस पथिक को देखकर विरहिणी के हृदय में एक साथ ही न जाने कितने भाव उमड़ पड़े होंगे। उसका पति इसी तरह एक दिन पथिक बनकर घर से निकल पड़ा था। यह पथिक भी उसी की तरह विरहाग्नि में जलने के लिए एक स्त्री को अपने घर में छोड़ आया होगा। हो न हो, यह पथिक भी वहीं जा रहा है

---

१. जायसी ग्रंथावली—भूमिका।

२. वही।

३. संदेश-रासक २।२४, २५।

जहाँ उसका पति गया है, इत्यादि इत्यादि। वह उस पथिक का परिचय पाने के लिए आतुर हो उठी। प्रिय के पास तक संदेश ले जाने वाले पथिक भी तो सौभाग्य से ही मिलते हैं। कहीं वह पथिक निकल न जाय। नायिका की इन भावपूर्ण चेष्टाओं का वर्णन अद्दहमाण ने इतनी सजीव स्वाभाविकता से किया है कि यह स्थल केवल संदेश-रासक के ही उत्कृष्ट अंशों में से नहीं है, अन्यत्र भी ऐसे हृदय-स्पर्शी वर्णन विरल ही होंगे।

उस पथिक को देखकर पति के पास संदेश भेजने की उत्कंठा से वह मंथर गति को सरल करके उतावली से चल पड़ी। शीघ्रता के कारण उसके मनोहर चंचल नितंबों से करधनी खिसककर गिर पड़ी, जिससे उसकी किंकिणियों का स्वर फैल गया। उस सुंदरी ने जैसे-तैसे अपनी मेखला को स्थिर किया ही था कि स्थूल मुक्ताओं की हारलता टूट गयी। बेचारी ने किसी तरह जल्दी में कुछ मुक्ताएँ वैसे ही पड़ी रहने दीं, कुछ उठायीं, तब तक चरणों की दुर्बलता के कारण नूपुर ही निकल गया।[1]

इसमें नायिका के भावों को कहकर नहीं प्रत्युत भावविकल चेष्टाओं का सुस्पष्ट और संवेदन-स्पंदित चित्र खींचकर व्यंजित किया गया है। सजीवता, स्वाभाविकता और छंदगति तीनों की अनुरूपता के कारण इस वर्णन में अपूर्व गत्वर चित्रात्मकता आ गयी है। इसे संदेश-रासक के विरह-वर्णन की भूमिका समझनी चाहिए।

किसी तरह विरहिणी पथिक के पास पहुँची। उसने करुणाविलसित भाव से उस पथिक से प्रार्थना की कि हे पथिक! क्षणार्द्ध के लिए सुस्थिर होकर जो कहती हूँ उसे सुन लो। जरा तुम्हारा हृदय पसीजे।[2]

पथिक भी मनुष्य था। वह ठहर गया। कुछ देर तो वह उस विरहिणी नायिका की अपूर्व शोभा को सराहता और निहारता रहा। वह लज्जाशीला रमणी अपना मस्तक नीचा किये चरण के अँगूठे से धरती खोदती रही। कुछ देर बाद उसने पथिक से पूछा कि हे पथिक, तुम कहाँ जाओगे और कहाँ से आ रहे हो? उस विरहिणी को 'कहाँ जाओगे' का उत्तर पाने की जल्दी थी, किंतु पथिक ने अपने नगर का नाम पहले बताया और यदि नायिका को नहीं तो पाठक को तो अवश्य ही उबा देनेवाला नगर वर्णन प्रस्तुत किया। वर्णन के अंत में पथिक ने आखिर बताया ही कि यह मूलस्थान से एक लेख लिये हुए प्रभु की आज्ञा से खंभात जा रहा है।[3]

खंभात का नाम सुनना था कि वह दीर्घोच्छ्वास लेने लगी। उँगलियाँ तोड़ने

---

१. संदेश-रासक, २।२६, २७।

२. वही, २।३०।

३. वही, २।६५।

लगी। उसका कंठ गद्‌गद् हो गया। वह बड़ी देर तक वाताहता कदली-तरु की भाँति हहराती रही।[1]

यहाँ पर फिर कवि ने अपनी तरफ से कुछ न कहकर केवल विरहिणी की चेष्टाओं को दिखाकर ही उसके हृदय की विकलता को व्यक्त किया है। प्रिय जिस स्थान पर गया है उस स्थान के प्रति हमारे हृदय में न जाने कितने प्रकार के भाव स्थापित हो जाते हैं। उससे संबंध रखनेवाली प्रत्येक बात हमारे हृदय-सागर को विक्षुब्ध कर देने में समर्थ होती है। खंभात के नाम से उस विरहिणी को हिला दिया। वह कुछ देर तक तो केवल रोती रही। फिर आँखें पोंछकर बोली कि हे पथिक! खंभात का नाम सुनकर ही मेरा शरीर जर्जर हो गया है। इस कराल विरहाग्नि को लगाकर मेरा पति भी तो वहीं गया है। कितने अधिक दिन हो गये उसे गये, किंतु वह निर्दय अभी तक नहीं लौटा। यदि तुम दया कर कुछ देर के लिए अपने पैर मोड़ करके बैठो तो मैं तुमसे अपने प्रिय के लिए छोटा-सा संदेश कह दूँ![2]

अद्दहमाण ने संदेशप्रेषण के माध्यम से विरहिणी के हृदय की अनुभूतियों को सहज भाव से व्यक्त किया है। उन्हें वे काव्य की बारीक कारीगरी से दुर्वह या बोझिल बनाकर चमत्कार लाने के मोह में नहीं पड़े हैं। नायिका संदेश देने के लिए तत्पर तो होती है किंतु सोचती है कि क्या प्रिय को संदेश भेजने के लिए उसे बच रहना चाहिए था। जो प्रिय के चले जाते ही विरह की दावाग्नि से जलकर रेणुसात् नहीं हो गया उस निष्ठुर मन से संदेश कैसे दिया जाय।[3]

फिर वह पथिक से कहती है कि जिसके प्रवास करते समय मैं भी साथ नहीं चली गयी या जिसके वियोग में मैं मर नहीं गयी, उस प्रिय को संदेश देते हुए मुझे लज्जा आती है।[4]

यहाँ से मुख्य विरह-वर्णन प्रारंभ होता है। अर्थात् विरहिणी स्वयं अपने मुख से अपनी विरहदशा बताने लगती है। जैसा कि पहले संकेत किया जा चुका है, संदेश-रासक के विरह-वर्णन में अत्युक्तियों का सहारा न लेकर बात को सीधे और मार्मिक ढंग से कहा गया है। इसमें कल्पना की वह कोरी उड़ान और ऊहात्मकता नहीं मिलती जो परवर्ती हिंदी कविता में विरह-वर्णन की एक विशेषता बन गयी। विरहिणी की उक्तियों में भंगिमा उसकी सहज भाव-तीव्रता के कारण है, उसमें

१. सन्देश-रासक २।६५।

२. वही, २।६७, ६८।

३. जसु णिग्गमि रेणुक्करडि, कीअ ण विरहदवेण।
किम दिज्जइ संदेसडउ, तसु णिट्ठुरइ मणेन ॥ वही २।६६

४. जसु पवसंत ण पवसिआ, मुइअ विओइ ण जासु।
लज्जिज्जउ संदेसडउ, दिंती पहिय पियासु ॥ वही २।७०

प्रेषणीयता व्यापक और प्रगाढ़ संवेदना के कारण है, अलंकार-योजना और नीरस उत्प्रेक्षाओं के कारण नहीं। अपभ्रंश साहित्य की ताजगी, मस्ती और लोक-जीवन की अकृत्रिमता संदेश-रासक के विरह-वर्णन में सुरक्षित है।

प्रारंभिक कुछ दोहों में विरहिणी जहाँ एक ओर प्रिय के प्रति अपनी विह्वल प्रेमातुरता प्रकट करती है वहाँ उसके पौरुष को ललकार अपने प्रति उसके उत्तर-दायित्व का भी स्मरण दिलाती है। एक ओर तो उसे पति का इतना ध्यान है कि वह प्रिय को छोड़कर विरह-दुःख से मुक्त होने के लिए मरकर स्वर्ग भी जाना उचित नहीं समझती[1], दूसरी ओर वह अपने पति को उसके मान, पौरुष और संरक्षण कर्तव्य का ध्यान दिलाती हुई कहती है कि प्रिय, तुम मेरे हृदय में स्थित हो और तुम्हारे रहते हुए भी विरह मुझे कष्ट देता है। यह तुम्हारे लिए कितनी लज्जा की बात है। सत्पुरुषों के लिए पराभव का संताप तो मरण से भी अधिक दुःखदायी होता है।[2] अंत में अपने पति के पौरुष-पराक्रम को ललकारती हुई वह ताना मारती है कि क्या मैं तुम्हारे जैसे पौरुषवान् पति के रहते हुए भी यह गुरुतर पराभव नहीं सहती हूँ? मेरे जिन अंगों के साथ तुमने विलास किया था उन्हें अब विरह ने जला डाला है—

> 'गरुअउ परिहवु किन सहउ, पइ पोरिस निलए ण।
> जिहि अंगिहि तूं बिलसियउ, ते दद्धा विरहेण॥[3]

इसके पश्चात् वह विरह की कठोरता, अपनी असमर्थता और प्रिय के प्रति अपने प्रेम की एकोन्मुखता प्रकट करते हुए बताती है कि मेरे विरह दुःख को केवल मेरा पति ही दूर कर सकता है। मैं तो विरह के संमुख असमर्थ हूँ अतएव बिलाप करते रहने के अतिरिक्त और कर ही क्या सकती हूँ। गोपालिकाओं का तो केवल रुदन ही प्रमाण है।[4]

फिर वह प्रिय के विरह से उत्पन्न मानसिक संताप के कारण अपनी शारीरिक दुर्बलता की ओर ध्यान दिलाती हुई कहती है कि पथिक, तुमसे मैं कितना संदेश कहूँ। संदेश कहने को तो बहुत अधिक है किंतु मैं उसे कहाँ तक कह पाऊँगी? प्रिय से यही कहना कि दुर्बलता के कारण अब एक ही वलय में मेरे दोनों हाथ समा जाते हैं। मेरी कनिष्ठिका उँगली की अँगूठी बाँह में आ जाती है।[5]

---

१. पिअविरहानलसंतविअ, जइ वच्चउ सुरलोइ।
तुअ छड्डिवि हियअट्ठियह, तं परिवाडि ण होइ॥ वही, २।७५

२. कंत जु तइ हिअयट्ठियह, विरह विडंबइ काउ।
सप्पुरिसह मरणाअहिउ, परपरिहव सन्ताउ॥ वही, २।७६

३. वही, २।७७।

४. संदेश-रासक २।७९।

५. वही, २।८०, ८१।

संदेश-रासक में व्यवस्थित ढंग से दश दशाओं के आधार पर विरह का वर्णन नहीं किया गया है। इसमें अभिलाषा, चिंता, स्मृति, गुणकथन, उद्वेग, प्रलाप, उन्माद, जड़ता आदि अवस्थाओं का वर्णन विभाजन करके क्रमबद्ध पद्धति पर नहीं किया गया है। ढूँढ़ने पर संदेश-रासक में ये सभी अवस्थाएँ मिलेंगी भी नहीं।

किंतु अद्दहमाण ने विरह-वर्णन में तीव्रता लाने के लिए तथा बीच-बीच में नवीनता उत्पन्न करने के लिए एक अन्य कौशल से काम लिया है। कुछ देर तक नायिका के संदेश कहते रहने पर बीच-बीच में पथिक कह देता है 'अब संदेश जरा शीघ्रता से कहो। मुझे बड़ी दूर जाना है। अब मुझे आज्ञा दो। मेरा पथ बड़ा दुर्गम है' इत्यादि। किंतु नायिका उसे 'पाँच दोहे और तीन गाथाएँ और। ये और दो पद्धड़िया मेरे प्रिय से कृपापूर्वक कह देना' आदि कहकर रोक लिया करती है और उसका संदेश फिर उसी क्रम से चलने लगता है। ध्यानपूर्वक देखने से ज्ञात होता है कि पथिक के टोकने के पश्चात् विरह-वर्णन एक नया मोड़ लेता है और उसमें नवीनता पैदा हो जाती है। ऐसे स्थलों पर कुछ देर रुककर कवि विरहिणी की उद्विग्नताजन्य शरीर चेष्टाओं का वर्णन स्वयं कर देता है और इसके बाद नायिका नये स्वर से संदेश कथन प्रारंभ करती है। निस्संदेह नायिका का विरह कठोर से कठोरतर और प्रगाढ़ से प्रगाढ़तर होता जाता है। विरहिणी पथिक से यह कह रही थी कि संदेश इतना विस्तृत है कि वह पूरा कहा नहीं जा सकता कि पथिक ने टोका कि हे विचक्षणे ! अब जो कहना हो वह शीघ्रतापूर्वक कह डालो। मुझे अत्यंत दुर्गम मार्ग पर जाना है।

कहसु अह अहिउ जं किंपि जंपिव्वअउ।
मग्गु अह दुग्गु मइ मुंधि जइव्वअउ ॥[1]

अब वह बेचारी क्या कहे। इतने दिनों के बाद प्रिय के पास संदेश ले जाने वाला कोई मिला भी तो उसे इतनी जल्दी है कि उससे जी भर कर संदेश भी नहीं दिया जा सकता। पथिक की बात सुनकर वह कामदेव के बाणों से उसी प्रकार व्याकुल हो गयी जैसे मृग को बाण लगने पर मृगी उत्त्रस्त हो उठती है। वह दीर्घोच्छ्वास लेने लगी। उसके नेत्रों से अश्रुधारा प्रवाहित होने लगी और उसने एक गाहा पढ़ी।[2] किंतु एक ही गाहा पढ़कर वह संतुष्ट होने वाली नहीं थी। उसने कहा कि 'हे पथिक, मेरे आशा-सुख में विघ्न डालने वाले निर्दय प्रिय से कहना कि उसके स्मरण समाधि में मैं मोहस्थित रहती हूँ। वाम कर पर स्थित अपने कपाल को ज़रा भी इधर-उधर नहीं हटाती हूँ। शय्या ही मेरा आसन रह गयी है। मैं पलंग कभी नहीं छोड़ती। उस कापालिक के विरह ने मुझे कापालिनी बना दिया

१. संदेश-रासक २।८२।
२. वही, २।८३।

है। मेरे शरीर का तेज समाप्त हो गया है। अंग सूख गये हैं। बालों के लट इधर-उधर छितरे रहते हैं। मेरे मुख का रंग फीका पड़ गया है। मैं दुर्बलता के कारण चलने में डगमगाती हूँ। मेरी गति विपरीत हो गयी है। कुंकुम और स्वर्ण के समान मेरी शरीर-कांति अब साँवली पड़ गयी है। उस निशाचर के विरह में मैं निशाचरी हो गयी हूँ।[1]

दो चतुष्पदिकाओं में वर्णित यह विरह निवेदन पहले की अपेक्षा कुछ अधिक प्रगाढ़ ज्ञात होता है। पहले की अपेक्षा इसमें विरहजन्य क्लेश भी अधिक बढ़ गया है। इसमें नायिका खीझकर पति को कापालिक और निशाचर कहती है और विरह के कारण स्वयं को कापालिनी और निशाचरी हो जांना बताती है।

इसी प्रकार विरहिणी अपने विरह का वर्णन कर ही रही थी कि पथिक को फिर जल्दी सूझी। उसने कहा हे चंद्रवदनी! अब मुझे छुट्टी दो अथवा जो कुछ कहना हो शीघ्रतापूर्वक कह डालो। विरहिणी ने जाने की आज्ञा देने के स्थान पर उससे कहा कि हे पथिक, मैं क्या कहूँ और क्या न कहूँ, जिस निर्मोही ने मेरी यह अवस्था कर डाली है उससे कहने से क्या होने वाला है? वह मुझे विरह के कुहर में अकेले छोड़कर अर्थलोभ के कारण परदेश चला गया है। संदेश मेरा सविस्तार है और तुम अधिक उतावले हो। फिर भी वह गाहा वत्थु और डोमिलइ कह देना।[2]

इन पंक्तियों में पति की निष्ठुरता की भर्त्सना करते हुए विरहिणी ने पात पर अर्थलोभ के कारण अकेले छोड़ जाने का आरोप लगाते हुए अत्यंत मार्मिक बात कही है। अर्थ का उसे इतना अधिक लोभ न होता तो वह अपने नगर में थोड़े धन से ही संतुष्ट होकर रह सकता था या परदेश में जाकर कुछ उपार्जन करके लौट आता। स्वाभिमानिनी गृहिणी की भाँति यह सोचकर नायिका का क्षुब्ध होना स्वाभाविक है कि प्रिय उसकी अपेक्षा धन की अधिक चिंता करता है।

धीरे-धीरे संदेश में विरहव्यथा की अनुभूति गहरी होती जाती है। किंतु उसकी गति इतनी स्वाभाविक है कि पाठक को यह विचारने का अवसर ही नहीं मिलता कि वह क्रमशः विरह सागर की अधिक गहराइयों में उतरता जा रहा है। विरहिणी की वेदना के साथ सहृदय पाठक की एकसूत्रता स्थापित हो जाती है।

ज्यों-ज्यों विरह-वर्णन का रंग गाढ़ा होता जाता है और विरहजन्य पीड़ा की अनुभूति बढ़ती जाती है, नायिका पति के लिए कापालिक, निशाचर, निर्दय जैसे विशेषणों का प्रयोग भी अधिक करती है। प्रिय के लिए प्रयुक्त ये विशेषण विरह के संदर्भ में उसके प्रति नायिका के अतुल प्रेम को ही प्रकट करते हैं। जिन्होंने ग्राम

१. संदेश-रासक २।८६,८७।
२. सं० २।९१,९२।

वधुओं को अपने पतियों से झगड़ते या उनको कोसते देखा है उन्हें यह समझने में कठिनाई नहीं होगी कि साधारणतः ये निंदार्थक विशेषण जब उच्छल प्रेम रस से परिपूर्ण होकर व्यवहृत होते हैं तो उनमें कितनी मधुरिमा और भावव्यंजकता निहित रहती है। संदेश-रासक में आये हुए ये प्रयोग, अद्दहमाण के लोक-परिचय और उनकी सरस अंतर्वृत्ति का परिचय देते हैं।

संदेश-रासक में यद्यपि विरह के अंतर्गत शारीरिक दशाओं का ही वर्णन अधिक हुआ है, किंतु कवि ने उसे इतने मार्मिक ढंग से प्रस्तुत किया है कि वह हृदय में बहुत दूर जाकर गहरी संवेदना को जगाता है। बाह्य व्यापारों को चित्रित करने में भी संदेश-रासक की पदावली अत्यंत प्रभावशालिनी है। कवि की भाव-प्रेरित अनुभूति-स्पंदित वाणी सीधे अंतस्तल तक पहुँचे बिना बीच में रुकना नहीं चाहती। कारण यह है कि अद्दहमाण ने सदैव स्वाभाविकता और मार्मिकता का ध्यान रखा। साधारण कवियों की भाँति वे चमत्कार के लोभ में नहीं पड़े हैं।

कहीं-कहीं कवि ने किसी विशेष भाव का चित्र रूपक के माध्यम से बड़ी सफाई के साथ खींचा है। सुनार आभूषण गढ़ते समय धातु को लंबा, पतला या गोल करने के लिए उसे पहले अग्नि में तपाता है और फिर जल में भिगोता है। कवि ने विरहिणी के हृदय में उठती हुई उत्कंठा, निराशा और आशा की क्रमिक भावनाओं को इसी प्रकार क्रिया व्यापार के रूप में खींचा है। विरहिणी कहती है कि मेरा हृदय स्वर्णकार की भाँति है। पहले वह उत्कंठा उत्पन्न करके मुझे विरह की अग्नि में जलाता है तत्पश्चात्, आशा के जल से सींचता है—

'सुन्नारह जिम मह हियउ, पिय उक्किख करेइ।
विरहहुयासि दहेवि करि, आसाजलि सिंचेइ॥'[१]

किंतु अद्दहमाण इतने विरह-वर्णन करके ही बस कर देने वाले नहीं थे। विरह-वर्णन करते समय ऋतु-वर्णन की परंपरा का लोभ वे नहीं छोड़ पाये।

अद्दहमाण ने ऋतु-वर्णन का बहाना बड़े कौशल से निकाला है। संदेश-रासक का ऋतु-वर्णन पहले से चले आते हुए विरह-वर्णन का स्वाभाविक विकास लगता है, केवल परंपरा पालन के निमित्त ऊपर से लादा हुआ नहीं।

विरहिणी नायिका का संदेश सुनते-सुनते ऊबकर पथिक अंत में कहता है कि हे कनकांगि! तुमने जो कुछ कहा है वह और उसके अतिरिक्त जो कुछ मैंने देखा है, उसे भी अपनी ओर से मैं तुम्हारे प्रिय से कह दूँगा। मेरा पथ दुर्गम है। देखो, पूर्व दिशा में अंधकार छा गया। रात्रि होने को आयी। हे कमलनयने, अब तुम अपने घर जाओ और मेरा गमन न रोको।[२]

---

१. संदेश-रासक २।१०८।
२. वही, २।१२३, १२४।

पथिक की बात सुनकर उस प्रेम-वियोगिनी क्षामोदरा ने दीर्घोष्ण उच्छ्वास लिया। उस समय वह रो रही थी। उसके कपोलों पर अश्रुकण ऐसे शोभित हो रहे थे जैसे विद्रुमपुंज पर मुक्ता शोभित होते हैं। प्रिय के प्रवास से दुखी और रोती-कलपती हुई उस नायिका ने पथिक से दो और स्कंध पति से कहने के लिए कहा।

उन दो स्कंधकों में कुछ ऐसी बात थी कि उन्हें सुनते ही पथिक का हृदय द्रवीभूत हो गया। कहाँ तो वह जाने की इतनी शीघ्रता कर रहा था और कहाँ उसे रोमांच हो आया। उसने विरहिणी से पूछा कि हे मृगनयनी! जो कुछ मैं कहता हूँ उसे धैर्यपूर्वक सुनो और सही-सही बताओ कि नवघन रेखा विनिर्गत शरद रजनी के निर्मल अमृतस्रावी चंद्रमा को जीतने वाले, प्रिय को संजीवन सुख देने वाले तुम्हारे सुख को विरहाग्नि धूप कब से श्यामल कर रहा है। हे तरलाक्षि! इस विरह-दुःख को तुमने अपनाया है और यह दुःसह विरह करपत्र (आरा) कितने दिनों से तुम्हारे अंगों पर चल रहा है। हे सुंदरी, यह बताओ कि कामदेव कब से तुम्हें अपने बाणों से घायल कर रहा है। तुम्हारे पति को तुम्हें छोडकर गये कितने दिन हो गये?[1]

अब क्या था! नायिका को (और अद्दहमाण को भी) अपनी विरहगाथा कहने का पूरा अवसर मिल गया। विरहिणी का पति ग्रीष्म में गया था। अतः उसने ग्रीष्म से क्रमशः वर्षा, शरद्, हेमंत, शिशिर और वसंत में अनुभूत अपने विरह का वर्णन किया।

ऋतु-वर्णन के लिए 'पृथ्वीराजरासो' में और 'ढोला मारू रा दूहा' में भी किस प्रकार चतुरता के साथ कथा को मोड़ दिया गया है, इसका उल्लेख प्रकृति-वर्णन के प्रसंग में कर दिया गया है। यहाँ उसे दुहराने की आवश्यकता नहीं है। संस्कृत साहित्य में ही ऋतु-वर्णन की परंपरा विद्यमान है। वाल्मीकि ने यद्यपि प्रसंगवश ऋतुओं का वर्णन किया है किंतु एक साथ सभी ऋतुओं का 'ऋतु-वर्णन', काव्य रूप में किया हुआ चित्रण सर्वप्रथम कालिदास के 'ऋतुसंहार' में ही मिलता है। 'संदेश-रासक' में 'ऋतुवर्णन' मिलने से यह प्रकट है कि यह परंपरा अविच्छिन्न रूप से हिंदी में चली आयी है। १४ वीं शताब्दी की पुस्तक 'वर्णरत्नाकर' में छहों ऋतुओं के वर्णन का भी नुसखा दिया हुआ है। उसमें प्रत्येक ऋतु की वे मुख्य-मुख्य विशेषताएँ दे दी गयी हैं जिन्हें उस ऋतु का वर्णन करते समय

१. अथ वसन्त वर्णना॥ वृक्षक नूतनता। पल्लवक उद्गम। कुमुदक सम्भार। मलयानिल-वेग। कोकिलाक कलरव। भ्रमरक झांकार। कन्दर्पक प्रभाव। विरहिनीक उत्कंठा। नायकक हरष, नायिकाक अभिलाष। दिनकरक रम्यता। शिशि (र) क अपगम। मधु (क) रक समृद्धि। पुष्पक सौरभ। पवनक आकांक्षा। एवम्बि (ध) गुण विशिष्ट बसन्त देषु॥
—वर्णरत्नाकर—चतुर्थ कल्लोल, पृ० १८-१९

कवियों को नहीं भूलना चाहिए। जस वसंत-वर्णन में वृक्ष की नवीनता, पल्लव का उद्गम, कुमुद का संभार, मलयानिल का वेग, कोकिल का कलरव, भ्रमर की झंकार, कामदेव का प्रभाव, विरहिणी की उत्कंठा, नायक का हर्ष, नायिका की अभिलाषा इत्यादि के वर्णन की विधि दी हुई है।

हिंदी में 'षड्ऋतु वर्णन' के अतिरिक्त 'बारहमासा' भी मिलता है। जायसी के 'पद्मावत' में 'षड्ऋतु वर्णन खंड' में रतनसेन और पद्मावती के संयोगसुख का वर्णन है और बारहमासे का व्यवहार नागमती के वियोग का वर्णन करते समय किया गया है। बारहमासा बहुत प्राचीन काव्यों में नहीं मिलता। डॉ० श्रीकृष्णलाल का विचार है कि हिंदी साहित्य का 'बारहमासा' फारसी काव्य-पद्धति से मिलता है। वह यहाँ सूफियों की रचनाओं के माध्यम से आया है। फारसी साहित्य में क्रम-पद्धति पर कविता करने की कई प्रणालियाँ प्रचलित थीं जैसे अरबी वर्णक्रम के आधार पर 'अलिफनामा' जिसका भारतीयकरण 'अखरावट' और 'ककहरा' के रूप में मिलता है।[१]

ऋतुसंहार, 'संदेश-रासक' और ढोला में ऋतुओं का वर्णन ग्रीष्म से प्रारंभ होता है।[२] किंतु रासो और पद्मावत में षड्ऋतु वर्णन बसंत से प्रारंभ होता है।[३] यही नहीं, पद्मावत में ही 'बारहमासा' आषाढ़ से प्रारंभ होता है।[४] इससे प्रतीत होता है कि ऋतु-वर्णन कहाँ से प्रारंभ किया जाय, इस प्रश्न पर कोई सर्वमान्य परंपरा नहीं थी। यह अवश्य ध्यान रखा जाता था कि किसी उद्दीपक ऋतु से ही इसका प्रारंभ हो। यह ऋतु-वर्णन मिलनजन्य आनंद और विरहजन्य दुःख दोनों में उद्दीपन-संचार के लिए किया जाता था। इससे काव्य में मिलनसुख और विरहःदुख दोनों का रंग गाढ़ा हो जाता था। कवियों का अतिसंवेदनशील व्यक्तित्व मनुष्य

---

१. थलकत्ता लू सामुही दाझोला पहियाह।
म्हांकउ कहियउ करउ घरि बहता रहियाह॥
—ढोला मारू रा २४१।

२. मवरि अब फुल्लिग। कदंब रयनी दिघ दीसं
भवर भाव भुल्ले। भ्रमंत मकरंदं रीरंसं।
बहत बात उज्जलति। भौर अति विरह अगिन किय।
कुह कुहंत कलकंठ। पत्र राषस रति अग्गिय। आदि
पय लग्गि प्रान पति बीनवों नाह नेह मुझ चित्त धरहु।
दिन दिन अवद्धि जुव्वन घटिय कंत बसंत न गम करहु।
—रासो कनवज्ज समय।

३. प्रथम बसंत नवल रितु आई। रितु चैत बैसाख सुहाई
—षड्ऋतु वर्णन खंड ५

४. चढ़ा असाढ़ गगन घन गाजा, साजा विरह दुंद दल बाजा।
—नागमती वियोग खंड ४

के सुख-दुःख का प्रतिबिंब प्रकृति में भी देखता है। अपनी चिरसहचरी प्रकृति के विशाल परिदृश्य में मनुष्य के व्यक्तिगत सुख-दुःख उसकी अपनी आशा-निराशा अलौकिक प्रभाव उत्पन्न करती है। लेकिन इस विषय में यह स्मरणीय है कि इस प्रकार के वर्णनों में प्रकृति केवल उद्दीपन का ही काम करती है अर्थात् वह मनुष्य के सुख-दुःख की आश्रिता होकर ही काव्य में दिखायी पड़ती है।

संदेश-रासक के कवि ने भी ऋतुवर्णन की परंपरा का उपयोग नायिका के विरह को अधिक प्रगाढ़ बनाने के लिए किया है।

विरहिणी के पति ने घर से ग्रीष्म में प्रयाण किया था। अतएव पथिक के यह पूछने पर कि तुम कितने दिनों से विरहाग्नि में जल रही हो, वह सबसे उस ग्रीष्म की खबर लेती है जिसमें उसके पति ने प्रयाण किया था। ठीक ग्रामीण स्त्रियों की भाँति वह ग्रीष्मानल को जल जाने और मलय पवन को सूख जाने का शाप देकर ग्रीष्म वर्णन प्रारंभ करती है।[1]

यद्यपि संदेश-रासक में ऋतु-वर्णन का मूल उद्देश्य विरहिणी के अपार विरह-दुःख को व्यंजित करना है, किंतु उसके लिए बाह्य प्रकृति का सहारा यथेष्ठ मात्रा में लिया गया है। यही कारण है कि ऋतु-वर्णन के अंतर्गत कवि को प्रकृति-वर्णन का भी अवकाश मिल गया है। कवि प्रत्येक ऋतु के वर्णन में पहले प्रकृति का उद्दीपन रूप भलीभाँति चित्रित कर देता है और फिर विरहिणी की विरहज्वाला की पीड़ा व्यक्त करता है, फलतः सम्पूर्ण प्रकृति व्यापार नायिका की विरह-वेदना की पृष्ठभूमि का कार्य करता है। जैसे ग्रीष्म-ऋतु का तो रूप यह है कि आकाशतल यमराज की जिह्वा के समान लहलहाता है और धरा धूप-ताप के कारण तड़-तड़ कर रही है। ऊपर से विरहिणी को इस प्रकार जला रही है कि यदि वह रात्रि में सुखद कमलदल की शय्या पर लेटती है तो भी उसका उद्वेग द्विगुणित हो जाता है और वह रातभर गद्गद कंठ से विरह-परक गान पढ़ा करती है।[2]

इसी प्रकार वर्षा ऋतु में चारों ओर घोर अंधकार छा जाता है। बादल सरोष गर्जन करने लगते हैं। सूचीभेद्य अंधकार में पगडंडियाँ विजली के चमकने-पर रह-रहकर दिखायी पड़ती हैं। दसों दिशाओं में बादलों के छा जाने से अंधकार छा गया है। उन्नमित कृष्ण मेघ घनघोर गर्जन कर रहे हैं। नभ में चंचल विद्यु-ल्लता तड़क रही है, मेंढ़कों का कठोर रव किसी से सहा नहीं जाता है। धारासार वर्षा एक क्षण के लिए भी नहीं रुकती। विरहिणी कातर भाव से पूछती है कि हे पथिक, तुम्हीं कहो कि आम्रतरु शिखरासीन कोकिल की मनोहर ध्वनि इस ऋतु में मैं कैसे सहूँ।[3]

---

१. संदेश-रासक २।१२६।

२. वही, २।१३६।

३. वही, २।१४८।

वर्षा के बाद शरद ऋतु आ गयी है। फिर भी विरहिणी का पति नहीं लौटा। शरद के आते ही आकाश स्वच्छ हो गया। जलाशयों में कमल खिल गये। अपने दुःख में दूसरों का सुख और अधिक वेदना पहुँचाता है। विरहिणी भी जब देखती है कि जिनके पति साथ हैं वे अपने पति के साथ अनेक प्रकार की क्रीड़ाएँ करके और चित्रविचित्र वस्त्र धारण करके सुखी होती हैं,[1] तो उसकी अवस्था और भी बुरी हो जाती है। उसे रात्रि को अर्ध प्रहर के लिए भी नींद नहीं आती। प्रिय की कथा स्मरण करती हुई वह रातभर जागती रहती है। अन्त में वह निराश होकर सोचती है कि क्या प्रिय को मेरी याद नहीं आती है? क्या जिस देश में वह गया है वहाँ रात्रि में चंद्रमा नहीं उदित होता? क्या वहाँ हंस कमलरस-कषायित कंठों से सुंदर शब्द नहीं करते? क्या वहाँ कोई सुरम्य प्राकृत गान सुंदर राग से कोई नहीं पढ़ता? क्या वहाँ कोयल पंचम नाद नहीं करती? अथवा उस देश में सूर्योदयकाल में विकसित पुष्पों का गंधसंभार सुगंधि नहीं फैलाता? अथवा मेरा प्रिय ही अरसिक हो गया, नहीं तो क्या वह शरद काल में भी घर नहीं लौटता? शरद्-वर्णन के पश्चात् बाह्य प्रकृति का वर्णन अपेक्षाकृत कम और विरहिणी की विरहवेदना का वर्णन अधिक हो गया है। इसका कारण यही ज्ञात होता है कि ज्यों-ज्यों विरह-वेदना गंभीर होती जाती है त्यों-त्यों कवि का ध्यान प्रकृति के हटकर विरहिणी की विरहपीड़ा में अधिक केंद्रित होता गया है।

शरद के पश्चात् हेमंत भी आ गया किंतु पति नहीं लौटा। अन्य लोग शरीर को अगरु से धूपित करते हैं, कुंकुम लगाते हैं और प्रगाढ़ आलिंगन से अपने अंगों को सुख देते हैं। हेमंत के दिन अन्य ऋतुओं के दिनों की अपेक्षा अत्यंत छोटे होते हैं। उस विरहिणी के लिए एक-एक दिन ब्रह्मा का एक-एक युग है।[2]

उस नायिका ने किसी तरह अत्यंत कष्टपूर्वक हेमंत काटा। शिशिर ऋतु आ गयी, फिर भी धूर्त प्रिय नहीं लौटा। लोग इस ऋतु में भाँति-भाँति के उत्सव मनाने लगे। विविध गंध मिला करके ईख का रस भरपेट पीते हैं। सौभाग्यवती स्त्रियाँ कुंद चतुर्थी का उत्सव करके अपनी-अपनी शय्या पर प्रसन्नतापूर्वक लेटी रहती हैं।

कुछ स्त्रियाँ वसंत जन्मोत्सव में दान करती हैं, अपने पतियों के साथ आनंद मनाती हैं। इसी समय अकेली विरहिणी ने अपने पति के पास मनरूपी दूत भेजा। उसने समझा था कि यह मनरूपी दूत प्रिय को उसके पास ला देगा और उसे संतोष देगा। मैं नहीं जानती थी कि वह दुष्ट धूर्त भी मुझे छोड़ देगा। प्रिय नहीं आया और वह मन भी उसके पास से नहीं लौटा। उसका हृदय दुःखभार के आधिक्य से

१. संदेश-रासक २।१४८।
२. वही, २।१८६।

पूरित हो गया।[1]

अंत में वियोगियों की मदनाग्नि को प्रज्वलित करता हुआ वसंत आ पहुँचा। इस ऋतु में दसों दिशाएँ हँसने लगती हैं। नव कुसुमपत्र धारण करके प्रकृति असंख्य रूपों में निरंतर अपने को सजाती रहती है। सखियाँ मिलकर विविध रागों से अनेक प्रकार के सुंदर गीत गाने लगीं। विरहिणी पथिक से कहती है कि मैंने पति का स्मरण करते-करते अति दुस्सह ग्रीष्म बिता दिया, वर्षा बिता दी; शरद, हेमंत और शिशिर भी किसी किसी प्रकार काट दिए, किंतु मेरा पति वसंत में भी आता नहीं दिखायी देता। एक ओर वसंत का यह प्रभाव है कि भ्रमर काँटों की चिंता न करके मधुपान में मत्त हैं। उनके शरीर में काँटे गड़ जाते हैं किंतु वे पीड़ा नहीं गिनते। रसलोभी रस के लिए शरीर तक दे देते हैं और पाप-पुण्य की परवाह नहीं करते, इधर मैं तीव्र विरह-ज्वाला से जलकर आकुल हो रही हूँ। कामदेव गर्जन कर रहा है। मैं दुस्तर और दुस्सह विरह समुद्र में सभय पड़ी हूँ किंतु मेरे पति को मेरी कोई चिंता नहीं है और वह खंभात में अपने व्यापार में संलग्न है।[2]

वसंत के पश्चात् ऋतुचक्र पूर्ण हो जाता है और पथिक को जाने की आज्ञा भी मिल जाती है। पथिक के जाते ही विरहिणी का पति भी समुपस्थित हो जाता है। पीछे 'वर्णरत्नाकर' में से वसंत वर्णन का उद्धरण दिया गया है। देखने से ज्ञात होगा कि लगभग प्रत्येक ऋतु का वर्णन उस पुस्तक में गिनाई हुई वस्तुओं पर ही आश्रित है। इसका अर्थ यह समझना नहीं उचित होगा कि अद्दहमाण ने वर्णरत्नाकर जैसी कोई पुस्तक सामने रखकर ही ऋतु-वर्णन किया होगा। तात्पर्य केवल यह है कि उन दिनों कवि के मस्तिष्क में काव्यरूढ़ियों के विषय में निश्चित बँधी-बँधाई धारणा रहती थी और वह उन्हीं के अनुसार काव्य में उनका प्रयोग करता था। यही कारण है कि सभी कवियों के ऋतु-वर्णन में एकरसता मिलती है।

किंतु जैसा कि अद्दहमाण के विषय में पहले कहा जा चुका है कि वे प्रतिभा-संपन्न सहृदय कवि थे, विरह-वर्णन और ऋतु-वर्णन में भी उन्होंने अपनी संवेदना का पूरा परिचय दिया है। इस विषय में आचार्य हजारीप्रसाद द्विवेदी के निम्न-लिखित उद्धृत वाक्य संदेश-रासक के ऋतु-वर्णन की विशेषता का सम्यक् परिचय देते हैं—

'संदेश-रासक में कवि ने जिस बाह्य प्रकृति के व्यापारों का वर्णन किया है वह रासो के समान ही कवि प्रथा के अनुसार हैं। उन दिनों ऋतु-वर्णन के प्रसंग में वर्ण्य वस्तुओं की सूची बन गयी थी।···अद्दहमाण के सादृश्यमूलक अलंकार और बाह्य वस्तुनिरूपक वर्णन बाह्य वस्तु की ओर पाठक का ध्यान न ले जाकर विरह-कातर

१. संदेश-रासक २।१९७।

२. वही, २।२०८।

मनुष्य के (चाहे वह स्त्री हो या पुरुष) मर्मस्थल की पीड़ा को अधिक व्यक्त करता है। रासो में यह बात इस मात्रा में नहीं मिलती। संदेश-रासक का पद्य बाह्य वस्तुओं की संपूर्ण चित्र-योजना इस कौशल से करता है कि उससे विरहिणी के व्यथा-कातर सहानुभूति संपन्न कोमल हृदय की मर्म-वेदना ही मुखर हो उठती है।'[१]

उपसंहार

संदेश-रासक शृंगारप्रधान रासक काव्यों का प्रतिनिधि ग्रंथ है। प्रतिनिधि ग्रंथ इसलिए है कि जिन शृंगारपरक रासक काव्यों के लिखे जाने की इस देश में परंपरा थी उनमें से अभी तक केवल संदेश-रासक ही प्राप्त हो सका है। अतएव संदेश-रासक का महत्त्व हम इसी बात से आँक सकते हैं कि अब तक प्रकाश में आने वाले सभी रास काव्यों में केवल यह ही ऐसा काव्य है जिसे पूर्ण लौकिक काव्य कहा जा सकता है।[२] इस काव्य में उत्कृष्ट काव्य-कौशल और निश्छल लोकतत्त्वों का मणिकांचन संयोग है। फलतः संदेश-रासक एक ओर जहाँ अपने काल की भारतीय काव्यगरिमा का परिचायक है वहाँ दूसरी ओर वह जनजीवन की अकृत्रिम झाँकियाँ भी प्रस्तुत करता है। यद्यपि इस छोटे-से काव्य में अद्दहमाण को एक साथ बहुत बातें कहने का उतना अवकाश नहीं था फिर भी वे नगर-वर्णन और ऋतु-वर्णन के स्थलों पर तत्कालीन पश्चिमोत्तर भारत का खासा परिचय दे गये हैं।

संदेश-रासक के प्रकाशन के पूर्व अमीर खुसरो (मृ० १३२५ ई०) प्रथम भारतीय मुसलमान कवि माना जाता था किंतु इस ग्रंथ के प्रकाशन से यह उद्‌घाटित हुआ कि भारतीय साहित्य को मुसलमानों का सक्रिय सहयोग और पहले से प्राप्त है। भारतीय साहित्य परंपरा से अद्दहमाण का इतना प्रगाढ़ परिचय है कि आश्चर्यचकित रह जाना पड़ता है।

भाषा की दृष्टि से यद्यपि यह नहीं कहा जा सकता कि संदेश-रासक की भाषा प्रत्यक्षतः हिंदी की पूर्ववर्ती अपभ्रंश है फिर भी हिंदी के बहुत-से रूपों की पूर्वावस्था का आभास हमें इसमें मिल जाता है। विशेष रूप से परसर्गों, सर्वनामों और वाक्य गठन की कई विशेषताओं, कई कारकों के लिए षष्ठी के व्यवहार तथा संयुक्त पूर्वकालिक प्रयोग में संदेश-रासक की भाषा और हिंदी कासंबंध अत्यंत निकट का ज्ञात होता है। समास के प्रयोग में पूर्व नियमों की अवहेलना का बीज भी संदेश-रासक में दिखायी पड़ता है। कवियों के रियायती अधिकारों के विषय में हिंदी

१. हिन्दी-साहित्य का आदिकाल, पृष्ठ ८४।

२. Sandesrasak : Introduction. p. 1

और संदेश-रासक की भाषा से घनिष्ठ संबंध ज्ञात होता है। छंद सौंदर्य के लिए शब्दों को तोड़ने-मरोड़ने की प्रवृत्ति, जिसका परवर्ती काल में बहुत उपयोग या दुरुपयोग किया गया, संदेश-रासक की भाषा में पूर्ण रूप से विद्यमान है।

परवर्ती हिंदी में प्रयोग होने वाले कई छंद संदेश-रासक में ज्यों-के-त्यों मिल जाते हैं, उनका ढंग भी बिलकुल वही है। परवर्ती काल में केशव आदि हिंदी कवियों में पग-पग पर छंद बदलने की जो प्रवृत्ति दिखायी पड़ती है वह संदेश-रासक जैसे काव्यों की परंपरा का विकास या अनुकरण ज्ञात होता है। रासक काव्यरूप विवेचन के समय हम देख आए हैं कि रासक काव्यों में रासक नामक छंद प्रमुख होता था और उसके साथ उसमें कई छंद प्रयुक्त होते थे। इसके अतिरिक्त वे काव्य मसृणोद्धत होते थे अतएव प्रसंगानुसार उपयुक्त छंदों के द्वारा झनकार उत्पन्न करने का अवसर कवि नहीं चूकते थे। बल्कि वे काव्य की गेयता बढ़ाने के लिए भावानुसारी छंदों का प्रयोग अत्यंत निपुणता के साथ जान-बूझकर करते थे। पृथ्वीराज रासो के छंदों को देखने से यह बात अत्यंत स्पष्ट हो जाती है। पृथ्वीराज रासो युद्धप्रधान काव्य है। इसलिए उसमें युद्धोचित गड़गड़ाहट उत्पन्न करने में समर्थ छप्पय छंदों का प्रचुर प्रयोग है। और इसीलिए चंद 'छप्पयों के राजा' भी हैं।

विरह-प्रधान काव्य होने के कारण संदेश-रासक में विरह-वर्णन की प्रधानता है। इस विषय में रूप-वर्णन, प्रकृति-वर्णन, विरह-वर्णन और ऋतु-वर्णन सब में हमने देखा कि अद्दहमाण ने काव्य परंपरा का पालन किया है। मध्यकालीन अधिकांश कवियों की भाँति उन्होंने भी प्रायः बहु-व्यवहृत उपमानों और काव्य-रूढ़ियों का उपयोग अपने काव्य में किया है। किंतु इन परिपाटी-विहित वर्णनों में कवित्व की आत्मा विद्यमान है। नगर-वर्णन के अंतर्गत 'वनस्पति नामानि सूची' को छोड़कर कहीं भी केवल नाम गिनाने की प्रवृत्ति नहीं पायी जाती। कवि ने सभी वस्तुओं का वर्णन उनमें अपनी आत्मा का रस घोल के किया है। चाहे रूप-वर्णन हो या प्रकृति-वर्णन, कवि पाठक को बिंब ग्रहण कराने में सर्वत्र समर्थ दिखायी पड़ता है। अद्दहमाण को इस दृष्टि से मध्यकालीन कवियों में एक विशिष्ट स्थान का अधिकारी समझा जाना चाहिए, किंतु संदेश-रासक की सबसे बड़ी विशेषता उसकी सर्वजन-सुलभता है। ग्रंथ की प्रस्तावना करते समय ही कवि पंडितम्मन्य लोगों के प्रति उपेक्षा दिखाकर अपना लोकवादी पक्ष प्रकट कर देता है। उसने संदेश-रासक की रचना साधारणजनों के लिए की, पंडितों और मूर्खों के लिए नहीं। इस साधारणजनसुलभता का प्रभाव कवि की भाषा और शैली पर पड़ना अनिवार्य था। वह किसी बात को घुमा-फिराकर कहने के चक्कर में नहीं पड़ता। हृदय के गहरे-से-गहरे भावों को वह साधारण ढंग से व्यक्त करने में पटु है। काव्य की दृष्टि से संदेश-रासक अत्यंत सरल कहानी वाला संदेशकाव्य है जिसमें सीधी-सादी

भाषा में विरहिणी के निश्छल उद्गार व्यक्त किये गये हैं। आचार्य हजारीप्रसाद द्विवेदी ने संदेश-रासक के पद्यों की विशेषता को इन शब्दों में उद्घाटित किया है।

'संदेश-रासक का पद्य बाह्य वस्तुओं की संपूर्ण चित्रयोजना इस कौशल से करता है कि उससे विरहिणी के व्यथा-कातर सहानुभूतिसंपन्न कोमल हृदय की मर्म वेदना ही मुखर हो उठती है। वर्णन चाहे जिस दृश्य का हो, व्यंजना हृदय की कोमलता और मर्मवेदना की ही होती है।"[१]

विश्वनाथ त्रिपाठी

१. हिन्दी-साहित्य का आदिकाल : डॉ० हजारीप्रसाद द्विवेदी, पृ० ८४।

संदेश-रासक

प्रथमः प्रक्रमः

रयणायर धर गिरितरुवराइँ गयणंगणंमि रिक्खाइँ।
जेणऽज्ज सयल सिरियं सो बुहयण वो सिवं देउ ॥१॥‡
माणुस्सदिव्वविज्जाहरेहिँ णहमग्गि सूर-ससिबिंबे।
आएहिँ जो णमिज्जइ तं णयरे णमह कत्तारं ॥२॥
पच्चाएसि पहूओ पुव्वपसिद्धो य मिच्छदेसो त्थि ।
तह विसए संभूओ आरद्दो मीरसेणस्स ॥३॥‡
तह तणओ कुलकमलो पाइयकव्वेसु गीयविसयेसु ।
अद्दहमाणपसिद्धो संनेहरासयं रइयं ॥४॥‡
पुव्वच्छेयाण णमो सुकईण य सद्दसत्थकुसलाण ।
तियलोए सुच्छंदं जेहिँ कयं जेहि णिद्दिट्ठं ॥५॥

हे बुधजनो ! जिसने आरंभ में समुद्र, पृथ्वी, पर्वत, वृक्ष तथा आकाशरूपी आँगन में तारों (इत्यादि) सब को सिरजा वह तुम्हें कल्याण दे। १।

हे नागरजनो ! उस कर्तार को नमस्कार करो जो मनुष्यों, देवताओं, विद्याधरों और आकाश मार्ग पर (चलने वाले) सूर्य, चंद्र बिंबों तथा अन्यों द्वारा नमस्कृत होता है। २।

पश्चिम में प्राचीनकाल से अत्यंत प्रसिद्ध जो म्लेच्छ देश है उसी प्रदेश में 'मीरसेण' नामक तंतुवाय (आरद्द) उत्पन्न हुआ। ३।

उसके पुत्र अद्दहमाण ने, जो अपने कुल का कमल था और प्राकृत काव्य तथा गीत-विषय में सुप्रसिद्ध था, संदेश-रासक की रचना की। ४।

शब्दशास्त्र (या अर्थसहित शब्द) में कुशल प्राचीन विदग्धों और कवियों को मैं नमस्कार करता हूँ, जिनके द्वारा त्रिलोक में सुंदर छंद बनाये तथा निर्दिष्ट किये गये। ५।

---

‡ तारांकित पदों में मुद्रित प्रति से पाठ या अर्थ, अथवा पाठ और अर्थ दोनों भिन्न हैं। उन पर भूमिका में विशेष विचार किया गया है।

अवहट्टय-सक्कय-पाइयंमि पेसाइयंमि भासाए ।
लक्खणछंदाहरणे सुकइत्तं भूसियं जेहिँ ॥६॥
ताणऽणु कईण अम्हारिसाण सुइसद्दसत्थरहियाण ।
लक्खणछंदपमुक्कं कुकवित्तं को पसंसेइ ॥७॥
अहवा ण इत्थ दोसो जइ उइयं ससहरेण णिसिसमए ।
ता किं ण हु जोइज्जइ भुअणे रयणीसु जोइक्खं ॥८॥
जइ परहुएहिँ रडियं सरसं सुमणोहरं च तरुसिहरे ।
ता किं भुवणारूढ़ा मा काया करकरायंतु ॥९॥
तंतीवायं णिसुयं जइ किरि करपल्लवेहि अइमहुरं ।
ता मद्दलकरडिरवं मा सुम्मउ रामरमणेसु ॥१०॥
जइ मयगलु मउ झरए कमलदलब्बहलगंधदुप्पिच्छो ।
जइ अइरावइ मत्तो सेसगया म मच्चंतु ॥११॥‡
जइ अत्थि पारिजाओ बहुविहगंधड्ढकुसुम आमोओ ।
फुल्लइ सुरिंदभुवणे ता सेसतरू म फुल्लंतु ॥१२॥

जिन्होंने अपभ्रंश, संस्कृत, प्राकृत और पैशाची भाषाओं में कविता की तथा सुंदर काव्य को लक्षण, छंद, अलंकार से विभूषित किया । ६ ।

उन कवियों के पश्चात् हम जैसे श्रुति शब्द शास्त्र न जानने वालों की लक्षण-छंद-रहित कुकविता की प्रशंसा कौन करेगा ? । ७ ।

या फिर इसमें कोई दोष नहीं; क्योंकि यदि रात में चंद्रमा उदित होता है तो क्या घर में रात को दीपक नहीं जलाये जाते ? । ८ ।

यदि तरुशिखरों पर बैठकर कोयलें सरस और मनोहर शब्द करती हैं, तो क्या घर (मुड़ेरों) पर बैठकर कौवे न करकरायँ ? । ९ ।

यदि पल्लव जैसे कोमल करों द्वारा बजायी जाने वाली अति मधुर वीणा को लोग सुनते हैं तो क्या साधारण स्त्रियों के क्रीड़ा-विनोद में बजनेवाले करट (ढोल) रव को न सुना जाये ? । १० ।

यदि मत्त गज ऐसा मद क्षरण करता है जो कमल दल के गाढ़े रस के समान उत्कट गंध वाला होने के कारण दुष्प्रेक्ष्य है और यदि वह अत्यंत राग (प्रेम, आसक्ति) से मत्त हो उठता है तो क्या अन्य गज मत्त न हों ? । ११ ।

यदि विविध प्रकार के प्रचुर गंध से युक्त पुष्पोंवाला पारिजात वृक्ष, जो नंदन-कानन में है, फूलता है तो क्या शेष वृक्ष न फूलें ? । १२ ।

जइ अत्थि णई गंगा तियलोए णिच्चपयडियपहावा ।
वच्चइ सायरसमुहा ता सेससरी म वच्चंतु ।।१३।।
जइ सरवरंभि विमले सूरे उइएसु विअसिआ नलिणी ।
ता किं वाडिविलग्गा मा विअसउ तुंबिणी कहवि ।।१४।।
जइ भरहभावछंदे णच्चइ णवरंग चंगिमा तरुणी ।
ता किं गामगहिल्ली ताली सद्दे ण णच्चेइ ।।१५।।‡
जइ बहुलदुद्धसंमीलिया य उल्ललइ तंदुला खीरी ।
ता कणकुक्कससहिआ रब्बडिया मा दडब्बडउ ।।१६।।
जा सस्स कव्वसत्ती सा तेण अलज्जिरेण भणियव्वा ।
जइ चउमुहेण भणियं ता सेसा मा भणिज्जंतु ।।१७।।‡
णत्थि तिहुयणि जं च णहु दिठ्ठु,
तुम्हेहिं वि जं न सुउ विअडबंधु सुच्छंदु सरसउ ।
णिसुणेविणु को रहइ ललियहीणु मुक्खाह फरसउ ।
तो दोग्गच्चिय छेअरिहिँ पत्तिहि अलहंतेहिँ ।
आसासिज्जइ कह कहिवि सइवत्ती रसिएहिँ ।।१८।‡

तीनों लोकों में जिसका प्रभाव नित्य प्रकटित है, ऐसी गंगा यदि सागर की ओर बहती है तो क्या दूसरी नदियाँ न बहें ? । १३ ।

यदि सूर्य के उदित होने पर नलिनी विमल सरोवर में खिलती है तो क्या बाड़ी में लगी हुई तूँबी या लौकी न फूले ? । १४ ।

यदि भरत मुनि द्वारा निर्दिष्ट भावों और छंदों के अनुसार, नव-यौवन के सौंदर्य से पूर्ण तरुणी नाचती है तो क्या गाँव गलेहरी ताली बजाकर (या ताली शब्द के साथ) न नाचे ? । १५ ।

यदि प्रचुर दुग्धमिश्रित चावल की खीर उबलती है तो कन भूसी सहित रब्बड़ी न दड़बड़ाए ? । १६ ।

जिसके पास जितनी काव्यशक्ति है उसको उसी के अनुसार निस्संकोच होकर कविता करनी चाहिए। चतुर्मुख ने कविता की तो क्या अन्य कवि कविता न करें ? । १७ ।

त्रिभुवन में ऐसा कुछ नहीं है जिसे आप लोगों ने देखा और सुना न हो। इसके अतिरिक्त विकट-बंध और सरस सुच्छंद सुनकर मुझ मूर्ख के लालित्यहीन परुष काव्य को कौन पसंद करेगा ! तो भी दारिद्र्यग्रस्त विदग्धजन जिस प्रकार पात्र के अभाव में शतपत्रिका (कमल पत्र) में ही भोजन करके आश्वस्त हो लेते हैं उसी प्रकार मेरी इस कुकविता को भी लोग कभी-कभी पढ़ लेंगे । १८ ।

णिअ कवित्तह विज्ज माहप्पु,
पंडित्त पवित्थरणु मणुयजम्मि कोलिय पयासिउ ।
कोऊहलि भासिअउ सरलभाइ संनेहरासउ ।
तं जाणवि णिमिसिद्धु खणु बुहयण करवि सणेहु ।
पामरजणथूलक्खरिहिं जं रइयउ णिसणेहु ॥१९॥
संपडिउ जु सिक्खइ कुइ समत्थु,
तस कहउ विबुह संगहवि हत्थु ।
पंडित्तह मुक्खह मुणहि भेउ,
तिहि पुरउ पढिव्वउ ण हु वि एउ ॥२०॥
णहु रहइ बुहह कुकुवित्त रेसु,
अबुहत्तणि अबुहह णहु पवेसु ।
जिण मुक्ख ण पंडिय मज्झयार,
तिह पुरउ पढिब्बउ सव्ववार ॥२१॥
अणुराइय रइहरु कामियमणहरु,
मयण महप्पह दीवयरो ।‡
विरहिणिमइरद्धउ सुणहु विसुद्धउ,
रसियह रससंजीवयरो ॥२२॥

अपनी कविता को विद्या के माहात्म्य और पांडित्य को बढ़ानेवाले इस संदेश-रासक की रचना, मनुष्यलोक (जन्म) में कौलिक ने कौतूहलवश सरल भाव से की है। यह जानकर हे बुधजनो ! आधे क्षणभर स्नेह करके पामरजन द्वारा स्थूल अक्षरों में रचित इस काव्य को सुनो। १९।

यदि किसी समर्थ व्यक्ति के हाथ में यह (पुस्तक) पड़े और वह इसे पढ़ना चाहे तो उस विद्वान् का हाथ पकड़कर मैं कहता हूँ जो पंडित और मूर्ख का भेद करते हैं उनके सामने इसे मत पढ़ो। २०।

पंडितजन का कुकविता से संबंध नहीं रहता और अबुधजनों का अबुधत्व के कारण, कविता में प्रवेश ही नहीं होता। इसलिए जो न मूर्ख और न पंडित हैं बल्कि मध्यम कोटि के हैं उनके सामने इसे सर्वदा पढ़ना। २१।

यह संदेश-रासक अनुरागियों का रतिगृह, कामियों का मन हरने वाला, मदन के माहात्म्य को प्रकाशित करने वाला, विरहिणियों के लिए मकरध्वज और रसिकों के लिये विशुद्ध रस संजीवक है। इसे सुनो। २२।

अइणेहिण भासिउ रइमइवासिउ,
सवणसकुलियह अभियसरो।
लइ लिहइ वियक्खणु अत्थह लक्खणु,
सुरइसंगि जु विअड्ढ नरो ॥२३॥

इस संदेश-रासक की रचना अति स्नेहपूर्वक की गयी है, यह प्रेम और शृङ्गार की भावनाओं से परिपूर्ण है, कर्णपुटों में अमृत सरोवर या अमृतमय स्वर की भाँति सुखद लगने वाला है। इसके अर्थ और लक्षणों को वही विचक्षण अपने भाव में देख पाता है, हृदयंगम कर पाता है जो सुरति संग में विदग्ध है ॥ २३ ॥

द्वितीयः प्रक्रमः

विजयनयरहु कावि वररमणि,
उत्तंगथिरथोरथणि, विरुडलक्कि, धयरट्ठपउहरि।
दीणाणहि पहुणिहइ, जलपवाह पवहंति दीहरि।
विरहग्गिहि कणयंगितणु तह सामलिमपवन्नु।
णज्जइ राहि विडंबिअउ ताराहिवइ सउन्नु ।।२४।।
फुसइ लोयण रुवइ दुक्खत्त,
धम्मिल्लपमुक्कमुह विज्जंभइ अणु अंगु मोडइ।
विरहानलि संतविअ, ससइ दीह करसाह तोडइ।
इम मुद्धह विलवंतियह महि चलणेहि छिहंतु।
अद्‌द्धड्डीणउ तिणि पहिउ पहि जोयउ पवहंतु ।।२५।।‡

विजयनगर की कोई ऐसी सुंदरी रमणी जो ऊँचे, स्थिर और स्थूल स्तनों-वाली है, जिसकी कटि भिड़ के समान पतली है, जिसकी गति हंस के समान है और जिसका मुखमंडल दीन हो गया है, दीर्घतर अश्रुजल प्रवाह करती हुई पथ निहार रही है। स्वर्ण के समान अंगों वाली उस रमणी का शरीर विरहाग्नि से इस प्रकार श्यामल हो गया है मानों राहु द्वारा चंद्रमा संपूर्ण ग्रस्त कर लिया गया हो। २४।

वह आँखें पोंछ रही है और दुःख से आर्त होकर रो रही है, उसकी बिथुरी हुई लटें मुख पर छायी हुई हैं, वह जम्हाई लेती है और अपने कोमल अंगों से अँगड़ाई लेती है, विरहानल से संतप्त होने के कारण वह लम्बी-लम्बी साँसें लेती है और अँगुलियाँ तोड़ती है। इस प्रकार विलाप करती हुई उस मुग्धा ने एक पथिक को जाते हुए देखा जो इतने वेग से जा रहा था कि मालूम होता था कि वह पृथ्वी को चरणों से केवल छू भर रहा है और आधा उड़ा जा रहा है। २५।

तं जि पहिय पिक्खेविणु पिअउक्कंखिरिय,
मंथरगय सरलाइवि उत्तावलि चलिय।
तह मणहर चल्लंतिय चंचलरमणभरि,
छुडवि खिसिय रसणावलि किंकिणरव पसरि ॥२६॥
तं जं मेहल ठवइ गंठि णिटठुर सुहय,
तुडिय ताव थूलावलि णवसरहारलय।
सा तिवि किवि संवरिवि चइवि किवि संचरिय,
णेवर चरण विलग्गिवि तह पहि पंखुडिय ॥२७॥
पडि उट्ठिय सविलक्ख सलज्जिर संझसिय,
तं सिय सच्छ णियंसण मुद्धह विवलसिय।
तं संवरि अणुसरिय पहियपावयणमण,
फुडवि णित्त कुप्पास विलग्गिय दर सिहण। २८॥
छायंती कह कहव सलज्जिर णियकरिहि,
कणयकलस झंपंती णं इंदीवरिहि।
तो आसन्न पहुत्त सगग्गिरगिरवयणि,
कियउ सद्दु सविलासु करुण दीहरनयणि ॥२९॥

उस पथिक को देखकर वह प्रियोत्कंठिता (अपनी स्वाभाविक) मंथर गति छोड़कर सीधे ही उतावली से चल पड़ी। उतावली से चलने के कारण उस नायिका के चंचल रमण भार से करधनी छूटकर गिर पड़ी और उसकी किंकिणियों का स्वर फैल गया। २६।

करधनी को उस सुभगाने सुदृढ़ गाँठ बाँधकर ठीक किया ही कि तब तक उसकी स्थूल मुक्ताओंवाली नवीन हार लता टूट गयी। ज्यों-त्यों कुछ उठाकर कुछ छोड़कर वह फिर चली ही थी कि पैरों में फँसकर रास्ते में नूपुर छितरा गया।२७।

जब वह सविलक्षा, सलज्जा और उत्क्षिप्ता विरहिणी गिरकर उठी तो उस मुग्धा का श्वेत और स्वच्छ शिरोवस्त्र हट गया। उसे ठीक करके पथिक के पास पहुँचने की इच्छा से वह चली ही थी कि उसकी रेशमी चोली फट गयी और स्तन कुछ-कुछ दिखलायी पड़ने लगे। २८।

उस लज्जावती ने जैसे-तैसे उन्हें अपने हाथों से ढँक लिया मानो इंदीवरों ने स्वर्ण-कलशों को ढाँप लिया हो। फिर पथिक के पास पहुँचकर दीर्घनयना विरहिणी ने गद्‌गद वाणी से विलासपूर्वक करुण शब्द किया (बोली)।२९।

ठाहि ठाहि णिमिसद्धु सुथिरु अवहारि मणु,
णिसुणि किंपि जं जंपउँ पहिय पसिज्जि खणु ।
एय वयण आयन्नि पहिउ कोऊहलिउ,
नेय णिअत्तउ ता सु कमद्धुवि णहु चलिउ ।।३०।।
कुसुमसराउह रूवणिहि विहि णिम्मविय गरिट्ठ ।
तं पिक्खेविणु पहिय णिहि गाहा भणिया अट्ठ ।।३१।।‡
पहिउ भणइ बिवि दोहा तसु सु वियड्ढपरि ।
इकु मणि विंभउ थियउ स रूविणि पिक्खि करि ।।क्षेपक‡
किं नु पयावइ अधंलउ अहव वियड्ढलु आहि ।
जिणि एरिसि तिय णिम्मविय ठविय न अप्पह पाहि ।। क्षेपक‡
अइकुडिल माइपिहुणा विविहतरंगिणिसु सलिलकल्लोला ।
किसणत्तणंमि अलया अलिउलमाल व्व रेहंति ।।३२।।‡
रयणीतमविद्दवणो अमियंझरणो सुपुण्णसोमो य ।
अकलंक माइ वयणं वासरणाहस्स पडिबिंबं ।।३३।।

ठहरो ! ठहरो ! आधे क्षण के लिए जो कुछ मैं कहती हूँ उसे सुस्थिर हो और मन लगाकर सुनो, हे पथिक ! क्षण भर के लिए पसीज जाओ अर्थात् दया करो। ये वचन सुनकर पथिक कौतूहल में पड़ गया, वह न लौटा ही और न आधा कदम भी आगे ही बढ़ा ।३०।

कामदेव के साक्षात् अस्त्र के समान, रूप की निधि और स्रष्टा की उत्कृष्ट कृति उस सुंदरी को देखकर नेही पथिक ने आठ गाथाएँ पढ़ीं ।३१।

उस (विधि) के वैदग्ध्य पर उस पथिक ने एक दूसरा दोहा थी पढ़ा, क्योंकि उस रूपिणी को देखकर उसके मन में एक विस्मय था।

क्या प्रजापति अंधा है अथवा अरसिक (नपुंसक ?) है, जिसने इस प्रकार की स्त्री का निर्माण करके अपने पास ही नहीं रख ली। (इस दोहा को मन ही मन में पढ़ने के बाद पथिक ने आठ गाथाओं को स्पष्ट स्वर में पढ़ा)।

अत्यंत कुटिलत्व में पिशुन जन की भाँति, विविध तरंगिता में सलिल कल्लोल की भाँति और कालिमा में अलिकुलमाला की भाँति अलक शोभित हो रहे हैं ।३२।

रात्रि के तम का नाश करने वाले अमृतस्रावी पूर्णचंद्र के समान उस रमणी का मुख निष्कलंकता में सूर्य के प्रतिबिंब के समान है ।३३।

लोयणजुयं च णज्जइ रविंदल दीहरं च राइल्लं ।
पिंडीरकुसुमपुंजं तरुणिकवोला कलिज्जंति ।।३४।।
कोमल मुणालणलयं अमरसरुपन्न बाहुजुयलं से ।
ताणंते करकमलं णज्जइ दोहाइयं पउमं ।।३५।।
सिहणा सुयण-खला इव थड्ढा निच्चुन्नया य मुहरहिया ।
संगमि सुयणसरिच्छा आसासहि बेवि अंगाइँ ।।३६।।
गिरिणइ समआवत्तं जोइज्जइ णाहिमंडलं गुहिरं ।
मज्झं मच्चसहं भिव तुच्छं तरलग्गई हरणं ।।३७।।
जालंधरिथंभजिया उरू रेहंति तासु अइरम्मा ।
वट्टा य णाइदीहा सरसा सुमणोहरा जंघा ।।३८।।
रेहंति पउमराइ व चलणंगुलि फलिहकुट्टि णहपंती ।
तुच्छं रोमतरंगं उब्बिन्नं कुसुमनलएसु ।।३९।।
सयलज्ज सिरेविणु पयडियाइँ अंगाइँ तीइवि सुसविसेसं ।
को कवियणाण दूसइ सिट्ठं विहिणावि पुणरुत्त ।।४०।।

दीर्घतर रागयुक्त लोचन युगल मानो अरविंद दल हैं, और तरुण कपोल दाड़िमकुसुम पुंज की भाँति सुंदर हैं।३४।

इसके बाहु अमरसर (मानसरोवर) में उत्पन्न कोमल मृणाल नाल के समान हैं। इन बाहुओं के आखिरी किनारे पर कमल के समान हाथ ऐसे लग रहे हैं मानो द्विधाभूत (एक के दो कर दिये गये) पद्म हों।३५।

दोनों स्तन सुजन और खल की तरह हैं; स्तब्ध नित्य उन्नत और मुखरहित (छिद्र रहित) होने के कारण खल की भाँति हैं और मिलने पर (संगम में) सुजन की भाँति वे दोनों (स्तन) अंगों को आश्वस्त करते हैं।३६।

नाभिमंडल पर्वतीय नदी के आवर्त के समान गंभीर है और कटि मर्त्य सुख की भाँति सूक्ष्म है जो तरल गति का हरण करनेवाली है, अर्थात् जिसके कारण वह तेजी से चल नहीं पाती है।३७।

उसके अति रम्य उरु कदली स्तंभ से बढ़कर हैं। सरस और सुमनोहर जंघाएँ वृत्ताकार और नातिदीर्घ हैं।३८।

चरणों की उँगलियाँ पद्मराजि की तरह हैं। नखपंक्ति स्फटिक खंडों की भाँति है और कोमल रोम तरंग उद्भिन्न कुसुम नाल की भाँति हैं।३९।

शैलजा पार्वती को उत्पन्न करके स्रष्टा ने उससे भी कुछ अधिक विशेषताओं के साथ इस नायिका के अंगों को प्रकटित किया है। कवियों को कौन दोष दे सकता है जब स्वयं ब्रह्मा ने ही पुनरुक्ति की सृष्टि की।४०।

गाहा तं निसुणेविणु रायमरालगइ,
चलणंगुट्ठि धरत्ति सलज्जिर उल्लिहइ।
तउ पंथिउ कणयंगि तत्थ बोलावियउ,
कहि जाइसि हिव पहिय कहँव तुइ आइयउ ॥४१॥
णयर णामु सामोरु सरोरुहदलनयणि,
णायरजणसंपुन्नु हरिस ससिहरवयणि।
धवलतुंगपायारिहि तिउरिहि मंडियउ,
णहु दीसइ कुइ मुक्खु सयलु जणु पंडियउ ॥४२॥
विविहत्रिअक्खण सत्थिहि जइ पवसीइ नरु,
सुम्मइ छंदु मणोहरु पायउ महुरयरु।
कहव ठाइ चउवेइहिँ वेउ पयासियइ,
कह बहुरुवि णिबद्धउ रासउ भासियइ ॥४३॥
कह व ठाइँ सुदवच्छ कत्थ वर नलचरिउ,
कत्थव विविहविणोइहि भारहु उच्चरिउ।
कहव ठाइ आसीसिय चाइहिँ दयवरहिँ,
रामायणु अहिणवियइ कत्थवि कयवरिहि ॥४४॥‡

इन गाथाओं को सुनकर वह राजमरालगामिनी लज्जावती पैर के अँगूठे से धरती कुरेदने लगी। इसके बाद उस कनकांगी ने पथिक को बुलाया और पूछा "हे पथिक ! अब तुम कहाँ जाओगे और कहाँ से आ रहे हो ?" ।४१।

(पथिक बोला) कमल दल नयने ! मेरे नगर का नाम साम्बपुर है। शशधर बदने। वह नगर सुखी (?) नगर जनों से भरा है और धवल तुंग प्राकारों और त्रिपुरों से मंडित है। वहाँ कोई मूर्ख नहीं दिखता; उस नगर के सभी जन पंडित हैं।४२।

यदि चतुर व्यक्तियों के साथ नगर में प्रवेश किया जाय तो मधुरतर मनोहर प्राकृत छंद सुनायी देते हैं। किसी स्थान पर चारों वेदों के ज्ञाता वेद की व्याख्या करते हैं, कहीं विविध रूपों से निबद्ध रासक पढ़े जाते हैं।४३।

कहीं सुदवच्छ, कहीं सुंदर नलचरित और कहीं विविध विनोदपूर्वक महाभारत की कथाएँ पढ़ी जाती हैं। कहीं त्यागी ब्राह्मण आशीर्वाद देते हैं और कहीं मायावी नट रामायण का अभिनय करते हैं।४४।

के आयण्णहिँ वंस वीण काहल मुरउ,
कह पयवण्णणिबद्धउ सुम्मइ गीयरउ ।
आयण्णहि सुसमत्थ पीणउन्नयथणिय,
चल्लहि चल्ल करंतिय कत्थवि णट्टणिय ।।४५।।‡
नर अउव्ब बिभंविय विविहनडनाडइहिँ,
मुच्छिज्जहि पविसंतय वेसाबाडइहिँ ।
भमिहि कावि मयविंभल गुरुकरिवरगमणि,
अन्न रयणताडंकिहि परिघोलिर सवणि ।।४६।।‡
अवर कहव णिवडुब्भरघणतुंगत्थणिहिँ,
भरिण मज्झु णहु तुट्टइ ता विंभिउ मणिहिँ ।
कावि केण सम हसइ नियइमइकोइणिहि,
छित्ततुच्छताभिच्छ तिरच्छिय लोइणिहि ।।४७।।‡
अवर कावि सुवियविखण विहसंतिय विमलि,
णं ससि सूर णिवेसिय रेहइ गंडयलि ।
मयणवट्टटु मिअणाहिण कस्सव पंकियउ,
अन्नह भालु (भारु) तुरक्कि तिलक आलंकियउ ।।४८।।

कुछ लोग बंशी, वीणा, काहल और मुरज सुनते हैं, कहीं पद वर्ण (या प्राकृत वर्ण निबद्ध) गीत रव सुना जाता है। कहीं वे लोग जो समर्थ हैं उन पीनोन्नत स्तनी नर्तकियों के (गीत) सुनते हैं जिनका कटिवस्त्र नृत्य करते समय चंचल हो उठता है।४५।

अपूर्व नर विविध नट नर्तकियों को देखकर विस्मित हो जाते हैं। लोग वेश्या-बाड़ा में प्रवेश करते ही मूर्च्छित हो जाते हैं। विशाल गज के समान मंथर चलने वाली कोई नर्तकी या वेश्या मदविह्वल होकर घूमती है। किसी अन्य के (कानों में पहने हुए) रत्न ताटंक हिलते हैं।४६।

और कहीं निपट उभरे हुए घनतुंग वक्षस्थलोंवाली सुंदरी भ्रमण कर रही हैं, बड़े स्तनों के भार से कमर टूट नहीं जाती यही देखकर मन में आश्चर्य होता है, किसी व्यक्ति के साथ उन कजरारी तिरछी आँखों से, जिनमें बनावटी कोप का भाव है, हँस-हँसकर बात कर रही हैं।४७।

कोई अन्य सुविचक्षणा जब विमल हँसी हँसती है तो उसके कपोल प्रदेश ऐसा लगता है, मानो चंद्र में सूर्य प्रविष्ट हो गया है (यहाँ चंद्र उसका मुख है और हँसी से उत्पन्न शोभा सूर्य है।) किसी का मदनपट्ट मृगनाभि से चर्चित है, किसी ने अपना भाल (या स्तन भार ?) तिरछे तिलक से अलंकृत कर रखा है।४८।

हारु कसवि थूलावलि णिट्ठुर रयणभरि,
लुलइ मग्गु अलहंत्तउ थणवट्टह सिहरि।
गुहिर णाहिविवरंतरु कस्सवि कुंडलिउ,
तिवल तरंग पसंगिह रेहइ मंडलिउ ।।४९।।
रमणभारु गुरुवियडउ का कट्ठहि धरइ,
अइ मल्हिरउ चमक्कउ तुरियउ णहु सरइ।
जपंती महुरक्खर कस्सव कामिणिहिँ,
हीरपंतिसारिच्छ डसण झसुरारुणिहिँ ।।५०।।‡
अवर कहव वरमुद्ध-हसंतिय अहरयलु,
सोहालउ कर कमलु सरलु वाहह जुयलु।
अन्नह तरुणि करंगुलि णह उज्जल विमल,
अवर कवोल कलिज्जहि दाडिमकुसुमदल ।।५१।।
भमहजुयल सन्नद्धउ कस्सव भाइयइ,
णाइ कोइ कोयंडु अणंगि चडाइयइ।
इक्कह णेवर जुयलह सुम्मइ रउ घणउ,
अन्नह रयणनिबद्धउ मेहल रुणझुणउ ।।५२।।

किसी का मजबूत और स्थूल मुक्ताओं वाला हार मार्ग न पाने के कारण स्तनपट्ट के शिखर पर लोटता है, किसी का गंभीर नाभिविवर कुंडलाकार है और त्रिवली तरंगों से मंडलित है।४९।

कोई रमणी गुरुविकट रमण भार (नितंब) को अत्यंत कष्ट से धारण कर रही है, जिससे उसकी गति में विस्मयकारक या आश्चर्यजनक लीलायित गति आ गयी है। वह शीघ्रता से चल नहीं पाती। मधुर अक्षर बोलती हुई किसी कामिनी के हीरपंक्ति सदृश दाँत पान खाने के कारण आरक्त दिखायी पड़ते हैं।५०।

हँसती हुई किसी दूसरी वर मुग्धा के अधर दल, कर कमल और सरल बाहु युगल शोभित होते हैं। अन्य तरुणी के हाथों की अंगुलियों के नख उज्ज्वल और विमल हैं, दूसरी के कपोल दाड़िम कुसुम दल के समान लग रहे हैं।५१।

किसी के सन्नद्ध भ्रू युगल (चढ़ी हुई भौंहें) ऐसे भाते हैं मानो अनंग ने कोप करके धनुष चढ़ाया हो। एक की नूपुरों का घनरव सुनायी पड़ता है तो दूसरी की रत्ननिबद्ध मेखला की रुनझुन।५२।

चिक्कणरउ चंबाइहिँ लीलंतिय पवरु,
णवसर आगमि णज्जइ सारसि रसिउ सरु।
पंचमु कहव झुणंतिय झीणउ महुरयरु,
णायं तुंबरि सज्जिउ सुरपिक्खणइ सरु ॥५३॥
इम इक्किक्कह तत्थ रूवु जोयंतयह,
झसुर पिकि पय खलहि पहिहि पवहंतयह।
अह बाहिरि परिभमणि काइ जइ नीसरइ,
पिक्खि विविह उज्जाणु भुवणु तह वीसरइ ॥ ॥५४॥
अथ वनस्पति नामानि—
ढल्ल[१] कुंद[२] सयवत्तिय[३] कत्थव रत्तबल[४],
कहव ठाइ वर मालइ[५] मालिय[६] तह विमल।
जूही[७] खट्टण[८] बालू[९] चंबा[१०] बउल[११] घण,
कवइ[१२] तह कंदुट्टय[१३] अणुरत्ता सयण ॥५५॥
माउलिंग[१४] मालूर[१५] मोय मायंद[१६] मुर[१७],
दक्ख[१८] भंभ[१९] ईखोउ[२०] पीण आरु[२१] सियर[२२]।
तरुण ताल[२३] तंमाल[२४] तरुण तुंबर[२५] खयर[२६],
संजिय[२७] सइवत्तिय[२८] सिरीस[२९] सीसम[३०] सयर[३१] ॥५६॥

लीलापूर्वक चलती हुई किसी रमणी के चमड़े के जूतों से सुन्दर मधुर शब्द होता है जैसे नव-शरद के आगमन पर सारस शब्द करते हों। कोई अन्य रमणी जब झानी (कोमल) मधुर पंचम ध्वनि करती है तो मालूम होता है कि तुम्बर ने देवताओं के सम्मुख अपना स्वर सजाया है। ५३।

इस प्रकार वहाँ एक-एक का रूप देखते हुए पथिक के पैर पान की बहती हुई पीक में फिसल जाते हैं। इसके बाद यदि कोई घूमने के लिये बाहर निकलता है तो विविध उद्यानों को देखकर सारा संसार भूल जाता है। ५४।

१. (?) २. कुन्द, ३. शतपत्रिका, ४. रक्तोत्पल, ५. मालती, ६. मल्लिका (बेला), ७. जुही, ८. (?), ९. एलवालु, दालचीनी, १०. चंपा, ११. बकुल, १२. केतकी, १३. नीलकमल, १४. मातुलिंग, १५. मालूर, १६. माकंद, १७. मुर, १८. द्राक्षा, १९. मंभ, २०. अखरोट, २१. आरू, अरवी, २२. शतावरि, २३. ताल, २४, तमाल, २५. तूमड़ा, लौकी, २६. खदिर, खैर, २७. संजीविनी, २८. शतपत्रिका, २९. शिरीष, ३०. शीशम, ३१. सकल, सब।

पिप्पल[1] पाडल[2] तुय[3] पलास[4] घणसार[5] वण,
मणहर तुज्ज[6] हिरन्न[7] भुज्ज[8] धय[9] वंसवण[10] ।
नालिएर[11] निंबोय[12] निंबिजिय[13] निंब[14] वड[15]
ढक्क[16] चूय[17] अँबिलिय[18] कणय[19] चंदण[20] निवड ।।५७।।
आमरुय[21] गुल्लर[22] महूय[23] आमलि[24] अभय[25] ।
नायवेलि[26] मंजिट्ठ[27] पसरि दह दिसह गय ।।५८।।
मंदार[28] जाइ तह सिंदुवार[29],
महमहइ सुवालउ[30] अतिहि फार ।
किंकिल्लि[31] कुंज[32] कुंकुम[33] कवोल[34],
सुरयार[35] सरल सल्लइ[36] सलोल ।
वायंब[37] निंव[38] निंबू[39] चिनार[40],
सिमि[41] साय[42] सरल सिय देवदार[43] ।।५९।।
लेसूड[44] एल[45] लंविय[46] लवंग[47],
कणयार[48] कइर[49] कुरबय[50] खतंग[51]
अंविलिय[52] कयंब[53] बिभीय[54] चोय[55],
रत्तंजण[56] जंबुय[57] गुरु असोय[58] ।।६०।।
जंबीर[59] सुहंजण[60] नायरंग[61],
बिज्ज[62] उरिय अयरूय[63] पीय रंग ।

---

१. पीपल, २. पाटल, ३. पुज, ४. पलाश, ५. घनसार, ६. तूज, ७. धतूरा, ८. भूजे, ९. धाय, १०. बाँस का वन, ११. नारियल, १२. (?), १३. नेउंजी, १४. नीम, १५. बरगद, १६. ढाक, १७. आम, १८. आमला, १९. धतूरा, २०. चंदन, २१. आमड़ा, आम्रातक, २२. गूलर, २३. मधूक, महुआ, २४. इमली, २५. अभया, हरीतिकी, २६. नागबेलि, २७. मँजीठ, २८. मंदार, २९. सिधुँवार, ३०. वालू, दाल चीनी ? ३१. कंकेल्लि, ३२. कुंज, ३३. कुंकुम, ३४. कपित्थ, कद्वेल, ३५. देवदारु, ३६. सल्लकी, ३७. वायविडंग, ३८. नीम, ३९. नींबू. ४०. चिनार, ४१. शमी, ४२. शाक, ४३. देवदार, ४४. लसोढ़ा, ४५. इलाइची, ४६. लम्बी ? ४७. लंवंग, ४८. कनेर, ४९. कैर, ५०. कुरबक, ५१. खतंग (?), ५२. अमिया, ५३. कदम्ब, ५४. विभीतिका, ५५. चोवा, ५६. रक्तांजन, ५७. जामुन, ५८. अशोक, ५९. जंभीर, ६०. सहजन, सुरवाज्जन, ६१. नारंगी, ६२. बीजौरा नींबू, ६३. अगरु ।

नंदण जिमि सोहइ रत्तसाल[1],
जिह पल्लव दीसइ जणु पवाल ।।६१।।
आरिठ्ठय[2] दमणय[3] गिद्द[4] चीड़[5],
जिह आलइ दीसइ सउणि भोड ।
खज्जूरि[6] बेरि[7] भाहण[8] सयाइं,
वोहेय[9] डवण[10] तुलसीयलाइं[11] ।।६२।।
नाएसरि मोडिम पूगमाल ।
महमहइ छम्म मरुअइ विसाल ।।६३।।
अन्नय सेस महीरुह अत्थि जि ससिवयणि,
मुणइ णामु तह कवणु सरोरुहदलनयणि ।
अह सव्वइ संखेविणु निवड निरंतरिण,
जोयण दस गंमिज्जइ तरुछायंतरिण ।।६४।।
पुरउ सवित्थरु वन्नउ अद्धउ जइवि (नवि ?)
करि अज्जु गमणु महु भगा धू अत्थवइ रवि ।। क्षेपक‡
तवण तित्थु चउदिसिह मियच्छि बखाणियइ,
मूलथाणु सुपसिद्धउ महियलि जाणियइ ।
तिहु हुंतउ हउँ इक्कणि लेहउपेसियउ,
खंभाइत्तिह्नि वच्चउँ पहु आएसियउ ।।६५।।‡

---

१. रक्तशाल, २. अरिष्टिका, ३. दमनक, दौना, ४. गेंदा, ५. चीड़, ६. खजूर, ७. बेर, ८. बगरेण ?, ९. बहेड़ा, १०. दमनक, दौना, ११. तुलसीदल ।

हे शशिवदने ! जो शेष अन्य वृक्ष हैं, उनका नाम है कमलदल नयने ! कौन जानता है ? संक्षेप में यही समझो कि इन सब वृक्षों की निविड़ निरंतर छाया में दस योजन तक जाया जा सकता है । ६४ ।

पुर का मैंने सविस्तार वर्णन किया यद्यपि वह (वर्णन) आधा भी नहीं हुआ । (विरहिणी बोली) हे पथिक ! आज गमन करके भागो नहीं, रवि निश्चित रूप से अस्तमित हो रहा है ।

हे मृगाक्षि ! तपन तीर्थ चारों दिशाओं में विख्यात है । संपूर्ण पृथ्वी पर लोग उसे सुप्रसिद्ध मूलस्थान के नाम से जानते हैं । वहाँ से मैं गोपनीय लेख का उपदेश ग्रहण कर के अर्थात् गोपनीय लेख के संकेत को समझकर और उसे लेकर प्रभु से आदेशित होकर खंभात जा रहा हूँ । ६५ ।

एय वयण आयन्नवि सिंधुब्भवयणि,
ससिवि सासु दीहुन्हउ सलिलुब्भवनयणि ।
तोड़ि करंगुलि करुण सगग्गिर गिरपसरु,
जालंधरिव समीरि मुंध थरहरिय चिरु ।।६६।।
रुइवि खणद्धु वि फुसवि नयण पुण वज्जरिउ,
खंभाइत्तिहि णामि पहिय तणु जज्जरिउ ।
तहँ मह अच्छइ णाहु विरहउल्हावयरु,
अहिय कालु गम्मियउ ण आयउ णिद्दयरु । ६७।।
पड मोडवि निमिसिद्धु पहिय जइ दय करहि,
कहउँ किंपि संदेसउ पिय तुच्छक्खरहि ।
पहिउ भणइ कणयंगि कहह किं रुन्नयणि,
किं झिज्झहि दिण रयणि उविग्गियमियनयणि ।।६८।।
जसु णिग्गामि रेणुवकरडि कइअ ण विरहदवेण ।
किम दिज्जइ संदेसडउ तसु णिट्ठुरइ मणेण ।।६९।।
पाणी तणइ विओइ कादमि ही फाटइ हियउ ।
जइ इम माणसु होइ नेहु त साचउ जाणियइ ।। क्षेपक

वह चंद्रमुखी, कमलाक्षी मुग्धा ये वचन सुनकर दीर्घोष्ण श्वास लेती हुई हाथ की उँगलियाँ तोड़कर करुण गद्गद शब्द करती हुई वायु-प्रताड़ित कदली की भाँति देर तक थरहराती रही । ६६ ।

क्षणार्द्ध रोकर और नयनों को पोंछकर फिर बोली, हे पथिक ! खंभात का नाम सुनकर शरीर जर्जर हो गया । वहाँ विरह का विध्मापक (विरहाग्नि को धौंक कर प्रज्वलित करने वाला) मेरा पति है । अधिक काल बीत गया किंतु वह निर्दय नहीं आया । ६७ ।

हे पथिक ! यदि आधे क्षण पैर मोड़कर अर्थात् बैठकर दया करो तो प्रिय को थोड़े अक्षरों में मैं कुछ संदेश कहूँ । पथिक कहता है कि हे कनकांगि ! कहो, रोने से क्या (लाभ) । उद्विग्न मृग नेत्रे ! तुम दिन-रात क्षीण क्यों होती जाती हो ? । ६८ ।

(विरहिणी बोली) जिसने प्रिय के चले जाने पर विरह की आग से मुझे खाक नहीं कर दिया उस निठुर मन से कैसे संदेश दें । ६९ ।

पानी से वियोग होने पर कीचड़ का हृदय फट जाता है, यदि ऐसा मनुष्य हो तब नेह सच्चा जानिए ।

कंतु कहिब्बउ भंति विणु धू पंथिय जाणाइँ।
अज्जवि जीविउ कंत विणु तिणि संदेसइ काइँ ।। क्षेपक
जसु पवसंत ण पवसिया मुइअ वियोइ ण जासु।
लज्जिज्जउ संदेसडउ दिंती पहिय पियासु ।।७०।।
लज्जवि पंथिय जइ रहउँ हियउ न न धरणउ जाइ।
गाह पढ़िज्जसि इक्क पिय कर लेविणु मन्नाइ ।।७१।।
तुह विरहपहरसंचूरिआइँ विहडंति जं न अंगाइँ।
तं अज्ज-कल्ल-सघंडण-ओसहे (आसहे ?) णाह तग्गंति ।।७२।।‡
ऊसासडउ न मिल्हिवउँ दज्झण अंग भएण।
जिम हउँ मुक्की बल्लहइ तिम सो मुक्कु जमेण ।।७३।।‡
कहवि गाह इह पंथिय मण्णाएवि पिउ।
दोहा पंच कहिज्जसु घुरुविणएण सउ ।।७४।।
पिअविरहानलसंतविअ जइ वच्चउ सुर लोइ।
तुह छड्डिवि हियअट्ठियह तं परिवाडि ण होइ ।।७५।।‡

हे पथिक ! मैं निश्चित जानती हूँ कि प्रेम (भंति) के बिना (प्रिय को) 'कंत' कहना (उचित नहीं है)। जो आज भी कंत के बिना जीवित है उसके संदेश देने से क्या ?।

जिसके प्रवास करते समय मैंने भी प्रवास नहीं किया, जिसके वियोग में मैं मरी नहीं, पथिक ! उस प्रिय को संदेश देते हुए लज्जा आती है। ७०।

पथिक ! यदि लज्जा करके रह जाऊँ (संदेश न दूँ) तो हृदय नहीं धारण किया जाता। हाथ पकड़कर मनाकर प्रिय से एक गाथा कहना। ७१।

हे नाथ ! तुम्हारे विरह के प्रहार से संचूर्णित अंग यदि टूटकर अलग नहीं हो जाते तो उसका कारण यह है कि आज या कल मिलने की आशा की औषध उन्हें टूटकर गिरने नहीं देती। ७२।

अंगों के दहन के भय से मैं उच्छ्वास नहीं छोड़ती। जैसे मैं प्रिय द्वारा छोड़ दी गयी हूँ वैसे ही वह (साँस) भी यमराज से छोड़ दिया गया है। ७३।

पथिक ! यह गाथा कहकर और प्रिय को मनाकर अत्यन्त विनय के साथ पाँच दोहे कहना। ७४।

प्रिय ! तुम्हें हृदयस्थित छोड़कर यदि तुम्हारी विरहाग्नि से संतप्त होकर सुरलोक चली जाऊँ तो यह (शिष्ट जन की) परिपाटी नहीं होगी। ७५।

कंत जु तइँ हिअयठ्ठियह विरह विडंबइ काउ ।
सप्पुरिसह मरणाअहिउ परपरिहव संताउ ।।७६।।
गरुअउ परिहसु किन सहउ पइ पउरिसुनिलए ण ।
जिहि अंगिहि तूँ विलसयउ ते दद्धा विरहेण ।।७७ ।
विरह परिग्गह छावडइ पहराविउ निरविक्खि ।
तुट्टी देह ण हउ हियउ तुय सम्माणिय पिक्खि ।।७८।।‡
मह ण समत्थिम विरह सउ ता अच्छउँ विलवंति ।
पाली रूअ पमाण पर, धण सामिहि घुम्मंति ।।७९।।
संदेसडउ सवित्थरउ हउँ कहणहँ असमत्थ ।
भण पिय इक्कति बलियडइ बेवि समाणा हत्थ ।।८०।।
संदेसडउ सवित्थरउ, पर मइ कहणु न जाइ ।
जो कालंगुलि मूँदडउ सो बाँहडी समाइ ।।८१।।
तुरिय णियगमणु इच्छंतु तत्तक्खणे,
दोहया सुणवि साहेइ सुवियक्खणे ।

कंत ! हृदय में तुम्हारे स्थित होते हुए भी विरह काया को कष्ट देता है। सत्पुरुषों को दूसरों से पराभव का संताप मरण से भी अधिक होता है। ७६।

पौरष निलय तुम्हारे रहते हुए क्या मैं गुरुतर परिहास नहीं सह रही हूँ (अर्थात् सह रही हूँ) कि जिन अंगों से तुमने विलास किया था उन्हें विरह ने जला दिया। ७७।

विरह के चपेटों से शरीर पर निरपेक्ष प्रहार हुआ है, उससे देह तो टूट गयी है, परंतु हृदय को तुमसे सम्मानित देखकर वह (विरह) उसे (हृदय को) घायल नहीं कर सका। ७८।

विरह के सामने मेरी कोई सामर्थ्य नहीं है, इसलिए मैं रोती रहती हूँ। पालन करनेवाली धाय (पाली) तो केवल रो सकती है, धन्या (दुल्हन) तो पति के द्वारा ही ले जायी जाती है। ७९।

संदेश सविस्तार है और मैं कहने में असमर्थ हूँ। प्रिय से कहना कि (विरह-जन्य दुर्बलता के कारण) एक ही वलय में दोनों हाथ समा जाते हैं। ८०।

संदेश सविस्तार है किंतु मुझसे कहा नहीं जाता जो कनिष्ठिका उँगली की मुँदरी थी उसमें मेरी बाँह समा जाती है। ८१।

उसी क्षण अपने शीघ्र गमन की इच्छा करते हुए पथिक ने दोहों को सुनकर

कहसु अह अहिउ जं किंपि जंपिव्वअउ,
मग्गु अइदुग्गु मइ मुंधि जाइव्वअउ ॥८२॥
वयण णिसुणेवि मणमत्थसरवट्टिया,
मयउसरमुक्क णं हरिणि उत्तट्ठिया ।
मुक्क दीउन्ह नीसास उससंतिया,
पढिय इय गाह मियणयणि वरसंतिया ॥८३॥
अणियत्तखलं जलवरिहणेण लज्जंति नयण नहु धिट्ठा ।
खंडववणजलणं विय विरहग्गी तवइ अहिययरं ॥८४॥‡
पढवि इय गाह मियनयण उव्विन्निया,
भणइ पहियस्स अइकरुणदुक्खिन्निया ।
कढिण नीसास रइआससुहविग्घिणे,
विन्नि चउपइय पभणिज्ज तसु निग्घिणे ॥८५॥
तुय समरंत समाहि मोहु विसमट्ठियउ,

कहा कि हे सुविचक्षणे ! अब और भी जो कुछ कहना है कह डालो; हे मुग्धे ! मुझे जिस मार्ग से जाना है, वह अत्यंत दुर्गम है । ८२ ।

ये वचन सुनकर वह कामदेव के बाणों से विद्ध (व्याप्त) हो गयी, जैसे शिकारी के छोड़े बाण से हिरणी उद्त्रस्त हो गयी हो । दीर्घोष्ण श्वास छोड़कर उच्छ्वास लेती हुई और अपने नेत्रों से (आँसुओं की) वर्षा करती हुई उसने यह गाथा पढ़ी । ८३ ।

मेरे धृष्ट नेत्र, जिसका गिरना कभी निवृत्त नहीं होता, ऐसी जलवर्षा करने से कभी लज्जित नहीं होते, यद्यपि विरहाग्नि इस वर्षा से बुझती नहीं है बल्कि खांडव वन में लगी हुई अग्नि के समान और तेज जलती है । ८४ ।

यह गाथा पढ़कर अति करुण दशावाली, दु:खिनी, उद्विग्न मृगों की जैसे नेत्रों वाली विरहिणी ने कठिन नि:श्वास लेकर पथिक से कहा कि रति की आशा के सुख में विघ्न डालने वाले उस निर्दय से दो चउपइय कहना । ८५ ।

हे कापालिक ! तुम्हारे विरह ने विरहिणी को कापालिनी बना दिया है । तुम्हारा स्मरण करती हुई मैं मोह की विषम समाधि में स्थित रहती हूँ, जिस प्रकार कापालिक के हाथ में हमेशा कपाल रहता है, उसी प्रकार मेरे बायें कर पर स्थित मेरा सर क्षणभर के भी लिए नहीं हटता । कापालिक क्षण भर के लिए भी सिद्धासन और खट्वांग नहीं छोड़ता, उसी प्रकार मैं भी शय्यासन और खाट का

तहि खणि खुवइ कवालु न वामकरट्ठियउ ।
सिज्जासणउ न मिल्हउ खण खट्टंग लय,
कावालिय कावालिणि तुय विरहेण किय ।।८६।।‡
ल्हसिउ अंसु उद्धसिउ अंगु विलुलिय अलय,
हुय उब्बिबिर वयण खलिय विवरीय गय ।
कुंकुमकणयसरिच्छ कंति कसिणावरिय,
हुइय मुंध तुय विरहि णिसायर णिसियरिय ।।८७।।
तुहु पुण कज्जिहि आवलउ लिहिवि न सक्कउ लेहु ।
दोहा गाह कहिज्जपिय पंथिय करिवि सणेहु ।।८८।।
पाइय पिय बडवानलहु विरहग्गिहि उप्पत्ति
जं सित्तउ थोरंसुयहि जलइ पडिल्ली झत्ति ।।८९।।
सोसिज्जंत विवज्जइ सासे दीउण्हएहि पसयच्छी ।
निवडंत बाहभर लोयणाइ धू जइ ण सिच्चंति ।।९०।।‡
पहिउ भणइ पडिउंजि जाउ ससिहरवयणि,
अहवा किवि कहणिज्ज सु कहु महु मियनयणि ।
कहउ पहिय किण कहउ कहिसु किं कहिययण,

पाका कभी नहीं त्यागती (हमेशा खाट पर एक किनारे पड़ी रहती हूँ) । ८६ ।

मेरे तेज का ह्रास हो गया है, अंग धँस गये हैं, केश छिटके हैं, मुख मंडल फीका पड़ गया है, गति स्खलित और विपरीत हो गयी है, कुंकुम और स्वर्ण के समान देह की कांति काली हो गयी है । हे निशाचर ! तुम्हारे विरह में मुग्धा मैं निशाचरी हो गयी हूँ । ८७ ।

तुम कार्य के लिए आकुल हो और मैं लेख (पत्र) लिख नहीं सकती । पथिक ! स्नेह करके प्रिय से दो गाथा कह देना । ८८ ।

हे प्रिय ! विरहाग्नि ने बड़वानल से उत्पत्ति पायी है जो स्थूल आँसुओं से सिक्त होते रहने पर भी तीव्रता से जलती रहती है । ८९ ।

वह प्रसृताक्षी दीर्घ उष्ण श्वासों द्वारा सुखायी जाती हुई मर जाती यदि लोचनों से निरन्तर झड़नेवाली अश्रुधारा उसे निश्चित रूप से न सींचती रहती । ९० ।

पथिक कहता है कि हे शशधर वदने । मुझे विदा दो जिससे मैं जाऊँ, अथवा हे मृगनयने ! जो कुछ भी कहना हो वह मुझसे कहो । (विरहिणी ने कहा कि) हे पथिक ! कहूँ कि न कहूँ । तुम्हीं कहो स्नेह और प्रेम से रहित जिस प्रिय ने

जिण किय एह अवत्थ णेह-रइ रहिययण ॥६१॥
जिणि हउ विरहह कुहरि एव करि घल्लिया,
अत्थलोहि अकयत्थि इकल्लिय मिल्हिया।
संदेसडउ सवित्थरु तुहु उत्तावलउ,
कहिय पहिय पिय गाह वत्थु तह डोमिलउ ॥६२॥
तइया निवडंत णिवेसियाइँ संगमइ जत्थ णहु हारो।
इन्हि सायर-सरिया-गिरि-तरु दुग्गाइँ अंतरिया ॥६३॥
णिय दइयह उक्कंखिरि किवि विरहाउलिय,
पिय आसंगि पहुत्तिय संगम बाउलिय।
ते पावहिँ सुविणंतरि धन्ना तणु फरसु,
आलिगणु अवलोयणु चुंवणु सुरयरसु।
इम कहिय पहिय तसु णिद्दयह जइय कालि पवसियउ तुहु।
तसु लइ मइ तणि णिंद णहु को पुणु सुविणइ संगसुहु ॥६४॥‡
पियविरहविओए संगमसोए दिवसरयणि झूरंत मणे,

यह अवस्था कर दी उससे कहने से क्या (लाभ)? । ६१ ।

जिसके द्वारा मैं विरह के कुहर में इस प्रकार डाल दी गयी हूँ, जिस अकृतार्थ ने अर्थ लोभवश मुझे अकेली छोड़ दिया है (उससे कहने से क्या) मेरा संदेश सविस्तर है, तुम उतावले हो। पथिक! प्रिय से गाहा, वत्थु तथा डोमिलक कहना। ६२।

उस समय संयोग की अवस्था में निविड़ आलिंगन के अवसर पर (हमारे बीच) हार का भी अंतर नहीं रहने पाता था, अब सागर, सरिता, पर्वत, वृक्ष और दुर्गों का अंतर पड़ गया है। ६३।

अपने पति से मिलने की उत्कंठा में विरहाकुलिताएँ प्रिय के शयन कक्ष में पहुँचकर उनके संगम के लिए बावली (हो जाती हैं) और वे धन्यायें स्वप्न में प्रिय के शरीर का स्पर्श और आलिंगन, अवलोकन, चुंबन और सुरति-रस पाती हैं। उस निर्दय से हे पथिक! यह कहना कि जिस दिन से तुम गये हो उसी समय से मुझे नींद ही नहीं (आती है) फिर स्वप्न में संग-सुख कौन पाये अर्थात् नींद न आने के कारण मुझे स्वप्न में भी तुम्हारा संग-सुख नहीं मिलता। ६४।

हे निर्दय! प्रिय विरहजन्य वियोग से संगम के सोच से दिन-रात चिंतित रहने वाले मन से अपने आपके बारे में (जिसके अंग निरंतर सूखते जा रहे हैं, जिसे आँसू पोंछते रहना पड़ता है) मैं कुछ भी क्यों न कहूँ (उससे क्या लाभ है!)

णिरु अंगु सुसंतह वाह फुसंतह अप्पह णिद्दय किंपि भणे ।
तसु सुयण निवेसिय भाइण पेसिय मोहवसण बोलंत खणे,
मह सामिय वक्खरु हरि गउ तक्खरु जाउँ सरणि कसु पहिय
भणे ॥९५॥‡

इहु डोमिलउ भणेविणु निसि तमहरवयणि,
हुइय णिमिस णिप्फंद सरोरुहदलनयणि ।
णहु किहु कहइ ण पिक्खइ जं पइ अवरु जणु,
चित्तु भित्ति णं लिहिउ मुंध सच्चविय खणु ॥९६॥
ओसासंभमरुद्धसास ओरुन्नमुह,
वम्महसरपडिभिन्न सरवि पिय संगसुह ।
दर तिरच्छि तरलच्छि पहिउ जं जोइयउ,
णं गुणसद्द उतट्ठि कुरंगि पलोइयउ ॥९७॥
पहिउ भणइ थिरु होहि धीर आसासि खणु,
लइवि वरक्किय ससि सउन्नु फुंसहि वयणु ।
तस्स वयणु आइन्नि विरहभरभज्जरिय,

(परंतु चिंता है) उस प्रिय के 'रूप' नामक वस्तु की जिसे प्रिय ने अपने सुंदर शरीर से (सतनु-निवेशित) लगाया, प्रीतिपूर्वक निहारा (भावेन प्रेक्षित) वह 'रूप' वस्तु (उपस्कर) विरह रूपी चोर उस समय चुरा ले गया जब मैं मोहबस (बेहोशी की हालत में) समय बिता रही थी। हाय ! लुटी हुई (प्रहता) अब मैं किसकी शरण जाऊँ। ९५।

यह डोमिलक कहकर वह चंद्रवदनी कमलदलनयना, क्षण भर के लिए निस्पंद हो गयी। वह न कुछ कहती है, न देखती है, मानो वह कोई और ही जन हो। क्षण भर के लिए भित्ति में लिखित चित्र की उपमा को उसने सत्य कर दिया। ९६।

उच्छ्वास और संभ्रम से उसका गला रुँध गया। रोती हुई मुखवाली, कामदेव के बाणों से प्रतिभिन्न प्रिय के संयोगकालीन सुखों का स्मरण करती हुई उस विरहिणी ने किंचित् तिरछी चंचल आँखों से पथिक की ओर इस प्रकार देखा मानों धन्वा की डोरी का शब्द सुनकर त्रस्त हिरणी ने देखा हो। ९७।

पथिक विरहिणी से कहता है कि स्थिर हो, धीरज धरो, क्षण भर के लिए आश्वस्त हो, वस्त्र से संपूर्ण चंद्रमा के समान अपना मुख पोंछ डालो। उसकी बात सुनकर विरह के भार से टूटी हुई उस लज्जावती ने आँचल से अपना मुँह पोंछ

लइ अंचलु मुहु पुंछिउ तहव सलज्जरिय ।।९८।।
पहिय ण सिज्झइ किरि वल मह कंदप्प सउ,
रत्तउ जं च विरत्तउ निद्दोसे य पिउ ।
णेय सुणिय परवेयण निन्नेहह चलह,
मालिणिवित्त कहिज्जइ इक्कइ तहं खलह ।।९९।।
जइ विरइ विरामे णट्ठसोहो मुणंती,
सुहउ तइय राओ उग्गिलंतो सिणेहो ।
भरवि नवयरंगे इक्कु कुंभो (इक्कि कुंभे ?) धंरती,
हियउ तह पडिल्लो वोलियंतो विरत्तो ।।१००।।‡
जइ अंबरु उग्गिलइ राय पुणि रंगियइ,
अह निन्नेहह होइ अंग अब्भंगियइ ।
अह हारिज्जइ दविणु जिणिवि पुणु भिट्टियइ,
पियह विरत्तउ हियउ पहिय किम वट्टियइ ।।१०१।।
पहिउ भणइ पसयच्छि धीरि मणु पंथि धरु,
संवरि णिरु लोयणह वहंतउ नीरुभरु ।

डाला । ९८ ।

(विरहिणी कहती है) हे पथिक ! कामदेव के सामने मेरा बल नहीं सधता। बिना किसी दोष के अनुरक्त प्रिय विरक्त हो गया। उस स्नेहहीन ने चलते हुए मेरी वेदना नहीं सुनी। उस खल से एक मालिनीवृत्त कहना। ९९।

यदि विरह और विरति की अवस्था में मैं (अपने हृदय को) नष्टसौख्य मानती अर्थात् यदि मैं समझती कि मेरे हृदय का सुख नष्ट हो जायेगा तो उस समय सुख को उगलता हुआ जो राग और स्नेह था उसे किसी कुसुंभी रंग के एक घड़े में भरकर रख लेती और वह अपने रागहीन (विरक्त) हृदय को उसमें डालकर डुबो लेता। १००।

यदि वस्त्र रंग को छोड़ दे तो उसे फिर रँग लिया जाये, यदि अंग स्नेहहीन (रूखा) हो जाये तो तैलाभ्यंग (मालिश) करके उसे चिकना बना लिया जाये, द्रव्य जुए में हार जाइए तो जीतकर उसे पुनः प्राप्त कर लिया जाये किंतु प्रिय का विरक्त हृदय किस प्रकार लौटाया जाये। १०१।

पथिक कहता है कि हे प्रसृताक्षि ! धैर्य धरो, मन को रास्ते पर लाओ, लोचनों से निरंतर बहते हुए नीर भार का संवरण करो, प्रवासी विविध कार्यों से

पावासुय बहुकज्जि गमहि तहि परिभमहि,
अकियइ णियइ पओयणि सुन्दरि ! णहु वलहि ।।१०२।।
ते य विएसि फिरंतय वम्महसरपहय,
णियघरणिय सुमरंत विरहसुवसेय कय ।
दिवसरयणि णियदइय सोय असहंत भरु,
जिम तुम्हिहि तिम मुन्धि पहिय झिज्झंति नरु ।।१०३।।
एयं वयण आयन्निवि दीहरलोयणिहिँ ।
पढ़िय अडिल वियसेविणु मयणाकोअणिहिँ ।।‡ अर्द्धम्
जइ मइ णत्थि णेहु ताकं तह,
पंथिय कज्जु साहि सह कंतह ।
जं विरहग्गि मज्झ णक्कंतह,
हियउ हवेइ मज्झ णक्कंतह ।।१०४।।‡
कहि ण सवित्थरु सक्कउँ मयणाउहवहिय,
पहिय अवत्थ अम्हारिय कंतह सउँ कहिय ।
अंगभंगु णिरु अणरइ उज्जगउ णिसिहि,
विहलंघल गय मग्गि चलंतिहि आलसिहि ।।१०५।।

जाते हैं और उनके पूर्त्यर्थ घूमते रहते हैं। हे सुंदरी ! वे अपने प्रयोजन को बिना (पूरा) किये नहीं लौटते हैं।१०२।

हे मुग्धे ! कामदेव के बाणों का प्रहार सहते हुए, अपनी गृहिणी का स्मरण करते हुए, विरह के वशीभूत वे विदेश में फिरते हैं। दिन-रात प्रिया के शोक-भार को न सह पाते हुए जिस प्रकार तुम (व्याकुल) हो उसी प्रकार वे भी नितांत क्षीण होते रहते हैं। १०३।

ये वचन सुनकर दीर्घतर नेत्रों को विकसित करके उस विरहिणी ने मदन चेष्टा युक्त अडिल्ल पढ़ा।

यद्यपि मैं सोचती हूँ कि मेरे प्रति कंत का स्नेह नहीं है फिर भी पथिक ! प्रिय से मेरा संदेश (कार्य) कहना कि मैं विरहाग्नि के बीच नाक तक पड़ी रहती हूँ। मेरा हृदय (दिन से लेकर) रात के अंत तक अर्थात् रात-दिन जलता रहता है। १०४।

मैं मदन के बाणों से व्यथित हूँ। विस्तारपूर्वक संदेश नहीं कह सकती। मेरी यह अवस्था कंत से कहना। (मेरे) अंग टूट गये हैं, नितांत अनरति (बेचैनी) व्याप्त है। मार्ग में आलस्यपूर्वक चलती हुई मेरी गति विह्वलांगी हो गयी है। १०५।

धम्मिलह संवरणु न घणु कुसुमिहि रयउँ,
कज्जलु गलइ कवोलिहि जं नयणिहि धरउँ ।
जं पियआसासंगिहि अंगिहि पलु चडइ,
विरहहुयासि झलक्कि पडिल्लिउ तं झडइ ।।१०६।।
आसाजलि संसित्त विरह उन्हत्त जलंतिय,
णहु जीवउँ णहु मरउँ पहिय अच्छउँ धुक्खत्तिय ।
इत्थंतरि पुण पुणरवि पहिय धरेवि मणु,
फुल्लउ भणियउ दीहरच्छि णिय णयण फुसेविणु ।।१०७।।
सुन्नारह जिम मँह हियउ पिय उक्किख करेइ ।
विरह हुयासि दहेवि करि आसा जल सिंचेइ ।।१०८।।
पहिउ भणइ पहि जंत अमंगलु मह म करि,
रुयवि रुयवि पुणरत्त वाह संवरिवि धरि ।
पहिय ! होउ तुह इच्छ अज्ज सिज्झउ गमणु,
मइ न रुन्नु विरहग्गिधूम लोयणसवणु ।।१०९।।
पहिउ भणइ पसयच्छि तुरिउ कि न वज्जरिहि,
रवि दिणसेसु पहुत्तु पडुंजहि दय करिहि ।

जूड़े को बाँधकर मैं उसे कुसुमों से नहीं सजाती हूँ, जो कज्जल नयनों में धारण करती हूँ वह कपोलों पर गलता है। प्रिय के (आगमन की) आशा से जो मांस शरीर पर चढ़ता है वह विरहाग्नि की ज्वाला से शीघ्र झड़ (सूख) जाता है। १०६।

आशा के जल से संसिक्त और विरह की ऊष्मा से जलती हुई मैं न जीती हूँ न मरती हूँ, बल्कि हे पथिक ! धुकधुकाती रहती हूँ। इस बीच मन में पुनः-पुनः धैर्य धारण करके और अपनी आँखें पोंछकर दीर्घाक्षी ने एक फुल्लक कहा। १०७।

सुनार की तरह मेरा हृदय पहले प्रिय की उत्कंठा उत्पन्न करता है, फिर विरह की अग्नि में (मुझे) जलाकर आशा के जल से सींचता है। १०८।

पथिक कहता है कि रो-रोकर और फिर रोकर रास्ते में जाते हुए मेरा तुम अमंगल मत करो, धैर्यपूर्वक आँसुओं को रोको। (विरहिणी बोली) पथिक ! तुम्हारी इच्छा पूरी हो, (तुम्हारा) आज का गमन सिद्ध हो। मैं रोती नहीं हूँ बल्कि विरहाग्नि के धुएँ से मेरे लोचन स्रवित हो रहे हैं। १०९।

पथिक कहता है कि हे प्रसृताक्षि ! जो कुछ कहना है शीघ्रतापूर्वक कहो।

जाहि पहिय तुह मंगलु होउ पुणन्नवउ
पियह कहिय इक मडिल अन्नु तह चूडिलउ ॥११०॥‡
तणु दीउन्ह सासि सोसिज्जइ,
अंसु जलोहु णेय सोसिज्जइ।
हियउ पडिक्कु पडिउ दीवंतरि,
पडिउ पतंगु णाइ दीवंतरि ॥१११॥‡
उतरायणु वड्ढहि दिवस,
णिसि दक्खिण इहु पुव्व णिओइउ।
दुच्चिय वड्ढहि जत्थ पिय,
इहु तीय अ विरहायणु होइउ ॥११२॥‡
गयउ दिवसु थिउ सेसु पहिय ! गमु मिल्हियइ,
णिसि अत्थमि बोलेवि दिवसि पुणु चल्लियइ।
बिंबाहरि दिणबिंब जुन्ह गोसिहि बलइ;
रयणि तोइ जाइहउँ कज्जि हउँ आवलइ।
जइ न रहहि इणि ठाइ पहिय ! इच्छहि गयणु,

सूर्य दिनांत (अस्ताचल) पर पहुँच गया। दया करके मुझे आज्ञा दो। (विरहिणी बोली) हे पथिक ! तुम्हारा नित्य नवीन मंगल हो। ११०।

शरीर तो दीर्घोष्ण श्वासों से सूख गया किंतु (उसी से उत्पन्न होनेवाले) अश्रु नहीं सूखते। मेरा हृदय फड़ककर द्वीपांतर में जा पड़ा है मानो पतंग दीप में जा पड़ा हो। १११।

उत्तरायण में दिन बढ़ता है और दक्षिणायन में रात बढ़ती है यह पूर्व नियोजित है, जिसमें दोनों बढ़ते हैं वह तीसरा विरहायण भी होता है (टीकाकारों ने भी=च पद से एक चौथे अयन के ध्वनित होने की कल्पना की है। उनका कहना है कि विरहायण तो वह है जिसमें दिन और रात दोनों बढ़ते हैं, लेकिन एक चौथा सुखायन होता है जिसमें ये दोनों घटते हैं।)। ११२।

पथिक दिवस स्थितशेष पर पहुँच गया है अर्थात् बहुत थोड़ा शेष रह गया है, अब जाना छोड़ो, रात्रि यहीं बिताकर दिन में फिर चलना। (पथिक ने उत्तर दिया) बिंबाधरे ! सूर्य प्रभात में जलने लगता है, मैं अपने कार्य के लिए अत्यंत आकुल हूँ इसलिए रात को भी चला जाऊँगा। (विरहिणी ने कहा) यदि इस स्थान पर रहते (रुकते) नहीं हो और जाने की इच्छा करते हो तो प्रिय से चूडि-

चूडिल्लउ खडहडउ पियह गाहाइ भगु ।।११३।।‡
फलु विरहग्गि पवासि तुअ,
पाइअ अम्हिहि जाइ पियह भणु ।
चिरु जीवंतउ लद्ध वरु,
हुअउ संवच्छर तुल्लउ इक्कु दिणु ।।११४।।
जइ पिम्मविओइ विसंठलयं हियय,
जइ अंगु अणंग सरेहि हयं णिहुयं ।
जइ बाहजलोह कवोलरयं णयणं,
जइ णिच्च मणंभि वियंभिययं मयणं ।।११५।।
ता पहिय ! कम णिसि समए वाविज्जइ निव्वुइय तह णिद्दा ।
जीविज्जइ जं पिय विरहणीहि दिवसेहि तं चुज्जं ।।११६।।
पहिउ भणइ कणयंगि ! सयलु जं तुम्हि कहिउ,
अन्नइ जं मइ दिट्ठु पयासिसु तं अहिउ ।
पउममदलच्छि ! पलुट्टहि इच्छहि णियभुवणु,
हउँ पुणि मग्गि पयट्टउँ भंजि म मह गमणु ।
पुव्वादसिहि तमु पसरिउ रवि अत्थमणि गउ,

ल्लक, खडहडक और गाथा कह देना । ११३ ।

प्रिय से जाकर कहना कि तुम्हारे प्रवास में मुझे विरहाग्नि का फल प्राप्त हुआ है, वह फल है चिरंजीवी होने का वरदान जिससे एक दिन संवत्सर के तुल्य लगता है । ११४ ।

यदि प्रिय के वियोग में हृदय विसंस्थुलित (व्याकुल) हो गया है, अंग कामदेव के बाणों द्वारा पूर्ण रूप से घायल कर दिये गये हैं, नयनों से अश्रुप्रवाह गालों पर आता रहता है और यदि मन में मदन नित्य जम्हाई लेता रहता है । ११५ ।

तो हे पथिक ! रात्रि में आराम कैसे मिले और नींद कैसे आये ? प्रिय विरहिणियाँ कुछ दिन जी लेती हैं यही आश्चर्य है । ११६ ।

पथिक कहता है कि हे कनकांगि ! तुमने जो कुछ कहा है और मैंने जो कुछ देखा है उससे भी अधिक कहूँगा । हे कमलदलाक्षि ! अब वापस जाओ और अपने घर (जाने) की इच्छा करो । मैं पुनः मार्ग में प्रवृत्त हो जाऊँ, मेरा जाना मत रोको । पूर्व दिशा में अंधकार फैल गया, सूर्य अस्ताचल पर गया । रात में चलना

णिसि कढ्ढिहि गम्मियइ मग्गु दुग्गमु सभउ ॥११७॥
पहिय वयण आयन्निवि पिम्मविआइरिय,
ससि उसास दीहन्हउ पुण खामायरिय।
अंसुकणोहु कवोलि जु किम्मइ कुइ रहइ,
णं विद्दुम पुंजोवरि मुत्तिउ सुइ सहइ।
कहइ रुवइ विलवंती पियपावासहइ,
भणइ कहिय तह पियह इक्कु खंधउ दुवइ ॥११८॥
मह हिययं रयणनिही महियं गुरु मंदरेण तं णिच्चं।
उम्मूलियं असेसं सुहरयण कडिठयं च तुह पिम्मे ॥११९॥
मयण समीर बिहुय विरहाणलदिट्ठिफुलिंगणिब्भरो,
दुसह फुरंत तिब्ब मह हियइ निरंतर झाल दुद्धरो।
अणरइछारुछित्तु पच्चिल्लइ तज्जइ ताम दड्ढए,
इहु अच्चरिउ तुज्झ उक्कंठि सरोरुह अम्ह वड्ढए ॥१२०॥‡
खंधउ दुवइ सुणेवि अंगु रोमंचियउ,

कष्टपूर्ण होता है। मेरा मार्ग दुर्गम और भयावह है। ११७।

पथिक के वचन सुनकर प्रेम-वियोगिनी क्षामोदरा ने पुनः दीर्घोष्ण उच्छ्वास लिया। उसके कपोलों पर जो अश्रुकण जैसे-तैसे रह गये थे, वे ऐसे लग रहे थे मानो विद्रुम-पुंज के ऊपर श्वेत मौक्तिक हों। प्रिय के प्रवास से आहता वह कहती है, रोती है और विलाप करती है, उसने पथिक से कहा कि हे पथिक ! उस प्रिय से एक स्कंध (खंधक) और द्विपदी कहना। ११८।

मेरा हृदयरूपी रत्ननिधि (समुद्र) तुम्हारे प्रेम के गुरु मंदर से नित्य मथित हो रहा है। उसने सभी सुखरत्नों को अशेष रूप से उन्मूलित करके काढ़ लिया है। ११९।

मदनसमीर से धौंकी हुई विरहाग्नि आँख से निकली हुई चिनगारियों से भर गयी और मेरे हृदय में स्फुरित होती हुई जल रही है। निरंतर ज्वाला से उसका धारण करना कठिन हो गया है (असह्य हो गया है) बेचैनी का क्षार अर्थात् कोयला क्षिप्त होते रहने से यह विरहाग्नि और भी तीव्र हो उठती है और मुझे जलाती और डराती रहती है। (फिर भी) यह आश्चर्य है कि तुम्हारी उत्कंठा के कारण मेरा सरोरुह (=१ कमल, २ स्वरारोह=साँस चलने की प्रक्रिया) बढ़ता रहता है। १२०।

स्कंधक और द्विपदी सुनकर (पथिक के अंग-अंग रोमांचित हो गये और वह

णेय पिम्म परिवरिउ पहिउ मझ रंचियउ ।
तह जंपइ मियनयणि सुणिहि धीरयसु खणु,
किह पुच्छउँ ससिवयणि पयासहि फुड वयणु ।।१२१।।‡
णवघणरेहविणग्गय निम्मल फुरइ करु,
सरय रयणि पच्चक्खु झंरतउ अमियभरु ।
तह चंदह जिणणत्थु पियह संजणिय-सुहु,
कइय लग्गि विरहग्गि धूमि झंपियउ मुहु ।। १२२ ।।
बंककडक्खिहि तिक्खिहि मयणाकोयणिँहि,
भणु वट्टहि कइ दियहि झुरंतिहिँ लोयणिहिँ ।
जालंधरिव सकोमलु अंगु सुसंतियह,
हंस सरिस सरलाइ गयहि लोलंतियह ।। १२३ ।।
इम दुक्खह तरलच्छि काँइ तणु अप्पियइ,
दुसहु विरहकरवत्तिहि अंगु करप्पियइ ।
हरिसुयवाणखुरप्पिहि कइ दिणु भणु पहउ,
भणु कइ कालि पडुत्तउ सुन्दरि ! तुअ सुहउ ।। १२४ ।।

नेय-प्रेम अर्थात् नायिका के प्रेम का स्वयं अनुभव करके प्रेमानुभूति से परिवेष्टित हो गया और उसका मन भी रँच गया, अनुरक्त हो गया ।

उसने कहा कि हे मृगनेत्रे ! क्षण भर धैर्यपूर्वक सुनो । हे शशिवदने ! कुछ पूछता हूँ उसका उत्तर स्पष्ट वचनों में दो । १२१ ।

नवघन रेखा से निकला हुआ, निर्मल किरणों को स्फुरित करता हुआ, शरद रजनी का जो प्रत्यक्ष अमृतस्रावी चंद्रमा है, उसको जीतने में समर्थ, (अर्थात् उससे बढ़कर) प्रिय के लिए सुख उत्पन्न करने वाला, तुम्हारा मुख विरहाग्नि के धूम से कब से आच्छादित है ? ।१२२।

यह बताओ कि तीक्ष्ण वक्रिम कटाक्ष और मदन-चेष्टायुक्त लोचनों से कितने दिनों से जल बरसा रही हो ? हंस सदृश लीलायित गति को सरल बनाकर कदली के समान कोमल अंगों को कब से सुखा रही हो ? ।१२३।

तरलाक्षि ! तुमने अपने आप को इस तरह दुःख को कब से अर्पित कर रखा है । दुःसह विरह करपत्र (आरे) से तुम्हारे अंग कब से चीरे जा रहे हैं । कामदेव के तीक्ष्ण वाणों द्वारा तुम्हारे मन पर कितने दिनों से प्रहार हो रहा है ? हे सुंदरी ! कहो तुम्हारे सुभग को गये कितना समय हुआ । १२४ ।

पहिय वयण आयन्निवि दीहरलोयणिहि ।
पढ़ियउ गाह चडक्कउ मयणाकोयणिहि ।।१२५ ।।
आएहि पहिय किं पुच्छिएण मह पियपवासदियहेण ।
हरिऊण जत्थ सुक्खं लद्धं दुक्खाण पडिवट्टं ।। १२६ ।।
ता कहसु तेण किं सुमीरएण विच्छेयजालजलणेण ।
जं गओ खणद्धमत्तो णामं मा तस्स दियहस्स ।' १२७ ।।
जत्थ गओ सो सुहओ तद्दिह दिवसाउ अम्ह अणियत्ती ।
णिच्छउ हियए पंथिय कालो कालुव्व परिणमइ ।। १२८ ।!
मुक्काऽहं जत्थ पिए डज्झउ गिम्हानलेण सो गिम्हो ।
मलयगिरिम्मोसणेण य सोसिज्जउ सोसिया जेण ।। १२९ ।।

पथिक की बात सुनकर दीर्घंतर-लोचना ने मदन चेष्टापूर्वक चार गाथाएँ पढ़ीं । १२५ ।

सुनो पथिक ! मेरे प्रिय के प्रवास के उस दिवस को पूछने से क्या जिस दिन मैंने सुख खोकर दु:खों का प्रतिपट्ट पाया । १२६ ।

तो कहो, वियोग की आग प्रज्वलित करने वाले उस (दिन) को स्मरण करने से क्या लाभ, जिस दिन क्षणार्धं में प्रिय चला गया । उस दिन का नाम भी मत लो । १२७ ।

जिस दिन से वह सुभग गया है उसी दिन से मुझे बेचैनी (अनिवृति) है, निश्चय ही हृदय में समय काल की भाँति लगता है । १२८ ।

जिसमें मैं प्रिय से त्यक्त हुई वह ग्रीष्म ग्रीष्माग्नि से जल जाये और जिसके द्वारा मैं शोषित की गयी वह (ग्रीष्म) मलयगिरि समीर से सूख जाये ।१२९ ।

तृतीयः प्रक्रमः

अतो ग्रीष्म वर्णनम्

णवगिम्हागमि पहिय णाहु जं पवसियउ,
करवि करंजुलि सुह समूह मह णिवसियउ।
तणु अणुअंचि पलुट्टि विरहहवितवियतणि,
वलिवि पत्त णिय भुयणि विसंठुल विहलमणि ।।१३०।।‡
तह अणरइ रणरणउ असुहु असहंतियहँ,
दुस्सहु मलयसमीरणु मयणाकंतियहँ।
विसमझाल झलकंत जलंतिय तिव्वयर,
महियलि वणतिण दहण तवंतिय तरणिकर ।। १३१ ।।
जम जीहह जिम चंचलु णहयलु लहलहइ,
तडतडयडि धर तिडइ ण तेयह भरु सहइ।
अइउन्हउ वोमयलि पहंजणु जं वहइ,
तं झंखरु विरहिणिहि अंगु फरिसिउ दहइ ।। १३२ ।।
पिउ चावइहि भणिज्जइ नवघणकंखरिहिँ,
सलिलनिवहु तुच्छच्छउ सरइ तरंगिणिहिँ।

हे पथिक ! नव ग्रीष्म के आगमन पर नाथ जब प्रवासी हुए तो मेरा सुख समूह भी करांजलि (प्रणाम) करके चला गया। अपने शरीर को (किसी प्रकार) पीछे खींचकर विक्षिप्ता विसंस्थुला (व्याकुल), विह्वलमना और विरहाग्नि से तपती हुई शरीर वाली मैं लौटकर घर पहुँची। १३०।

मैं अनरति का कष्ट और असुख सहन नहीं कर पाती थी। मुझ मदनाक्रान्ता के लिए मलय समीरण दुःसह हो गया। झलझलाती हुई विषम ज्वाला से तीव्रतर जलती हुई पृथ्वी के वन-तृण को जलाने वाली सूर्य-किरणें तपती थीं। १३१।

नभतल यम की चंचल जिह्वा के समान लहलहाता था, धरा तेज के भार को न सह पाने के कारण तड़तड़ शब्द करके चिटक जाती थी। व्योमतल में जो अति उष्ण प्रभंजन बहता था वह झंखर विरहिणियों के अंगों को छूकर उन्हें जलाता था। १३२।

नवघन की उत्कंठा से चातक 'पिउ' शब्द कहते हैं। नदियों का जलप्रवाह

फलहारिण उन्नमियउ अइसच्छयइ सुहि,
कुंजरसवणसरिच्छ पहल्लिर गंधवहि ।। १३३ ।।
तह पत्तिहि संसग्गिहि चूयाकंखिरिय,
कीरपंति परिवसयइ णिवड णिरंतरिय ।
लइ पल्लव झुल्लंति समुट्ठिय करुण झुणि,
हउ किय णिस्साहार पहिय साहारवणि ।। १३४ ।।
हरियंदणु सिसिरत्थु उवरि जं लेवियउ,
तं सिहणह परितवइ अहिउ अहिसेवियउ ।
ठविय विविह विलवंतिय अह तह हारलय,
कुसुममाल तिवि मुवइ झाल तउ हुइ सभय ।। १३५ ।।
णिसि सयणिह जं खित्तु सरीरह सुह जणणु,
विउणउ करइ उवेउ कमलदलसत्थरणु ।
इम सिज्जह उठ्ठंत पडंत सलज्जिरिहि,
पढ़िउ वत्थु तह दोहउ पहिय सगग्गिरिहि ।। १३६ ।।
वियसाविय रवियरहि तविहि अरवियतवणि,
अमियमऔ विहु जणइ दाह विसजम्मगुणि ।

स्वच्छ और तुच्छ (पतला) होकर बहता है। (सहकार वन में आम्र वृक्ष) फल-भार से झुक गये और अधिक सुंदर लगने लगे। हाथियों के कान जैसे हिलते हुए गंधवह (शेष अग्रिम छंद के अर्थ में) ।१३३।

पत्तों के साथ लगे हुए आम्र फल की उत्कंठा से निबिड़ निरंतर (एकदम सटी हुई) कीर पंक्ति बैठी हुई है। वे (कीर) पल्लव के साथ झूलते हैं तो करुणध्वनि उठती है। पथिक ! सहकार वन ने मुझे निस्साधार (बेसहारा) कर दिया। १३४।

शीतलता के लिए जो हरिचंदन का लेप किया तो सर्पों द्वारा सेवित होने के कारण वह स्तनों को तपाता रहा। इसके बाद विविध विलाप करती हुई मैं जब हारलता और कुसुम माला को वहाँ धारण करती तो वे भी ज्वाला उत्पन्न करने लगे और मैं डर गयी। १३५।

रात्रि में यदि शय्या पर शरीर सुख के लिए कमल-दल बिछा दिये गये तो वह दुगुना उद्वेग उत्पन्न करने लगे। इस प्रकार शय्या पर उठती पड़ती हुई मुझ सलज्जा ने गद्‌गद वाणी से यह वस्तु तथा दोधक पढ़ा। १३६।

रविकरों द्वारा विकसित किये जाने के कारण अरविंद तपते हैं। विष के साथ

दंसिउ दुसहु भुअंगि अंगि चंदणु तवइ,
खिवइ हारु हारुब्भवु कुसुम सरिच्छयइ ।। १३७ ।।‡
तणु घणसारिण चंदणिण अलिउ जि किवि चच्चंति ।
पुण वि पिएण व उल्हवइ पियविरहग्गि निभंति ।। १३८ ।।‡

अथ वर्षा वर्णनम्

इम तवियउ बहु गिंभु कठ्ठि मइ बोलियउ,
पहिय ! पत्तु पुण पाउसु धिट्ठ ण पत्तु पिउ ।
चउदिसि घोरंधारु पवन्नउ गरुयभर,
गयणिगुहिरु घुरहुरइ सरोसउ अंबुहरु ।। १३९ ।।
पउदंडउ पेसिजइ झाल झलकंतियइ,
भयभेसिय अइरावइ गयणि खिवंतियइ ।
रसहि सरस बब्बीहिय णिरु तिप्पंति जलि,
बयह रेह णहि रेहइ घवघण जंतितलि ।। १४० ।।

जन्म लेने के कारण अमृतमय चंद्रमा भी दाह उत्पन्न करता है। दुःसह भुजंगों से दंशित होने के कारण चंदन अंगों को तपित करता है। कुसुम के बाणों द्वारा क्षत (कामदेव से पीड़ित) लोगों के घाव में, क्षारोद्भूत होने के कारण, हार कष्ट पहुँचाता है। १३७।

लोग जो देह को (शीतलता के लिए) घनसार, चंदन से चर्चित करते हैं वह व्यर्थ है। प्रिय की विरहाग्नि प्रिय द्वारा ही बुझती है, इसमें कोई भ्रांति नहीं। १३८।

वर्षा वर्णन

इस प्रकार ग्रीष्म बहुत तपा (जिसे) मैंने कष्टपूर्वक बिताया। पथिक ! फिर पावस आ पहुँचा किंतु धृष्ट प्रिय नहीं आया। चारों दिशाओं में गुरुभार को प्राप्त (सघन) घोर अंधकार छा गया। मेघ गगन में रोषपूर्वक घुमड़ने लगे। १३९।

गगन में भयप्रद, भीषण विद्युत् के चमकने से ज्वाला के झलकने पर पगडंडी दिखायी पड़ती है, जल से नितांत तृप्त पपीहे सरस शब्द करते हैं। नवमेघों के नीचे जाती हुई बकपंक्ति शोभित होती है। १४०।

गिंभ तविण खर ताविय बहु किरणुक्करिहिँ,
पउ पडंतु पुक्खरहु ण मावइ पुक्खरिहिँ।
पयहत्थिण किय पहिय पहिहि पवंहतियहि,
पइ पइ पेसइ करलउ गयणि खिवंतयहि ॥ १४१ ॥‡
णिवड लहरि घण अंतरि संगिहिँ दुत्तरिहिँ,
करि कलयलु कल्लोलिहि गज्जिउ वरसरिहिँ।
दिसि पावासुय थक्किय णियकज्जागमिहिँ,
गमियइ णाविहिँ मग्गु पहिय ण तुरंगमिहिँ ॥ १४२ ॥
कद्दमलुल धवलंग विहाविह सज्झरिहि,
तडिनएवि पय भरिंण अलक्ख सलज्जरिहि।
हुउ तारायणु अलखु वियंभिउ तम पसरु,
छन्नउ इन्दोएहि निरंतर धर सिहर ॥ १४३ ॥

ग्रीष्मताप से खरतप्त किरणों के संपर्क के कारण बादलों से झरता हुआ पानी पोखरियों में समा नहीं रहा है। ये पोखरियाँ रास्तों पर बढ़ते हुए पथिकों को पैर हाथ में लेने को मजबूर कर रही हैं अर्थात् पोखरियों का पानी रास्ते पर आ जाने के कारण पथिकों ने जूते अपने हाथों में लिये हैं। पद-पद पर आसमान को जलाने वाली बिजली रास्ता दिखा रही है । १४१। (विशेष अर्थ के लिए भूमिका देखिए।)

निबिड़ लहरों के घनान्तर (सघन) संयोग से दुस्तर बनी हुई नदियाँ कल-कल शब्द करती हुई गरजती हैं। प्रवासी दिशाओं में रुक गये। अपने कार्यवश लोग नाव से जाते हैं, मार्ग पर घोड़ों से नहीं। १४५।

(यहाँ पृथ्वी रूपी नायिका का मेघ रूपी पति के आगमन की अवस्था का वर्णन किया गया है।) पृथ्वी कर्दम से लिपटी हुई धवलांगिनी बनी है (जो चंदन लिप्त धवलांगिनी नायिका के समान है)। विविध भाँति से सज्झरी बनी हुई है (पृथ्वी पक्ष में झड़ी युक्त और नायिका पक्ष में सज्झरी = वासक सज्जा)। विद्युत् की हल्की झाँकी से पानी भरे हुए मेघ के द्वारा न देखने वाली लज्जावती वधू के समान बन गयी है, जिससे तारे (बधू पक्ष में आँख की ताराएँ और पृथ्वी पक्ष में आँख के तारे) दिखायी नहीं देते। चारों ओर अंधकार फैल गया है। इंद्र गोपियों (वीर बहूटियों से) आच्छादित है (जिस प्रकार नायिका कौसुंभ वस्त्रों से अपने को आच्छादित कर लेती है) और इस प्रकार (समागमोत्कंठा से) सिहर रही है।१४३।

बगु मिल्हवि सलिलद्दहु तरुसिहरिहि चडिउ,
तंडवु करिवि सिहडिहि वर सिहरिहि रडिउ।
सलिल निवहि सालूरिहि फरसिउ रसिउ सरि,
कलयलु किउ कलयंठिहि चडि चूयह सिहरि ॥ १४४ ॥
णाय णिवड पहरुद्ध फणिंदिहिँ दह दिसिहिँ,
हुइय असंचर मग्ग महंत महाविसिहिँ।
पाडलदलपरिखंडणु नीरतरंग भरि,
ओरुन्नउ गिरि सिहरिहि हंसिहि करुण सरि ॥ १४५ ॥
मच्छरभय संचडिउ रन्नि गोयंगणिहि,
मणहर रमियइ नाहु रंगि गोयंगणिहि।
हरियाउल धरवलउ कयंबिण महमहिउ,
कियउ भंगु अंगंगि अणंगिण मह अहिउ ॥ १४६ ॥
बिसमसिज्ज विलुलंतिय अइदुक्खिन्नियइ,
अलिउलमाल विणग्गय सरपडिभिन्नियइ।
अणिमिसनयणुव्विन्निय णिसि जागंतियइ,
वत्थु गाह किउ दोहउ णिँद अलहंतियइ ॥ १४७॥

बगुले जलाशयों को छोड़कर तरुशिखरों पर चढ़ गये। तांडव करते हुए मोर शिखरों पर बोलने लगे। मेढक जलाशयों में परुष स्वर करने लगे। आम के शिखर पर चढ़ कर कोकिलों ने कल-कल शब्द किया। १४४।

नागों और फणीन्द्रों (फणयुक्त सर्पों) से दसों दिशाओं के पथ रुद्ध हो गये। अत्यधिक जल के कारण मार्गों पर संचरण बन्द हो गया। नीरतरंगभार से पाटल दल परिखंडित हो गये। पर्वत की चोटियों पर हंसों ने करुण स्वर से रोदन किया। १४५।

मच्छरों के भय से गौओं का समूह रन्न (ऊँचा स्थल) पर चढ़ गया। गोपांगनाएँ अपने पतियों के साथ मनोहर क्रीड़ाएँ करती हैं। हरिताकुल धरावलय कदंब से सुगन्धित हो गयी। अनंग ने मेरे अंग-अंग को और अधिक भंग कर दिया। १४६।

विषम शय्या पर लोटती हुई, अति दुःखिनी, भौंरों के समूह द्वारा किये जानेवाले स्वरबाणों से विद्धा, निद्रालाभ न कर पाने के कारण रात भर पलक न गिराकर जागती हुई मुझ उद्विग्ना ने वस्तु, गाथा और दोहा रचा। १४७।

झंपवि तम बद्दलिण दसह दिसि छायउ अंबरु,
उन्नवियउ घुरहुरइ घोरु घणु किसणाडंबरु ।
णहह मग्गि णहवल्लि तरल तडयडिवि तडक्कइ,
दद्दुर रडणु रउद्दु कुवि सहवि ण सक्कइ ।
निवड निरंतर नीरहर दुद्धर धरधारोहभरु,
किम सहउ पहिय सिहरट्ठियइ दुसहउ कोइल रसइ सरु ।। १४८ ।।‡
उल्हवियं गिम्हहवी धाराणिवहेण पाउसे पत्ते ।
अच्चरियं मह हियए विरहग्गी तवइ अहिअयरं ।। १४९ ।।
गुणणिहि जल बिंदुब्भविय ण गलत्थिय लज्जंति ।
पहिया जं थोरंसुइहि थण थड्ढा डज्झंति ।। १५० ।।
दोहउ एहु पढेवि विरहखेआलसिहि,
ओ आगइ अइखिन्नी मोहपरावसिहि ।
सुविणंतरि चिरु पवसिउ जं जोइअउ पिउ,
संजाणिवि कर गहिवि ताम मइ भणिउ इहु ।। १५१ ।।
किं जुत्तं सुकुलग्गयाण मुत्तूण जंचि इह समए ।
तडतडण तिव्व-घण घडणसंकुले दइय वंचंति ।। १५२ ।।

दसों दिशाओं में बादलों ने आकाश को अंधकार से आच्छन्न कर लिया। घोर गर्जन करने हुए सघन कृष्णमेघ उन्नमित हो आए (आकाश में सघन भाव से छा गये)। आकश मार्ग में 'तड़तड़' करके चंचल विद्युत् तड़क रही है। दादुरों के रहने का रौद्र शब्द कोई सह नहीं पाता है। मेघों का निपट निरन्तर क्रम रूई के छोटे-छोटे पहलों के सज्जित समूह की भाँति लगता है (या बादल रणक्षेत्र में उतरने- वाले दुर्द्धर भटों की तरह। हैं दे०भू० ३।१४८)पथिक! ऐसे समय में, मैं शिखरस्थित कोयल की दुःसह कूक कैसे सहूँ। १४८-१४९।

ग्रीष्म की अग्निवर्षा के आने पर धारा समूह द्वारा बुझा दी गयी किंतु आश्चर्य की बात है कि मेरे हृदय की विरहाग्नि और अधिक तपती है। १५०।

यह दोहा पढ़कर विरह के कष्टों के कारण आलसी और मोह से परवश अति खिन्ना मैंने चिर प्रवसित प्रिय को स्वप्न में देखा। (स्वप्न को सत्य) जानकर मैंने उस समय उनका हाथ पकड़कर यह कहा। १५१।

प्रिय क्या उच्च कुल में उत्पन्न व्यक्तियों के लिए 'तड़तड़' शब्द करते हुए तीव्र घन घटासंकुल, इस समय में, अपनी स्त्री को छोड़कर जाना उचित है? ।१५२।

णवमेहमालमालिय णहम्मि सुरचाव रत्तदिसि पसरो।
घणछन्न जम्म इंदोइएहि पिय पावसं दुसहं ॥ १५३ ॥
रायरुद्ध कंठग्गि विउद्धी जं सिवणि,
कह हउँ कह पिउ पत्थरंगि जु न मुइय खणि।
जइ णहु णिग्गउ जीउ पावबंधिहि जडिउ,
हियउ न किण करि फुट्ट णाइ वज्जिहि घडिउ ॥ १५४ ॥
ईसरसरि सालूरि कुणंती करुण सरि,
इहु दोहउ मइ पढ़िय निसह पच्छिमपहरि ॥ १५५ ॥
जामिणि जं वयणिज्ज तुअ तं तिहुयणि णहु माइ।
दुक्खिहि होइ चउग्गणी झिज्झइ सुहसंगाइ ॥१५६॥

अथ शरद वर्णनम्

इम विलवंत कहव दिण पाइउ,
गेउ गिरंत पढंतइ पाइउ।
पिय अणुराइ रयणि रमणीइव,
गिज्जइ पहिय मुणिय रमणीइव ॥ १५७ ॥

नव मेघ-मालों से मंडित आकाश में इंद्रधनुष और पृथ्वीतल को सघन आच्छादित किये हुए इंद्रगोपों से दिशाओं का प्रसार आरक्त हो गया है। प्रिय ! (इस प्रकार का) पावस दुःसह है। १५३।

रागरुद्धकंठाग्रा (अनुराग से रुँधे हुए कंठवाली) मैं जब स्वप्न से जगी तो कहाँ मैं और कहाँ प्रिय ! मेरे अंग प्रस्तर के बने हुए थे जो उसी क्षण मर नहीं गयी। यदि पापबंध से जटित जीव नहीं निकला तो हृदय ही क्यों नहीं फूट गया। मानों यह भी वज्र का बना हुआ है। १५४।

कामोद्दीपक स्वर में तालाब में मेढ़की (सालूरि) करुण क्वणन कर रही थी (उस समय) रात्रि के पिछले प्रहर में मैंने यह दोहा पढ़ा। १५५।

हे यामिनी ! तुम्हारी जो वचनीयता है वह तीनों भुवनों में नहीं समा (अँट) सकती। तुम दुख में चौगुनी बढ़ती हो और सुख संग में क्षीण होती हो। १५६।

शरद वर्णन

इस प्रकार विलाप करती, गीत गाती और प्राकृत पढ़ती हुई मैंने कुछ दिन बिताये। प्रिय के अनुरागवश जिन रमणीक रातों में गान गाया जाता था वे कर-पत्र के समान लगीं। १५७।

जामिणि गमियइ इम जग्गंतह,
पहिय पियागमि आस तगंतह ।
गोसुयरंत मिल्हि सिज्जासणु,
मणि सुमरंत विरहणिन्नासणु ।। १५८ ।।
दक्खिण मग्गु णियंतह भत्तिहि,
दिट्ठु अइत्थि रिसिउ मइ झत्तिहि ।
मुणिउ सु पाउसु पुणु परिगमिअउ,
पिउ परएसि रहिउ णहु रमिअउ ।। १५९ ।।
गय विद्दरवि बलाहय गयणिहि,
मणहर रिक्ख पलोइय रयणिहि ।
हुयइ वासु छम्मयलि फणिंदह,
फुरिय जुन्ह निसि निम्मल चंदह ।। १६० ।।
सोहइ सलिलु सरिहिँ सयवत्तिहि,
विविह तरंग तरंगिणि जंतिहि ।
जं हय हीय गिंभि णवसरयह,
तं पुण सोह चडी णवसरयह ।। १६१ ।।
हंसिहि कंदुट्टवि घुट्टिवि रसु,
किउ कलयलु सुमणोहरु सुरहसु ।

हे पथिक ! मैं इस प्रकार जागती हुई और प्रिय के आगमन की आशा ताकती हुई रातें बिताती । प्रातःकाल शय्यासन छोड़कर मन में विरहनाशक प्रिय का स्मरण करती हुई—। १५८ ।

और भक्तिपूर्वक दक्षिण दिशा की ओर देखती हुई मैंने सहसा अगस्त्य ऋषि (तारा) को देखा (तब) मैंने सोचा कि पावस बीत गया, प्रिय परदेश में ही रमा रहा, आया नहीं । १५९ ।

आकाश में बादल विदीर्ण होकर चले गये । रात्रि में मनोहर तारे दिखायी पड़ने लगे । फणींद्रों का वास पृथ्वी के नीचे हो गया । रात्रि में निर्मल चंद्रमा की ज्योत्स्ना स्फुरित होने लगी । १६० ।

सरोवरों का जल शतपत्रिकाओं से शोभित हो गया और नदियों का बहते हुए विविध तरंगों से । नव सरोवरों की जो शोभा ग्रीष्म द्वारा हर ली गयी थी वह नवशरदागमन से फिर लौट आयी । १६१ ।

हंसों ने कमल का रस घूंट (पी) कर रभसपूर्वक मनोहर कल-कल शब्द

उच्छलि भुवण भरिय सयवत्तिहि",
गय जलरिल्लि पडिल्लिय तित्थिहिँ ॥१६२॥
धवलिय धवलसंखसंकासिहि,
सोहहि सरहतीर संकासिहि।
णिम्मलणीर सरिहि", पवहंतिहि",
तड रेहंति विहंगमपंतिहिँ ॥१६३॥
पडिंबिबउ दरसिज्जइ विमलिहि,
कद्दमभारु पमुक्किउ सलिलिहि।
सहमि ण कुंज सद्दु सरयागमि,
मरमि मरालागमिण हु तग्गमि ॥१६४॥‡
झिज्झउँ पहिय जलिहि झिज्झंतिहि,
खिज्जउँ खज्जोयहिँ खज्जंतिहि।
सारस सरसु रसहि" किं सारसि !
मह चिर जिण्ण दुक्खु किं सारसि ॥१६५॥
णिट्ठुर करुणु सद्दु मणमहि लव,
दड्ढा महिल हाइ गयमहिलव।
इम इक्किक्कह करुण भणंतह,

किया। शतपत्रों से भुवन उच्छल रूप से भर गया। जल के रेले (प्रवाह) वेग से तीर्थों (घाटों) पर पहुँच गये। १६२।

श्वेत शंखों के समान श्वेत कासों के सरोवर के तीर शोभित हो गये। प्रवहमान निर्मल नीर से युक्त नदियों के तट विहंगम पंक्तियों से शोभित हो गये।१६३।

कर्दमभार से प्रयुक्त विमल जल में प्रतिबिंब दिखायी पड़ता है। शरद के आगमन पर कुंजों का शब्द मैं सहन नहीं कर पाती हूँ। मरालों के आगमन और गमन से भी, (दोनों से) मैं मरती हूँ।१६४।

पथिक ! जल के छीजने (कम होने के) साथ-साथ मैं भी छीजने लगी। खद्योतों के चमकने के साथ मैं खीझने (खिन्न होने) लगी। सारस सरस शब्द करते हैं। हे सारसि ! मेरे चिरजीर्ण दुख का स्मरण क्यों कराती हो।१६५।

(हे सारसि !) निष्ठुर करुण शब्दों को मन में ही लिये रहो, क्योंकि वे शब्द सुनकर विरहदग्धा महिलाएँ गत महोत्सव (उदास) हो जाती हैं। हे पथिक ! इस प्रकार एक-एक (सारसी से) करुण शब्द बोलती हुई मुझको कोई क्षणभर के

पहिय ण कुइ धीरवइ खणंतह ॥१६६॥
अच्छहि जिह सन्निहि घर कंतय,
रच्छिहि रमहि ति रासु रमंतय।
करिवि सिँगारु विविह आहरणिहिँ,
चित्तविचित्तहिँ तणु पंगुरणिहिँ ॥१६७॥
तिलु भालयलि तुरक्कि तिलक्किव,
कुंकुमि चंदणि तणु चच्चक्किव।
सोरंडहिँ करि लियहि फिरंतिहि,
दिव्व मणोहरु गेउ गिरंतिहि ॥१६८॥
धूव दिंति गुरुभत्ति-सइत्तिहि,
गोआसणिहिँ तुरंग चलत्थिहि।
तं ओइवि हउँ णिय उव्विन्निय,
णेय सहिय मह इच्छा उन्निय ॥१६९॥
तउ पिक्खिय दिसि अहिय विचित्तिय,
णाय हुआसणि जणु पक्खित्तिय।
मणि पज्जलिय विरह झालावलि,
णंदिणि गाह भणिय भमरावलि ॥१७०॥

भी लिए धीरज नहीं बँधाता।१६६।

घर पर जिनके कंत साथ हैं, वे स्त्रियाँ विविध आभरणों और चित्र-विचित्र वस्त्रों से शरीर का श्रृंगार करके गलियों में रास खेलती हुई घूमती हैं।१६७।

भालतल को चटकीले तिलक से तिलकित कर, शरीर को कुंकुम चंदन से चर्चित करके हाथों में सोरंडक लिये, घूमती हुई स्त्रियाँ दिव्य मनोहर गीत गाती हुई—।१६८।

बड़ी भक्ति के साथ गोशाला और तुरंगशाला में धूप देती हैं। उन्हें देखकर मैं नितांत उद्विग्न हो गयी। मैं यह (स्त्रियों की क्रीड़ा) सहन नहीं कर पायी और मेरी इच्छा (प्रियविषयक) बढ़ गयी।१६९।

इसके बाद जब मैंने अधिक विचित्र (रंग-बिरंगी) दिशाओं की ओर देखा तो मानो अग्नि में फेंक दी गयी। मन में विरह की ज्वालाएँ प्रज्वलित हो उठीं। मैंने नंदिनी गाथा और भ्रमरावलि पढ़ी।१७०।

संकसाय णवबिभस सुद्ध गले,
धयरट्ठ-रहंग रसंति जले।
गइ दंति चमक्करिणं पवरं,
सरयासिरि णेवर झीण सरं ॥१७१॥
आसोए सरइ महासिरीहि पयखलिर वेयवियडाए।
सारसि रसिऊण सरं पुणरुत्त रुयाविया दुक्खं ॥१७२॥
ससिजुन्ह निसासु सुसोहिययं धवलं,
वरतुंगपयार मणोहरयं अमलं ।
पियवज्जिय सिज्ज लुलंत पमुक्करए,
जमकुट्ट सरिच्छ विहावि हए सरए ॥१७३॥
अच्छहि जिह नारिहिँ नर रमिरइ,
सोहइ सरह तीर तिह भमिरइ ।
बालय वर जुवाण खिल्लंतय,
दीसहिँ घरि घरि पडह बजंतय ॥१७४॥
दारय कुंडवाल तंडव कर,
भमहि रत्थि वायंतय सुन्दर ।
सोहहि सिज्ज तरुणि जण सत्थिहि,

नव कमल नाल (खाकर) कषायित शुद्ध गले से हंस और चक्रवाक जल में बोलते हैं। उनका बोलना शरदश्री के नूपुर की क्षीण ध्वनि की तरह लगता है जो उसकी (शरदश्री की) गति को चमत्कार और शोभा प्रदान करती है।१७१।

अश्विन मास में पानी के स्खलन के वेग से विकट बनी हुई नदियों ने सारसों ने शब्द कर के दुख से मुझे फिर रुला दिया।१७२।

रात्रि में शशि ज्योत्स्ना ने धवलगृहों को सुशोभित कर दिया और वरतुंग-प्राकारों को अमल मनोहर कर दिया। मैं रति से वंचित प्रिय से शून्य शय्या पर लोटती हुई हत शरद की रात्रि को, जो यमराज के प्रहार के सदृश घातक है, बिताती हूँ।१७३।

जिन नारियों के रमते हुए कंत साथ हैं, उन भ्रमण करती हुई स्त्रियों से सरोवर के तट शोभित हैं। बालक, वर युवक खेल रहे हैं। घर-घर पटह बजता दिखायी (सुनायी) पड़ता है।१७४।

स्त्रियाँ कुंडलाकार नाचती और सुन्दर वाद्य बजाती हुई गलियों में घूमती

घरि घरि रमियइ रेह पलत्थिहि ।।१७५।।
दिंतिय णिसि दीवालिय दीवय,
णवससिरेह सरिस करि लीअय।
मंडहि भुवण तरुण जोइक्खहिँ
महिलिय दिंति सलाइय अक्खिहिँ ।।१७६।।
कसिणंबरिहिँ विहाविह भंगिहिँ,
कड्ढिय कुडिल अणेगतरंगिहिँ।
मियणाहिण मयवट्ट मणोहर,
चच्चिय चक्कावट्ट पयोहर ।।१७७।।
अंगि अंगि घणु घुसिणु विलत्तउ,
णे कंदप्प सरिहि विसु खित्तउ।
सज्जिउ कुसुमभारु सीसोवरि,
णं चंदट्ठु कसिणघणगोवरि ।।१७८।।
झसुरु कपूर बहुलु मुहि छुद्धउ,
णं पच्चूसिहि दिणपहु बुद्धउ।
रहसुच्छलि कीरइ पासाहण,
वर रय किंकिणीहिँ सिज्जासण ।।१७९।।

हैं। तरुणिजनों से शय्याएँ शोभित हैं। घर-घर पर्यस्त रेखाएँ (पूरे हुए चौक) सुंदर लगती हैं।१७५।

दीपावली के अवसर पर रात्रि में (स्त्रियाँ) दीपदान करती हैं। वे हाथों में नव शशि रेखा के समान दीप लेती हैं। तरुण (सुन्दर) दीपकों से गृह मंडित हैं। महिलाएँ आँखों में सलाई देती हैं (आँजन लगाती हैं)।१७६।

स्त्रियाँ विविध भंगिमाओं से पहने हुए काले कपड़ों से शोभित हैं, जिन पर अनेक कुटिल लहरियाँ कढ़ी हैं। उनके चक्रावर्त पयोधर और मनोहर मदन पट्ट (हृदय प्रदेश) मृगनाभि से चर्चित हैं।१७७।

उन्होंने अंग-अंग में कपूर का सघन लेप कर लिया है वह ऐसा लगता है मानो कंदर्प ने बाणों से (शरीर में) विष फैला दिया है; शीश भाग कुसुम भार सज्जित है मानो घने काले रंगवाले गोपुर पर चंद्रमा स्थित हो।१७८।

उनका मुख, कर्पूर-बहुल पान डाल लेने से ऐसा लगता है मानो प्रत्यूष बेला में सूर्य उगा हो। प्रसाधन अतिशीघ्रता से (जल्दबाजी में) किया जाता है और शय्यासन पर किंकिणियों का सुंदर शब्द सुनाई पड़ता है।१७९।

इमि किवि केलि करहि संपुन्निय,
मइ पुणु रयणि गमिय उव्विन्निय।
अच्छइ घरि घरि गीउ रवन्नउ,
इक्कु समग्गु कट्ठ महु दिन्नउ ॥१८०॥

पुण पिउ समरिउ पहिय! चिरग्गउ,
णियमणि जाणि तहवि सूरग्गउ।
घण जलबाहु बहुल मिल्हेविणु,
पढ़िय अडिल मइ वत्थु तहेविणु ॥१८१॥

णिसि पहरद्धु णेय णंदीयइ,
पिय कह जंपिरी उणंदीयइ।
रय णिमिसिद्धु अद्धु णंदीयइ,
बिद्धी कामतत्ति णं दीयइ ॥१८२॥

कि तहि देसि णहु फुरइ जुन्ह णिसि णिम्मल चंदह,
अह कलरउ न कुणंति हंस फल सेवि रविंदह।
अह पायउ णहु पढ़इ कोइ सुललिय पुग राइण,
अह पंचमु णहु कुणइ कोइ कावालिय भाइण।
महमहइ अहव पच्चूसि णहु ओससित्तु घण कुसुमभरु,

इस प्रकार कोई पुण्यवती केलि करती है और मैं रोते हुए उद्विग्नतापूर्वक बिताती हूँ। घर-घर रमणीय गीत होता है। सारा दुख अकेले मुझे ही दिया गया है।१८०।

पथिक! फिर मैंने चिरगत प्रिय का स्मरण किया और अपने मन में सूर्योदय का समय जानकर, बहुत आँसू बहाती हुई यह अडिल और वस्तु पढ़ा।१८१।

रात्रि में आधे पहर भी नींद नहीं आती, प्रिय संबंधी कथा की कल्पना करती रहनेवाली को आनंद (सुख) नहीं मिलता, आधे निमिष भी चैन नहीं मिलती। कामतप्ता (मदन के बाणों से) विद्धा क्या विदीर्ण नहीं हो जाती।१८२।

क्या उस देश में रात्रि में निर्मल चंद्रमा की ज्योत्स्ना नहीं स्फुरित होती या कमल के फलों (कमल गट्टा) का सेवन करके हंस कलरव नहीं करते या कोई राग से सुललित प्राकृत नहीं पढ़ता, या कोई उस कापालिक के सामने भावपूर्वक पंचम नहीं छेड़ता या प्रत्यूष बेला में ओससिक्त घनकुसुमभार महकता नहीं। या पथिक! मैं यह मान लूँ कि प्रिय अरसिक हो गया है, जो वह शरद काल में भी घर का

अह मुणिउ पहिय ! अणरसिउ पिउ सरइ समइ जु न
सरइ घरु ।।१८३।।

अथ हेमन्त वर्णनम्

सुरहि गंधु रमणीउ सरउ इम वोलियउ,
पावासुय अइधिट्ठि ण वलि घरु संभरिउ ।
इम अच्छउ जं करुण मयणपडिभिन्नसरि,
अवलोइय धवलहर सेय तुस्सारभरि ।।१८४।।
जलिउ पहिय ! सव्वंगु विरहहवि तडयडवि,
सरपमुक्क कंदप्प दप्पि धणु कडयडवि ।
तं सिज्जहि दुक्खित्त ण आयउ चित्तहरु,
पर मंडलु हिडंतु कवालिउ खलु सबरु ।।१८५।।
तह कंखिरि अणियत्ति णियंती दिसि पसरु,
लइ ढुक्कउ कोसिल्लि हिमंतु तुसार भरु ।
हुइय अणायर सोयल भुवणिहि पहिय ! जल,
ओसारिय सत्थरहु सयल कंदुट्टदल ।।१८६।।†
सेरंधिहिँ घणसारु ण चंदणु पासियइ,
अहरकओलालकिहिँ मयणु सँमीसियइ ।

स्मरण नहीं करता है । १८३ ।

हेमन्त वर्णन

सुरभिगंध से रमणीय शरद इस प्रकार व्यतीत हुआ । अति धृष्ट, खल, प्रवासी ने घर का स्मरण नहीं किया । इस प्रकार कामदेव के बाणों से प्रतिभिन्न (अवस्था में) मैंने तुषार भार से श्वेत धवल गृहों को देखा । १८४ ।

पथिक ! विरहाग्नि से 'तड़ तड़' कर के सर्वांग जल उठा । कंदर्प दर्पपूर्वक धनुष कड़-कड़ाकर बाण छोड़ने लगा । मुझ दुःखार्ता की शय्या के निकट वह चित्त-हर नहीं आया । परदेश में ही वह कापालिक खल-शबर घूमता रहा । १८५ ।

मुझ उत्कंठिता, बेचैन के दिशा प्रसार को देखते-देखते हेमंत तुषार भार का उपायन (भेंट) लेकर आ पहुँचा । पथिक भुवन में शीतल जल का अनादर हो गया । बिछौने पर से सफल कमल दल हटा दिये गये । १८६ ।

सैरंध्रियाँ (दासियाँ) कपूर और चंदन नहीं पीसतीं । अधर और कपोल के अलंकरणों में मोम मिला दिया जाता है (जिससे कि वे फटें न) या अधर कपोल

सीहंडिहिँ वज्जियउ घुसिणु तणि लेवियइ,
चंपएलु मियणाहिण सरिसउ सेवियउ ।।१८७।।
णहु दलियइ कप्पूर सरिसु जाईहलह,
दिज्जइ केवइ वासु ण पयडउ फोफलह।
भुवणुप्परु परिहरवि पसुप्पइ जामिणिहि,
ओयरइहि पल्लंग बिछाइय कामिणिहि ।।१८८।।
धूइज्जइ तह अगरु गुसिणु तणि लाइयइ,
गाढ़उ निवडालिंगणु अंगि सुहाइयइ।
अन्नह दिवसह सन्निहि अंगुलमत्त हुय,
मह इक्कह परि पहिय ! णिवेहिय बम्हजुय ।।१८९।।
विलवंती अलहंत निंद निसि दीहरिहि।
पढ़िय वत्थु तह पंथिय इक्कल्लिय घरिहि ।।१९०।।
दीहउसासिहि दीहरयणि मह गइय णिरक्खर!
आइ ण णिद्दय! णिंद तुज्झ सुयरंतिय तक्खर!
अंगिहिँ तुह अलहंत धिट्ठ ! करयलफरिसु,
संसोसिउ तणु हिंमिंण हाम हेमह सरिसु।

और कमर (लंक) में मदन बढ़ गया [श्लेष से, संमीशियइ (१) मिलाया जाता है, (२) बढ़ता है] शरीर पर श्रीखण्ड रहित कुंकुम का लेप किया जाता है, चंपक तैल का मृगनाभि के साथ सेवन किया जाता है। १८७।

जातीफल के साथ कर्पूर नहीं दला जाता है। सुपारी में केतकी का बास नहीं दिया जाता। रात्रि में भवन में ऊपरी भाग में सोना छोडकर कामिनियों ने (घर के अंदर) उपवरक में पलँग बिछाये। १८८।

अगरु का धूप दिया जाता है, तन पर कुंकुम का लेप किया जाता है, अंगों को गाढ़ निबिड़ आलिंगन द्वारा सुख दिया जाता है। अन्य दिवसों की तुलना में ये दिन अँगुलि मात्र रह गये। हे पथिक ! एक मेरे लिए एक दिन में ब्रह्मा का एक युग निविष्ट हो गया। १८९।

पथिक ! दीर्घतर रात्रि में निद्रालाभ न कर पाती हुई और विलपती घर में अकेली मैंने यह वस्तु पढ़ा। १९०।

हे निरक्षर ! दीर्घोच्छ्वास लेते हुए मेरी दीर्घरात्रि बीती, हे तस्कर ! निर्दय ! तुम्हारा स्मरण करती हुई मुझे नींद नहीं आयी। हे धृष्ट ! तुम्हारे करतलों का स्पर्श न पाने से हेमंत ने मेरे शरीर को उसी प्रकार सुखा डाला है जैसे घाम हेम

हेमंति कंत ! बिलवंतियह, जइ पलुट्टि नासासिहसि
तं तइय मुक्ख ! खल ! पाइ मइ मुइय विज्ज किं
आविहसि ॥१९१॥

अथ शिशिर वर्णनम्

इम कट्ठिहि मइ गमिउ पहिय ! हेमंतरिउ,
सिसिरु पहुत्तउ धुत्तु णाहु दूरंतरिउ।
उट्ठिय झंखड गयणि खर फरसु पवणि हय,
तिणि सूडिय झडि करि असेस तहि तरुय गय ॥१९२॥‡
छायफुल्लफलरहिय असेविय सउणियण,
तिमिरंतरिय दिसा य तुहिण धूइण भरिण।
मग्ग भग्ग पंथियह ण पवसिहि हिम डरिण,
उज्जाणिहि ढंखरिय असोसिय कुसुमवण ॥१९३॥
तरुणिहि कंत पमुक्किय णिय केलीहरिहि,
सिसिर भइण किउ जलणु सरणु अग्गीहरिहि।
उवभुंजहि केलीरसु अब्भिंतर भुयण,
उज्जाणह दुम्मिहिवि ण कोरइ किवि सयण ॥१९४॥

(ठण्ढक) को सुखा डालता है। हे कांत ! हेमंत में विलपती हुई को वापस आकर (यदि इस समय) आश्वासन नहीं दोगे तो हे मूर्ख ! खल ! पापी ! क्या मुझे मरा हुआ जानकर (मेरे मरने के बाद) आओगे। १९१।

शिशिर वर्णन

पथिक ! इस प्रकार कष्टपूर्वक मैंने हेमंत ऋतु बितायी। शिशिर आ पहुँचा किन्तु धूर्त पति दूर अलग ही रहा। आकाश में प्रखर, परुष पवन से प्रताड़ित झंखर (बवण्डर) उठे, उनसे वृक्षों के सभी पत्ते झड़कर टूट गये। १९२।

छाया, फूल और फल से रहित वृक्ष पक्षियों द्वारा असेवित हो गये। कुहरे और धूमभार से दिशाएँ अंधकार से ढँक गयीं। पथिकों के रास्ते बंद हो गये, वे शीत के डर से यात्रा नहीं करते। उद्यानों में अशोषित (जो सूखा नहीं था) कुसुमवन भी झाड़-झंखाड़ हो गया। १९३।

अपने कंतों को केलिगृह में छोड़कर तरुणियों ने शिशिरभय से अग्निगृह में अग्नि की शरण ली। केलि रस का उपभोग घर के मध्य उपवरक में किया जाने लगा। उद्यान में वृक्षों के नीचे कोई शयन नहीं करता। १९४।

मज्जमुक्क संठविउ विवह गंधक्करसु,
पिज्जइ अद्धावट्टउ रसियहि इक्खरसु।
कुंदचउत्थि वरत्थणि पीणुन्नयथणिय,
णियसत्थरि पलुटंति केवि सीमंतिणिय ॥१९५॥‡
केवि दिंति रिउणाहह उपत्तिहि दिणिहि,
णियवल्लह कर केलि जंति सिज्जासणिहि।
इत्थंतरि पुण पहिय ! सिज्ज इक्कल्लियइ,
पिउ पेसिउ मण दूअउ पिम्म गहिल्लियइ ॥१९६॥
मइ जाणिउ पिउ आणि मज्झ संतोसिहइ,
णहु मुणिअउ खलु धिट्ठ सोवि महु मिल्हिहइ।
पिउ णाविउ इहु दूउ गहिवि तत्थवि रहिउ,
सव्व हियउ महु दुक्खि भरिउ पूरिउ अहिउ ॥१९७॥
णट्ठ मूलु पिअसंगि लाहु इच्छंतियइ।
णिसुणि पहिय ! जं पढिउ वत्थु विलवंतियइ ॥१९८॥
मइ घणु दुक्खु सहप्पि मुणवि मणु पेसिउ दूअउ,
णाहु ण आणिउ तेण सुपुणु तत्थव रय हूअउ।

लोगों ने मद्य (पीना) छोड़ दिया और विविध गंधों से सुगंधित किये हुए रस का सेवन शुरू किया, रसिक जन अर्द्धावर्त (आधे पेरे हुए) ईख का रस पीते हैं। वर-प्राथिनी पीनोन्नतस्तना कोई-कोई सीमन्तनियाँ (स्त्रियाँ) कुन्द चतुर्थी को अपने बिछौनों पर लोटती हैं। १९५।

कोई ऋतुनाथ के जन्मदिवस पर दान देती हैं, अपने प्रिय के साथ केलि करने शय्यासन पर जाती हैं। पथिक इसी समय शय्या पर अकेली प्रेममुग्धा मैंने प्रिय के पास अपने मन को दूत (बनाकर) भेजा। १९६।

मैंने जाना था कि वह प्रिय को लाकर मुझे संतोष देगा। यह नहीं जाना था कि वह खल धृष्ट भी मुझे छोड़ देगा। प्रिय नहीं आया, उल्टे वह उस दूत को भी वहीं पकड़े रहा। मेरा संपूर्ण हृदय दुख-भार से और अधिक पूरित हो गया। १९७।

प्रिय के संग (साहचर्य) के लाभ की इच्छा करती हुई मेरा मूल भी नष्ट हो गया। पथिक ! विलपती हुई मैंने जो वत्तु पढ़ा उसे सुनो। १९८।

मैंने घना दुख सहकर विचारपूर्वक मनोदूत भेजा। प्रिय नहीं आया और वह मनोदूत भी वहीं रत हो गया। इस प्रकार भरमती हुई शून्यहृदया मैंने रात बितायी।

एम भमंतह सुन्नहियय जं रयणि विहाणिय,
अणिरइ कीयइ कम्मि अवसु मणि पच्छुत्ताणिय।
मइ दिन्नु हियउ णहु पत्तु पिउ हुई उवम इहु कहु कवण,
सिंगत्थि गइय वाडव्वणी पिक्ख हराविय णिअसवण ॥१९९॥‡

अथ वसन्त वर्णनम्

ओ गयउ सिसिरु वणतिण दहंतु,
महुमास मणोहरु इत्थ पंतु।
गिरिमलयसमीरणु णिरु सरंतु,
मयणग्गि विओइहि विप्फुरंतु ॥२००॥
संकोवइ जणइ सुहं विआसु,
विअसंतु रवन्नउ दह दिसासु।
णवकुसुमपत्त हुय विविहवेसि,
अइ रेहइ णवसर रइविसेसि ॥२०१॥
बहुविविहराइ घणमणहरेहि,
सियसावरत्तपुप्फंवरेहि ।
पंगुरणिहिँ चच्चिउ तणु विचित्तु,
मिलि सहियहि गेउ गिरंति णित्तु ॥२०२॥

मैंने यह अनिरूपित कार्य किया, इसके लिए मन में अवश्य पछतायी। मैंने हृदय दिया किन्तु प्रिय नहीं आया। कहो, यह कौन (कैसी) उपमा हुई। खच्चरी सींगों के लिए गयी और देखो ! कान भी गँवा आयी। १९९।

वसन्त वर्णन

इसके बाद वन तृण को जलाता हुआ शिशिर चला गया और यहाँ मनोहर मधुमास प्राप्त हुआ। वियोगियों की मदनाग्नि को विस्फुरित करता हुआ मलयगिरि समीर निरंतर चलने लगा। २००।

बसंत (तन में) संकोच और (मन में) सुख का विकास उत्पन्न करता है। दसों दिशाओं में रमणीयता विकसित हो रही है। नवीन कुसुम पत्र विविध वेश के हो गये। नव सरोवर रति विशेष से अत्यंत शोभित लगते हैं। २०१।

अत्यंत मनोहर विविध रागों से और श्वेत सर्वरक्त पुष्पवरों और वस्त्रों से अपने शरीर को सजाकर स्त्रियाँ अपनी सखियों के साथ नित्य गीत गाती हैं। २०२।

महमहिउ अंगि वहु गंधमोउ,
णं तरणि (तरुणि) पमुक्कउ सिसिर सोउ ।
तं पिक्खिवि मइ मज्झहि सहीय,
लंकोडउ पढ़ियउ बल्लहीय ॥२०३॥
गयउ गिम्हु अइ दुसहु वरिसु उव्विन्नियइ,
सरउ गयउ अइकट्ठि हिमंतु पवन्नियइ ।
सिसिर फरसु वुल्लीणु कहव रोवंतियइ,
दुक्करु गमियइ एहु णाहु सुमरंतियइ ॥२०४॥
वाहिज्जइ नवकिसलयकरेहिँ,
महुमास लच्छि णं तरुवरेहिँ ।
रुणझुण करेहि वणि भमरु छुद्ध,
केवयकलीहि रसगंधलुद्ध ॥२०५॥
विज्झंति परुप्पर तरु लिहंति,
कंटग्ग तिक्ख ते णहु गणंति ।
तणु दिज्जइ रसियह रसह लोहि,
णहु पाउ गणिज्जइ पिम्ममोहि ॥२०६॥
महु पिक्खवि विंभिउ मणिहि हूउ,
सुणि पहिय ! कहिउ रवणिज्ज रूउ ॥२०७॥

अनेक गंध आमोद से अंग-अंग महकने लगे । मानो सूर्य ने (अथवा तरुणियों ने) शिशिर शोक का त्याग कर दिया (शीत कष्ट से मुक्ति मिल गयी) यह देखकर प्रिय सखियों के बीच मैंने लंकोडक पढ़ा । २०३ ।

अति दुःसह ग्रीष्म गया, उद्विग्नतापूर्वक वर्षा बीती, अति कष्ट से शरद बीता । हेमंत आया, परुष शिशिर रोती हुई मैंने किसी प्रकार बिताया । नाथ का स्मरण करती हुई मेरे लिए यह वसंत का बिताना दुष्कर है । २०४ ।

मानो मधुमास-लक्ष्मी को तरुवर अपने नव किसलयरूपी कराँसे ला रहे हैं । केतकी कली के रस गंध का लोभी क्षुब्ध भ्रमर वन में रुनझुन करता है । २०५ ।

वे भ्रमर तरुओं पर (मधु) चाटते हुए परस्पर बिंध जाते हैं । वे तीक्ष्ण कंटकाग्रों की परवाह नहीं करते । रसिक लोग रस लोभ में शरीर दे देते हैं । प्रेम मोह में पाप (अनुचित कार्यों की) परवाह नहीं की जाती है । २०६ ।

पथिक ! मधुमास देखकर मुझे मन में विस्मय हुआ । मैंने जो रमणीयक छंद कहा उसे सुनो । २०७ ।

पज्जलंत विरहग्गि तिव्व झालाउलं,
मयरद्धवि गज्जंतु लहरि घण भाउलं।
सहवि दुसहु दुत्तर विचरिज्जइ सब्भयं,
मह णेहह किवि दुग्गु वणिज्जइ णिब्भयं ॥२०८॥‡
किंसुयइ कसिण घणरत्तवास,
पच्चक्ख पलासइ धुय पलास।
सवि दुस्सह हूय पहंजणेण,
संजणिउ असुहु विसुहंजणेण ॥२०९॥
निवडंत रेणु धरपिंजरीहि,
अहिययर तविय णवमंजरीहि।
मरु सियलु वाइ महि सीयलंतु,
णहु जणइ सीउ णं खिवइ तंतु ॥२१०॥
जसु नामु अलिक्कउ कहइ लोउ,
गहु हरइ खणद्ध असोउ सोउ।
कंदप्पि दप्पि संतविय अंगि,
साहार णाहु ण सहार अंगि ॥२११॥

दुःसह दुस्तर गर्जमान मकरध्वज को, जो जलती हुई विरहाग्नि की तीव्र ज्वाला से उसी प्रकार आकुल है, जिस प्रकार वडवाग्नि की ज्वाला से समुद्र आकुल रहता है और जो घनी तरंगों के आवर्त से उसी प्रकार भ्रमाकुल है, जिस प्रकार समुद्र हुआ करता है, सहकर भी सब लोग जोखिम उठाकर विचरण कर रहे हैं, किंतु मेरा प्रिय मेरे स्नेह के लिए दुर्गम है, वह बिना किसी प्रकार के भय या जोखिम उठाये, निर्भय होकर वाणिज्य कर रहा है। २०८।

किंशुक पर मानों कृष्ण घन रक्त (काले गाढ़े रक्त) की वर्षा हुई है। पलाश निश्चित ही प्रत्यक्ष पलाश (मांसाहारी) है। प्रभंजन के कारण सब कुछ दुःसह हो गया है। सुखंजन (सहजन) भी असुख उत्पन्न करता है। २०९।

निरंतर पुष्पपराग झड़ते रहने से धरा लाल और अधिकतर तप्त हो गयी है। पृथ्वी को शीतल करती हुई वायु चलती है किन्तु वह शीत नहीं उत्पन्न करती, वह मानो ताप फैलाती है। २१०।

जिसे लोगों ने झूठा नाम दे रखा है वह अशोक आधे क्षण के भी लिए शोक नहीं हरता। कंदर्प दर्पपूर्वक अंगों को संतप्त करता है, सहकार अंगों को सहारा नहीं देता। २११।

लहि छिद्दु वियंभिउ विरहघोरु,
करि तंडउ सुणिउ रडंत मोरु
सिहि चडिउ पिक्खि मायंदसाह,
सुणि पंथिय जं मइ पढ़िय गाह ॥२१२॥

दूइज्जउ दूइय वरहिणीहिँ कयहरिस णट्टवरहम्मि।
गयणे पसरियणवदुम घणभंती मुणिय पुण दुम्मं ॥२१३॥

इह गाह पढ़िवि उट्ठिय रुवंत,
चिर जुन्न दुक्ख मणि संभरंत।
विरहग्गि झाल पज्जलिअ अंगि,
जज्जरियउ वाणिहिँ तणु अणंगि ॥ २१४।

खणु मुणिउ दुसहु जमकालपासु,
णव कुसमिहि सोहिउ दस दिसासु।
गय णिवड णिरंतर गयणि चूय,
णव मंजरि तत्थ वसंत हूय ॥२१५॥

तहि सिहरि सुरत्तय किसणकाय,
उच्चरहि भरहु जणु विविह भाय।

छिद्र (अवसर) पाकर घोर विरह जम्हाई लेता है, मोरों का तांडव करके शब्द करना सुन पड़ता है। शिखी को माकन्द शाखा पर चढ़े देखकर जो गाहा मैंने पढ़ी, हे पथिक! उसे सुनो। २१२।

नाट्य वर्ह में (जो नष्ट विरह के समान है) मयूरियों को हर्ष करते हुए देखकर मुझे कष्ट हुआ। (फिर मैंने सोचा कि ये आनंद कल्लोल क्यों कर रहे हैं तो) गगन में प्रसरित नवद्रुममाला को मेघमाला की भाँति देखकर मैं फिर दुःखी हुई। २१३।

चिरजीर्ण दुख का मन में स्मरण करती हुई विरहिणी यह गाहा पढ़कर रोती हुई उठी। उसके अंग विरहाग्नि ज्वाल से प्रज्वलित हो उठे और शरीर को अनंग ने बाणों से जर्जरित कर दिया। २१४।

एक क्षण के लिए विरहिणी को यम के दुःसह काल पाश (की वेदना) का अनुभव हुआ। दसों दिशाएँ सुंदर कुसुमों से शोभित हो गयीं। गगन में निबिड़ निरंतर आम्रवृक्षों का प्रसार हो गया। नव मंजरियों से वहाँ (आकाश में) भी वसंत हो गया। २१५।

सुरक्तक वृक्षों पर कृष्णकाया (कोकिलाएँ) विविध भाव से मानों भरतमुनि

अइ मणहरु पत्तु मणोहरीउ,
उच्चरहिँ सरसु महुयर झुणीउ ।।२१६।।
कारंड करहि तह कीर भाइ,
कारुन्न पउक्कउ तह कुणाइ।
अइ एरिस मयणपरव्वसीउ,
कह कहव धरंती कट्ठि जीउ ।।२१७।।
जलरहिय मेह संतविअ काइ,
किम कोइल कलरउ सहण जाइ।
रमणीयण रत्थिहि परिभमंति,
तूरारवि तिहुयण बहिरयंति ।।२१८।।
चच्चरिहि गेउ झुणि करिवि तालु,
णच्चियइ अउव्व वसंतयालु।
घड निविड हारि परिखिल्लरीहिँ,
रुणझुण रउ मेहल किंकिणीहिँ ।।२१९।।
गज्जंति तरुणि णवजुव्वणीहिँ।
सुणि पढ़िय गाह पिअकंखिरीहिँ ।।२२०।।

द्वारा बताए गए नियमों के अनुसार (गान) उच्चारण कर रही हैं। अत्यंत मनोहर ऋतु आ गयी। मधुकर सरस ध्वनि करते हैं। २१६।

कीर प्रेम पूर्वक नृत्य करते हैं (या नीड़ बनाते हैं), बे कारुण्य प्रयुक्त शब्द करते हैं। ऐसे में मदनपरवशा विरहिणियाँ अत्यंत कष्टपूर्वक किसी तरह प्राण धारण करती हैं! २१७।

जल रहित मेघ काया को संतप्त करते हैं। कोयल का कलरव कैसे सहा जाए! रमणियाँ गलियों में घूमती हैं। तूर्य रव से त्रिभवन बहरा हो रहा है। २१८।

घन निबिड़ हार युक्त (पहनकर) नाना प्रकार की आंगिक चेष्टाओं को करती हुई स्त्रियों द्वारा ताल करके चर्चरी गीत ध्वनि के साथ अपूर्व वसंत ताल नाचा जा रहा है। (स्त्रियों की) मेखलाओं की किंकिणियों का रुनझुन रव (सुनायी पड़ता है)। २१९।

नव यौवन तरुणियाँ गाजती हैं, अर्थात् प्रसन्न होती हैं। उसे सुनकर प्रियोत्कंठिता ने यह गाहा पढ़ा। २२०।

एआरिसंमि समए घणदिणरहसोयरंमि लोयंमि ।
अच्चहियं मह हियए कंदप्पो खिवइ सरजालं ।।२२१।।
जइ अणक्खरु कहिउ मइ पहिय ।
घणदुक्खाउन्नियह मयणअग्गिविरहिणि पलित्तिहि,
तं फरसउ मिल्हि तुहु विणयमग्गि पभणिज्ज झत्तिहि ।
तिमि जंपिय जिम कुवइ णहु तं पभणिय जं जुत्तु,
आसीसिवि वरकामिणिहि वट्टाऊ पडिउत्तु ।।२२२।।
तं पडुंजिवि चलिय दीहच्छि,
अइतुरिय इत्थंतरिय दिसि दक्खिण तिणिजाम दरसिय ।
आसन्न पहावरिउ दिट्ठु णाहु तिणि झत्ति हरसिय ।
जेम अचिंतिउ कज्जु तस सिद्धु खणद्धि महंतु ।
तेम पठंत सुणंतयह जयउ अणाइ अणंतु (अणाइतु अंतु) ।।२२३।।‡

ऐसे समय में, जबकि लोक में दिन इतने रभसोत्कर (उत्तेजक) हो गये हैं, मेरे हृदय में कंदर्प अत्यधिक (तीव्रता से) बाणों की चोट करता है। २२१।

पथिक ! मैं सघन दुख से उद्विग्न हूँ और विरह की मदनाग्नि से प्रलिप्त (पीड़ित) हूँ। मेरे द्वारा उस अनक्षर के प्रति जो कुछ कहा गया है उसमें से कठोरता को त्यागकर विनय मार्ग से जो उचित पड़े वैसा ही कहना। ऐसा कहना जिससे प्रिय कोप न करे। जो उपयुक्त हो वही कहना। (इसके बाद) आशीष देकर वर कामिनी ने बटोही को बिदा दी। २२२।

उसे भेजकर दीर्घाक्षी अतिवेग पूर्वक चली। इसी बीच उसने दक्षिण दिशा की ओर ज्यों ही देखा उसे मार्ग से ढका हुआ (जो मोड़ के कारण दिखायी नहीं पड़ रहा था) पति दिखायी पड़ा। वह तुरंत हर्षित हो गयी। जिस प्रकार आधे क्षण में उसके कार्य की अचिंतित महती सिद्धि हुई उसी प्रकार पढ़ने-सुननेवालों के भी कार्य सिद्ध हों। अनादि अनंत की जय हो [या पाठकों और श्रोताओं के अनागत अंत (क़यामत के दिन) की जय हो]। २२३।

परिशिष्ट १

अवचूरी

["ज" प्रति की अवचूरी नीचे दी जा रही है। प्रस्तुत अवचूरी अत्यंत अशुद्ध संस्कृत में है। वह ज्यों की त्यों उद्धृत की जा रही है।]

मा श्रूयतां। अपितु श्रूयतां। १०।

यदि मत्तंगजो दिग्गजः कवलदलबहलगंध दुःप्रेक्ष्यं झरति। अन्यच्च। ऐरापति ऐरावणो मत्तो भवति। तदा शेषगजाः किं मदं झरंतु मा माद्यंतु। अपितु माद्यंतु। ११।

यदि पारिजातोस्ति। कीदृशाबहुबिधं गंधाढ्य कुसुम आमोदः। सुरेंद्रभुवने प्रफुल्लति। तर्हि शेषास्तरवो मा फुल्लंतु अपितु फुल्लंतु। १२।

यदि गंगा नाम नद्यस्ति सा त्रिलोके प्रगटित प्रभावा सागर संमुखता ब्रजति तर्हि शेष सरितो मा ब्रजंतु। अपितु ब्रजंतु। १३।

यदि विमले विस्तीर्णे सरसि सूर्योद्गमे कमलिनी विकसति। तर्हि वृत्ति विलग्ना तुंबिनी बल्लिर्क। मा विकाशतु। अपितु विकाशतु। १४।

यदि भरतभावछंदे सा नवरंगिचंगिमातरुणी नित्यंति। तर्हि ग्रामग्रथिल तालीशब्देन किं नृत्यंतु। अपितु नृत्यंत। १५।

यदि प्रचुर दुग्ध सन्मिश्रिता तंदुलार्ना क्षीरी उल्ललति। तर्हि धानकणीत्तुष संयुक्ता खवडिया किं मा दडवड उमा शब्दं करोतु। अपितु करोतु। १६।

स्वकाव्यकरेण आत्मानमुत्साहयन्नाह।

या यस्य काव्ये शक्तिः सातेन लज्जां मुक्त्वा भणितव्या। यदि चतुर्मुखेन ब्रह्मणा मणितम् चत्वारो वेदाः कृताः, तर्हि अपरे कवयः किं कवित्वं मा कुर्वन्तु। अपितु कुर्वन्तु। १७।

कवित्वकरणे आत्मानं प्रोत्साह्य आत्मग्रंथस्य मनाग् रमणीयत्वं दर्शयन् अनौद्धत्येन रडबंधेन कवीन्नाह।

भो कवयः त्रिभुवने तन्नास्ति यद् युष्माभिर्न दृष्टम् न ज्ञातम् यच्चन श्रुतं। अतः सर्व्वविशेषज्ञानात्। युष्मत् कृतं विकटबंधं बिबिध विशेषं सुछंदं सरिसं श्रुत्वा अस्माकं मूर्खाणां स्पृष्टं कृतं काव्यं ललितहीनं ललितं वर्जितं श्रुत्वा कः स्थास्यति पुनः कः श्रोष्यति। अपि तु न कोऽपि। तर्ह्यग्रे कथं प्रवृत्तिस्तद् दृष्टान्तेनाह। यथा दुर्गतेः दरिद्रोपद्रुतैः छेकैः पत्राणि नागबल्ली दलान्यंलभमानैः पर्वतादौ बहुमूल्यत्वात् शतपत्रिकाश्वाद्यात्। तथा ममकाव्यमपि पठिस्यंति। १८।

यस्याः प्रस्तारे आदौ पंचदशैकादश मात्रिकाणि पंच पदानि प्रान्ते दोधकः इति रहु लक्ष्मणम् । दोधक लक्षणं अग्रे कथयिष्यते । ततः प्राञ्जलि निज ग्रंथ श्रवणार्थं पंडितान्नाह ।

भो बुधजनाः श्नेहं कृत्वा निजकवित्त विद्यायामाहात्म्यं प्रभावारूपं आत्मन रूपेण आत्मान मानेन पांडित्य प्रविस्तरणं मनुष्य लोके कौलिकेन तंतुवायुना प्रकाशितं कौतूहल भाषितं सर भावेन पामर जनेन मूर्खेण कृतं संदेश रासकं नाम कवित्व लक्षणं निःशब्दं कोलाहलं विहाय श्रुणत । ततो ग्रंथ पठनशीलस्य शिष्यामाह । १९ ।

यः कोपि समर्थः प्रज्ञावान संपतितं प्राप्तं इदं शास्त्रं पठति यस्य बुधस्य पंडितस्य हस्तं गृहीत्वा भणामि । ये जनाः पण्डितानां मूर्खाणां अंतर कुर्वन्ति जानन्ति । तेषां पुरतो एष न पठितव्यः यस्ते महा पण्डिताः । पद्धड़ी छन्दो यथा । २० ।

चत्वारिपादाः षोड्श मात्रा आद्यार्द्धे उत्तरार्द्धे च यमकं ।

बुधाः मत्कृतेन काव्येन तिष्ठान्ति, न मनः कुर्वन्ति । अबुद्धत्वेन तत्र प्रवेशिनः न मूर्षाः न पंडिताः किंतु मध्यस्थाः तेषां पुरतः सर्व्वदैव पठतव्यः ।

अनुरागिणां रतिगृहं कामुकानां मनोहरं मदन मनस्कानां पथोदीपकरं । विरहिणीनां मकरध्वज रसिकानां रस संजीवन करं । विशुद्धंजनाः श्रृणुत । २१ ।

यतो तिश्नेहेन भाषितं रतिमतिवासितं । कर्ण शष्कुल्यौ यथा अमृतं अन्नचैतस्यार्थं लक्षणं स एव विचक्षणो लए भाव लिखति जानाति यः सुरति संगे विदग्धो भवति ना परः डोमिला छंदो भवति । डुमिलाहि पयासण मत्त विसेसणय । लक्षण लक्षणात् गाथार्थः । २२ ।

द्वितीय प्रक्रम

सा विक्रम पुरात् काचिद्दूरनायकाः उच्च स्थिर दृढ़ स्थूल कुचा भ्रमरी मध्यमध्यमार्ता राष्ट्रगति विरहिणात्वत् दीनाननानैभयो दीर्घतर जल-प्रवाह प्रवहंती सती परदेश गतं प्रभुं पश्यति । पुनः की दृशी । तथा कनकांगया ? स्तथा श्याम-लिमा प्रपन्नं । अतः उत्प्रेक्षात्कविः यथा ज्ञायतो ताराधिपतिः संपूर्णो विडंबितो राहुणा ग्रस्त इति । तस्या विरहावस्थां व्यावर्णयन्नाह । २४ ।

लोचने उत्फुल्यति दुक्खार्ता रोदति धमिल्लोन्मुक्तमुखा विजृंभति । अंगं मोहयति विरहानल संतप्ता आश्वासति करशाखास्त्रोटति । एवं मुग्धा विलपंत्या महीचलणाभ्यां क्रामन् अर्द्धोद्विग्नेनगरमध्यं विहाय पार्श्वे एवं संचरन् पथि प्रवहन् पथिको दृष्टः । पथिकं दृष्ट्वा तया किं कृतमित्याह । २५ ।

तं पथिकं दृष्ट्वा परयुत्कंठिता मंथर गमनं त्यक्त्वा यावदुत्सुक्यागरया चलिता तावन्मनोहरं चलंत्या तस्याश्चपल रमणभर, त रसनां किंकिणीक्कणे प्रसरा

छुटिता । २६ ।

छंदो यथा मत्त होहि चउरासी चहु पयचारि कल । सेविविहाण उछंदु केवि रासउ मुणहु ।। एकविंशत्यामात्रिका चत्वार: पदारिंचतुक्कला त्रिषष्टी योनय: पंच कल वर्जित्वा ।। एतत् आभाणक छंद लक्षणं ।

सा सुभग यावत्तां ग्रंथौ स्थापयति तावता मुक्तामयी स्थूलावलि नव शर हार-लता त्रुटिता । ततस्तानि काचिन्मुक्ता फलान् संमीलयित्वा कानिश्चिदौ ? त्सुक्या त्यक्त्वा संचालिता । तावता नूपुरे चरणाभ्यां विलग्य पतितेत्यर्थ: । २७ ।

यावत्पतित्वोत्थिता सविलासासत्लज्जासंझसिता तावत श्वेतं स्वच्छं निवसनं शिरोवस्त्रं विवलसितं दूरीभूतं । तदपि संवरयित्वा पथिकप्रापनमनस्का यावत्सं-सृता तावता नेत्रपट्टवस्त्रमयं कूर्प्पासकं कंचुकं विदार्यं कुचौ दरे छिद्रे विलग्नौ प्रकटौ जाताविर्त्यथ: । २८ ।

सा बाला सलज्जा पथिकं प्रति विरहिणीत्वं । करणं पद्मिनित्वात्सविलासं शब्दं कृतवती । किं कुर्वंती निजकराभ्यां कुचावाछादयंती । नु वितर्के कनक कलशा-विंदीवराभ्यामाछादिती । यतस्तस्या हस्तौ पुन: सकज्जल नेत्रस्पर्शात् आक्षालनाच्च श्यामलतां गतौ । ततो दीर्घनेत्रा सगगीद्गदर्धदना सन्निकटं प्राप्ता । २९ ।

निमेषार्द्धं सुस्थिरं यथा तिष्ठ-तिष्ठ मनस्यवधारयत् । किंचित्जल्पामि तच्छ्रव-णाभ्यां श्रृणु । क्षणं हृदये प्रसीद । तस्य एतानि वाक्यानि आकर्ण्य पथिक: कौतू-हलित: सन् न च क्रमार्द्धं निवृतो ना चाग्रे चलित: । क्षुब्धत्त्वात्तथैव संस्थित: इत्यर्थ: । अत: परं पथिक चेष्टामाह । ३० ।

कुसुम सरायुध रूप निधिं विधिना गरिष्ठं कृतं तत्प्रेक्ष्यते पथिकेनाष्टो गाथा भणिता । ३१ ।

तस्या अलका: शोभन्ते कीदृशा: अतिकुटिलामात्रया प्रधाना: यथा तरंगिणिषु शलिला कल्लोला विचक्रा कृष्णत्वेन अलिकुलकमला इव । ३२ ।

तस्या वदनं वासरनाथस्य प्रतिबिंबमिव रराज । कीदृशं रजनी तमो विद्रा-वक: अमृतश्रावी संपूर्ण सोमस्य अकलंकमात्रा वासरनाथस्योपमानान्या: । ३३ ।

यस्या: लोचन युगं अरविंद दल दीर्घतरं रागाढ्यं शोभते । पिंडीर कुसुम पुंजवत् दाडिमी पुष्प गुच्छवत तस्या: कपोलौ दृश्येते । ३४ ।

तस्या: वाहुयुगलं अमरशर उत्पन्नं मानस सरस: संजात मृणाल नलकं । मिथ्यश्ववर्ण कमलस्यभूमि मध्यस्थ दंडमिव कोमलं शोभते । तयोर्वाह्वोरंते यत् करकमलं तत् द्विधाभूतं पद्ममिवज्ञायते । ३५ ।

तस्या: कुचौ श्वजन खला इव शोभते । खलूपमानाह स्तब्धौ कठिनौ नित्यो-न्नतौ अप्रसूतत्वान्मुखरहितौ । तथा च संगमे स्वजन सदृक्षौ अंतरं वाह्यौ च अंगान्याश्वास यत: । अथावान्तर वाह्यांगं आश्वासयत: । ३६ ।

तस्या: नाभिमंडलं गिरिनद्योवर्त्त सदृशं गम्भीरं दृश्यते द्योततेव । अन्यच्च

मध्य मर्त्यसुखमिव तुच्छं कदाचनेंद्रिय गोचरं कदाचन तरलगेत हरणं। अथवा तरलगतौ हारिणं पदमिव। ३७।

जालंधरी कदली तस्या जालंधरि स्तंभवत्। देशीत्वात्। कदली गर्भवत् उरू अतिरभ्यं शोभतः च पुनः वृते नाऽतिदीर्घे तस्या जंघा सरसे सुमनोहरे राजतः। ३८।

तस्याश्चरणांगुलयः पद्मरागखंडनीव शोभते। तथा च तासामंगुलीनामुपरि नखो पद्मरागोपरिस्थितो स्फटिकखंडानीव तथा च तास्वंगुलीषु उद्भूग्न कमलनाल तंतुशदृशं रोमतरगं विचरत्। ३९।

विधिना शैलजा शृष्ट्वा तस्याः अंगानि तद्वत् ततोपि च सविशेषं यथा प्रगटितासि कृतानि। अतः आह। कः कवीन् दूषयति तद्विधिनापि पुनरुक्तं शृष्टं। तदनु किं कृत यथातदाह। ४०।

ततो गाथां श्रुत्वा राजहंसगत्या चलणांगुष्ठेन सलज्जि यथा उल्लिखत्या तया कनकांग्या पथिकः इति वालितः। हे पथिक क्व यास्यसि कुत आगतः। तत्पृष्टः पथिकः प्राह। ४१।

सामोरं मूलस्थानं नाम नगरं हे सरोरुहदलनयने हे कमलनेत्रे हे शशिधरवदने सामोरमूलस्थानं नाम नगरं वर्तते। धवलतुंगप्राकारैस्त्रिपुरैश्च मंडितं वर्त्तते। नागरजनैः संपूर्ण भरितं। तत्रकोपि मूर्खो न हि दृश्येत। सकलोऽपि जनो पंडितोस्ति। ४२।

यदि विचक्षणैः सहः पुरांतः परिभ्रम्यते तदा मनोहर छंदसा मधुरं प्राकृतं श्रूयते। कुत्रापि चतुर्वेदिभिर्वेदः श्रूयते प्रकाश्यते वा। कुत्रापि बहुरूपकैनिबद्धो रासको भाक्षते। ४३।

कुत्रापि सुदयवच्छकथा कुत्रापि नलचरित्रं कुत्रापि बिबिध विनोदैर्भारतं श्रूयेत। कुत्रापि आशिषा त्यादिभिर्द्विजवरैः भारतमुच्चार्यते। ४४।

केपिवंशवीणाकाहल मुरज शब्दान् आकर्ण्यंति। कुत्रापि प्राकृतवर्णैर्निबद्धो गीतरवः श्रूयते। कुत्रापि आकर्षणे सुखसमर्थाः पीनोन्नतस्तन्यः नर्त्तक्यः चल्लचल्ल शब्दं कुर्व्वंत्यः कुत्रापि परिभ्रमणं कुवर्वति। ४५।

यत्र नराः बिबिध नटनाटिकिभिः विश्मयंते यत्रवेश्याभिः वेश्यापाटके प्रविशंतितो नीरोगणापि मूर्च्छंति। अन्या काश्चिद् वेश्या मदभिभला गजगमना भ्रमति अन्या रत्नताडंकैः प्रतिघोलंत श्रवणा भ्रमति। ४६।

अपरा काचन् भ्रमति कीदृशी यत् तस्यां निवडोद्भर घनतुंगस्तनयो भारेण न तुटति तदाश्चर्यं अपरा काचित् केनापि सह निजक मदकौकुचभ्यां क्षिप्ततुच्छ-कज्जल तीर्यगस्थित लोचनाभ्यां दर मनाक् हसति। ४७।

अपरा कापि सुविचक्षणा विकंसती विमलनिर्म्मला हास्या भ्रमति। कीदृशी मन्ये शशिसूर्य गंडयो निविष्टौ कस्याश्चन् मदनपट्टं कुचस्थलं मृगनाभिपंकांकितं

वर्त्तते। अन्यस्या भालं तीक्ष्णेन तिलकेनालंकृतं वर्त्तते। ४८।

कस्याश्चनार्यं स्तनपट्टशिखरे निष्ठुरे हारः प्रवेशमलयन् रत्नभारेण लोलति। कस्याश्चिन्नाभिविवरं गंभीरं कुंडलितं कुंडलाकारं वर्त्तते। पुनः कीदृशं नाभि विवरं त्रिवलीतरंग प्रसंगतो मंडलितमिव शोभते। ४९।

काचिद् रमणभारं गुरुविकटमतिस्थूलत्वात् कष्टेन विर्भात। तस्याश्चलंत्या उपानहाश्चमछब्दो अतिमंथरस्त्वरितं न सरति। अपरस्यामधुराक्षरं यथा जल्पंत्याः कामिन्याः हीरपंक्तिशदृक्षो नागवल्लीदलारक्ता दशना शोभते। ५०।

अपरस्या वरमुग्धायाः हंसत्या अधरदलं करकमलं बाहुजुगलं समं सोभाढ्यं वर्त्तते। तत्र कमलभ्रमो यथा। अधरंदल स्थानीयं करकमल स्थानीयं शरलं बाहुजुगलं दंडस्थानीयं। अन्यास्यापि नायिकायाः करांगुलीषु नखा उज्जला भांति। अपरस्याः कपोलौ दाडिम कुसुमदलौ कल्पते। ५१।

कस्याश्चिद् भ्रूयुगलं सन्नद्धश्लक्ष्णं भवति। मन्ये कोदंडसत्यं कमपि मदनेन चटाप्यते। एकस्यापि नूपुर युगले शब्दस्य घनो रवः श्रूयते अन्यस्याः रत्ननिबद्धः मेखला रुणझुणत्वकारः श्रूयते। ५२।

उपानहां चिक्कण शब्दः प्रवरं लीलंतीनां नायकानां प्रवर्त्तते। मन्ये नवशरदागमेन सारसेन रसितं। कस्याश्चित्क्वापि पंचमं कुर्वंत्या क्षीणो मधुरतरः स्वरो भाति स्म। मन्ये सुरप्रेक्षणे तुंबरेण श्वरः सज्जितः। ५३।

एव कस्यास्तत्र रूपं पश्यतां पथि प्रवहतां पथिकानां नागवल्लीदलास्वादनान्मुक्तरसेन पादास्खलंति। अथवहिः परिभ्रमणार्थं कोपि यदि निस्सरति तदा विविधोद्यानं दृष्ट्वा भुवनानि विस्मरंति। ५४।

अथ वनस्पती नामानि

अन्येपि शेषं महीरुहा वृक्षाः हे ससिवदनि ये संति तेषां नामानि हे कमलनेत्रे को वेत्ति अथ सर्व्वेपि संक्षेपेन निवडाघनानिरंतरास्संति। तेषां छायया दशयोजनानि गम्यंते। ६४।

हे मृगाक्षि यत्र सामोरुपुरे तपनतीर्थं सूर्यकुण्डं प्रसिद्धं। चतुर्दिक्षु व्याख्यायते। तन्मूलस्थानं नाम प्रसिद्धं। सर्व्वैरपि नरामरैर्शायते। ततोहं लेखवाहकः एकेन प्रेषितः स्तम्भतीर्थे प्रभ्वादिष्टो व्रजामि। ६५।

सिधोद्भववदना चंद्रमुखी सलिलोद्भवनयना कमलाक्षी एतानि वचनानि आकर्ण्य दीर्घोच्छ्वासं निश्वस्य करांगुली मर्दयत्वा सगद्गद्गीः प्रसरा वाताहता जालंधरी कदलीवत् चिरं मुग्धा थरहरिता कंपिता। ६६।

क्षणार्धं रुदित्वा नेत्रे मार्जवित्वा तया पुनरुक्तं। हे पथिक स्तंभतीर्थनाम्ना मम शरीरं जर्जरितं। तत्र विरहस्फेटको मम भर्ता वर्त्तते। तं विना मयाधिकः कालो निर्गमितः। परं स निर्द्दयो न समागतः। ६७।

हे पथिक यदि दयां कृत्वा क्षणार्द्धं पदं मोटयमि उपविशसि तदा किंचित्

सन्देसकं प्रियाय तुच्छाक्षैरर्जल्पामि। पथिको भणति हे कनकांगि कथय रुदनेन किं। उद्विग्नमृगनेत्रे नितरां खिद्यमानो दृश्यते। ततो सा सल्लज्जत्वं प्रगटयंती प्राह। ६८।

यस्म निर्गमे विरहेनाहं रेणूत्करं भस्मपुंजं न कृता। अतस्तस्मै निष्ठुरेण मनसा संदेशकः कथं दीयते। यतः। ६९।

तेवार्थं दृढ़यन्नाह—

यस्य प्रवसंतो न प्रवसिता। अन्यच्च यस्य वियोगे न मृता अतस्तस्मै संदेशकं प्रियाय ददती लज्जे। ७०।

हे पथिक लज्जां कृत्वा यदि तिष्ठामि तदा हृदयं धर्तुं न शक्नोमि अतः एकां गाथां प्रियं प्रति पठेः। करं गृहीत्वा प्रियं मनोयः प्रियं अनुकूल येतमाह। ७१।

हे नाथ त्वद्विरह प्रहार संचूरितानि अंगानि यन्न विघटते। तत्र किं कारणं। अद्यकल्ये संघटनं मेल इत्यौषध प्रभावेन तिष्ठंति। तद्वस्तु रक्षंती भर्त्ते आशिषामाह। ७२।

अंग दहनभयादुच्छ्वासो न मुंचामि। ततः आशीः यथाहं वल्लभेन मुक्ता तथा स यमेन कृतांतेन मुच्यात्। ७३।

हे पथिक एतां गाथां प्रपठित्वा प्रिय मनायेः। पंच दोधकान् गुरुविनयेन सह कथये। ७४।

त्वां हृदयस्थितं मुक्त्वा त्वद्विरहानल संतप्ता यदि स्वर्गे व्रजामि तदा प्रतिपन्नं न भवति। यतोहं त्वत् सहचरी भार्याय भर्तृविरहकष्टे। भर्तुर्दूषणानित्याह। ७५।

हे कांत यदि त्वयि हृदयस्थितेपि सति विरहः काय देहं विडंबयति। तत्तवैव लज्जा। सत्पुरुषाणां परकृतः पराभवः संतापो मरणादधिकः। भर्तारं निंदति आह। ७६।

गुरुतरं पराभवं त्वयि पौरषनिलयेपि सति किं न सहामि। अपितु सहाम्येव। यतः योरंगोस्तू विलसितस्तान्यंगानि विरहेण दग्धानि। पुनर्भर्तृ पौरुषं प्रगटंत्याह। ७७।

विरहशत्रु परिग्रहेण शरीरे निरपेक्ष प्रहरितं परं हृदयं न प्रहतं। न स्फोटितं। किं कारणं। तद्युक्तं विलोक्या सामर्थ्यत्वात्। नान्यत्। आत्मनो समर्थतां भर्त्तुः समर्थतामाह। ७८।

मम विरहेण सह समर्थता नास्ति। अतो बिलपंती तिष्ठामि। यतो गोपालानां पूत्कारमेव प्रमाणं। परं धन गोकुलं स्वामिभिः भ्राम्येत। नान्यैः। आत्मनो दुर्व्वलतां दोधकद्वयेनाह। ७९।

हे पथिक संदेशकं सविस्तरं अहं कथयितुं न पार्यते। न समर्था। परं हे पथिक प्रियंप्रति भणेयः कथेयः एकस्मिन् वलके द्वौ हस्तौ समागतौ स्तः। ८०।

अथ एकोनाशीतिमस्य दोधकस्याधुना व्याख्यायते। हे पथिक संदेशकं

सविस्तरं मया कथितुं न पार्यते न सक्येत। परं इति कथनीयं। यः करांगुल्यां मुद्रिका आशीत् स वाहु समायाति। ८१।

तस्मिन् क्षणे त्वरितं निजगगनमीप्सन् दोधको श्रुत्वा पथिकः कथयति। हे सुविचक्षणे अथ यत्किमप्यधिकथनीयमस्ति । तत्कथय । मया दुर्गो मार्गो गंतव्यः। ८२।

चंदायणच्छन्दलक्षण यथा :

सो चंदायणु छंदु फुडु जहि धुरि दोहा होइ
अह तिहि रहियउ मणहरणु बुहियण संसिउ सोइ
बुहियणि संसियउ सोविजणिज्जए-कामिणीमोहण पुरउ पढ़िज्जए
मत्त अडवीस सउजेणि वियरिज्जए सोविचंदायणो छंदुसलिहिज्जए

दोधकेनसह अष्टविंशत्यधकं शतं मात्राणां। दोधकेन विना अशीतिमात्रा प्रमितं मणहरनाम चन्द्रायण छंदः।

पुनः विरहावस्थां दरसयन्नाह

पथिक वचनं श्रुत्वा मन्मथशरव्याप्ता मृगायु आखेटकी सरोन्मुक्ता वितर्के हरिणीवदुस्थिता जाता। तदा दीर्घो श्वासं मुक्त्वा अन्यच्च उच्छ्वासंत्या निजनेत्रा-भ्यामश्रु वर्षंत्या एषा गाथा पठिता। नेत्रयोरविरल जलप्रवाहत्वमाह। ८३।

ममनेत्रे धृष्टो निष्टत्वलक्षणं। जलवर्षणेन न लज्जतः तदा किं विरहाग्निरूप-शांतः तदाह। खंडव वन ज्वलनमिव विरहाग्निरधिकतरं तपति। यदा धनंजयः खांडव वनं ज्वालयितुं प्रवृत्तः। तदैको विद्याभृदागत्योपशमयितुं प्रवृत्तः। तदैव धनंजयेन तत्र विद्यतोग्निः। अधिकेददाह। ८४।

एतां गाथां पठित्वा अतिकरुणदुःखाकीर्णा उद्विग्नमृगनेत्रा पथिकस्य पुरतो भणति। कठिननिश्वासमेवं विधं याद्रतं तस्य यदासासुखं तस्यं विघ्नं कारकाय तस्मै निर्घृणाय प्रियाय द्वे चंतुःपदिके भणेः।८५।

हे पथिक कपालेन चरंती कापालिकाः। तस्य संबोधनं। अहं तत्रविरहेण कापालिनी योगिनी कृता। कथं तव स्मरणं समाधौ मोहो विषमः समुत्थितः। मोहो मूर्च्छा मोहोस्नेह। ततः क्षणमपि कपालं वामकरान्नदूरीभवति। कपालं भिक्षुभाजनं कपालं मस्तकं। अन्यच्च। सज्जासनं न मुंचामि। शय्यायामासनं तथा खद्वागं न मुंचामि। खट्वांगं पल्यंकपादं योगियोगोपकरणं।८६।

हे पथिक तं प्रियं वेद निशासु चरतीति निशाचर तस्य संबोधनं हे निशाचर मुग्धा तव विरहेण निशाचरी राक्षसीकृता। कथं। तेजोञ्झिसितं गतं। अंगं उद्ध-षितं। अलका विलुलिता। उब्बिबरवदना जाता। स्खलिता, विपरीता च गति-रभूत। कुकुमं कनकशदृक्षा कांति कालिमावृता। द्वितीयपक्षेप्येवं। ८७।

हे पथिक त्वं कार्याकुलः। उत्सुकः। लेखं लिखितुं न शक्नोमि। त्वं प्रियाय दोधकद्वयं गाथा प्रियायं भणे स्नेहं कृत्वा। विरहाग्नेरतिशायित्वं दोधकगाथा-

भ्यामाह ।८८।

हे पथिक प्रियमाह अहं एवं मन्ये विरहाग्नि वडवानलदुत्पत्तिः यत्स्थूलांश्रुभिः सिक्तः पडिल्ली देशीत्वादधिकं झगति ज्वलति ।८६।

हे पथिक प्रियं भणेः दीर्घोष्लैः श्वासैः सोष्यमाणासती सा प्रश्रृताक्षी विपद्यते। परं यदिचेत् लोचनयोर्वाष्पभारैः ध्रुवं निश्चितं यदि सा न सिच्येत ।६०।

पथिको भणति हे शशिधरवदने मां प्रेषय हे मृगनयने अथवा यत्किमपि कथनीयं तन्मम कथय। हे पथिक कथयामि किं न कथयामिव। परं कथयिष्ये तेन कथितेन एषावस्था कृता ।६१।

हे पथिक विहरकुहरे विरहगर्त्तायां येन अहं क्षिप्ता। एवं कृत्वा क्षिप्ता अर्थलोभात्। अकृतार्थिना एकाकिनी मुक्ता विरहगर्तायां क्षिप्ता। संदेसकं सविस्तरः त्वं उत्सुकः परं तस्मै प्रियाय एकां गाथां एकां वस्तु डोमिलकं च वदे कथयेः। पूर्वं सुखानुभवं स्मरयंती दुखं प्रगटयमाह ।६२।

तदा त्वयि निवडंत यथा निवेसित आवयोरंतरा हारो न संक्रांतः। इदानीं सागरसरीं गिरितरुदुर्गाश्च अंतरिता। विरहिणीनां विरह मनाक् सुखसंभावेमाह। तदा त्वं महान् दुखमाह ।६३।

या काश्चन् स्त्रियो निजदयितोत्कंठिता विरहाकुलित प्रियासंगे प्रसन्ना तत्संगमं व्याकुलिता भवंति। स्वप्नांतरे धन्यं तनुस्पर्शं आलिंगनं अवलोकनं चुंबनं दशनखडनं सुखं प्राप्नुवंति। हे पथिक तस्मै निर्दयाय एवं कथय। ममावस्थं त्व श्रृणु। यस्मिन् काले त्वं प्रवशितः तस्मात् लवा तत्क्षणात् मम निद्रा नास्ति। किं पुनः स्वप्नसंगमं सुखं। ग्रामो नास्ति कुतः शीमेतिन्यायात् ।६४।

वस्तुकच्छंद लक्षणं यथा

दो वेया सिहि जुयलं जुयाइ दुन्नि दुगं च वत्थूयउ

पन्रस तेरस पनरस जुत्तो दिवड्ढ छंदो

चतुर्विशति मात्रिकाणि चत्वारि पदानि पश्चात्पंचदश मात्रिकाणि त्रयोदश पंचदश त्रयोदश मात्रिकाणि चत्वारि पदानि। एष वस्तुक छंदः। अपरं नाम षटपदः। हते सर्वश्वे किं कर्तव्यतामूढ़त्वमाह ।६४।

प्रिय विरहवियोगाय संगमसूचकाय रात्रिदिनं विलशयंतीति नितरामंगशोषयंतीभि वाष्पानि मार्जयन्ती पथिक आत्मना निर्दयाय प्रियाय किं भणामि। परं त्वं त्वेवं वेदः मत्वां हृदये निवेश्य भावेन प्रेष्य मोहवशात् क्षणं तयोक्तं मम स्वामिनो वक्खर रूपनामवस्तु विरहनाम तस्करो हृत्वा गच्छन्ति। प्रत्यहं तद्गुण प्रिय कस्य शरणं व्रजामि। ६५।

एतत् डोमिलकमुक्त्वा चन्द्रवदना कमलनेत्रा निर्म्मेषा निष्पंदा जाता। न च किमपि कथयति। अपरं जनं नाप्रेक्षते। अत्र वितर्को भित्तौचित्रामलिखितैव सत्यार्ति ज्ञात्यर्थः ।६६।

उच्छ्वासंभमरुद्धनिश्वासया रुदितमुख्या मन्मथशरैः प्रतिभिन्नया अतिसंगम-सुखं स्मृत्वा तदनुगतोस्ति। वेत्ति ईषत् तिर्यक तरलाक्षिभ्यां पथिको दृष्टः मन्ये वितर्के वा गुणशब्दोत्रस्तया कुरंग्या दृष्टः सः। अथ पथिकौ सौजन्यमाह।९७।

पथिको भणति स्थिरा धीराभव क्षणं आश्वासय वरक्कि पटी गृहीत्वा शशि-सम्पूर्ण मुखं मार्जिय। तद्वचनमाकर्ण्य विरहभरभग्नया सलज्जया बस्त्रांचलं आदाय मुखं प्रमार्जितं। आत्मनः सर्वथैवासमर्थतामाह।९८।

हे पथिक किल इति संभावनायां मम बलं कदर्पेण समं न सिध्यति। यत्प्रिय निर्दोषेण दोष विना रक्तो विरक्ता। तेन परवेदना न श्रुता न ज्ञाता। अतस्तस्मै खलाय निस्पृहाय एक मालिनी वृत्तं कथ्यते। अथ आत्मनो अवमर्शित्वमाह।९९।

यदि विरतिवियोगे अहं श्वहृदयं नष्टसौख्यंमज्ञास्यं। तदा यो रागो नवरंगे श्नेइमुद्‌मिलंनाशीत तेनैकं कुंभं भृत्वा धारिष्य। यतो हृदयं विरक्तं तत्र कुंभे षिप्वा स्वस्थमधारयिष्यंति।१००।

यदि वस्त्रं गतरंगं भवति तदा पुनः रंग्येत। अथ निश्नेहो अंगः शरीरं रौष्यं भवति तदा तैल्येन अभ्यंग्येत मर्द्यते। अथ द्रव्यं हार्यते पुनरपि जित्वा भिट्यते प्राप्येत हे पथिक प्रियस्य विरक्तं हृदयं कथं वर्त्तते।१०१।

पथिको भणति। हे प्रश्रृताक्षि मनो धीरय मार्गे धरा लोचनाभ्यां बहु नीर नितरां संवर। पथिका बहु कार्ये गच्छंति। तत्र परिभ्रमंति। अकृते निजे प्रयोजने हे सुंदरि न चलंति न व्याघुटति। १०२।

ते च विदेशे भ्रमंति मन्मथ-शर-प्रहत-निज-गृहणीः स्मरंतो विरहेण वशीकृता दिवसरात्रौ निजदयिताशोकभरमसहंतो यथा यूयं तथा निरंतरं पथिका अपि क्षीयंते दुर्बला भवति। १०३।

एतद्वचनमाकर्ण्य दीर्घतराक्षमदनोत्कौकुच्यया अडिल्ला पठिता। यदि कांतस्य मयि स्नेहो नास्ति। इत्यहं ताकं देशीत्वात् तर्क्कयामि। तथापि पथिक मम कांताय कार्यं संदेसकं साधय कथय। यदि विरहाग्निर्मम न कांतस्य अन्यच्च हृदयं मम ज्वालयति न कांतस्य। एकोर्थः। प्राकृत्वात् षष्ठी स्थाने चतुर्थी। यद् विरहाग्नि-र्ममध्यमानक्कांतं नासिकांतं यावत् नक्तान्तमाह। दिवसं रात्रि प्रातः हृदयं ज्वालयति। द्वितोयोर्थः। अडिल्लछंदः। लक्षणं यथा। १०४।

हे पथिक अहं मदनायुध—वाधिता संदेशकं सविस्तरकं कथितुं न शक्नोमि परं इमं सकलं कांताय कथय। तमाह। अंगे भंगः नितरां अरतिः निशि उज्जागरः विहलं-घलगतिः मार्गं चलंत्या आलस्येन।१०५।

धम्मिल्लस्य संवरणं कुसमैर्न रचितं। नेत्रयोर्धृतं कज्जलं कपोले मार्गे गलति। यत् प्रियाशासंगमे पलं मांसं देहे चटति तद्विरहाग्निना झलकितं भस्मीकृतं द्विगुणं झटति। १०६।

आशा (शा) जलेन सिक्ता विरहाग्निना ज्वलंती न च जीवामि न च म्रिये।

किन्तु अग्निमिव धुक्खंती श्वसंती तिष्ठामि। अत्रांतरे पुनः पुनः मनो धीरयित्वा नेत्रे स्पृष्ट्वा फुल्लको भणितः। १०७।

हे प्रिय मम हृदयं स्वर्णकार इव वर्तते यथा स्वर्णकारः प्रियोत्कंठया अभीष्ट-लाभेच्छया स्वर्णमग्निना दग्ध्वा जलेन सिंचति तथा शरीरं स्वर्णं प्रियाविरहाग्निना दग्ध्वा पुनः संगमाशाजलेन सिंचति। १०८।

पथिको भणति। व्रजतो ममामंगलं मा कुरु। रुदित्वा रुदित्वा पुनरश्रूणि संवर। सा प्राह। पथिक तवेप्सितं भवतु। अद्य गमनं सिद्ध्यतु। मया न रुदितं। विरहाग्नेर्धूमाधिकत्वाल्लोचनानां स्रवणं जातं। १०९।

पथिको भणति हे प्रसृताक्षि पथिक पुरतः किंतु वद। रविः दिनशेषं प्राप्तः। दयां कृत्वा मां विसर्ज्जय। सा प्राह। हे पथिक व्रज तव पुनर्नवमांगल्यं भवतु। प्रियाय एकं अडिल्लं अन्यत् चूडिलकं च वदेः। ११०।

तनुः दीर्घोष्णैः श्वासैः शोष्यते। अश्रुजलौघस्तु तस्मादुत्पन्नोपि न च शोष्यते इति महदाश्चर्यं। मम हृदयं द्वीपांतरे पतितं शून्यं जातमित्यर्थः। मन्ये पतंगो द्वीप मध्ये पतितः। सोपि म्रियते। मडिल्ल छंदः। १११।

उत्तरायणे दिवसा वर्द्धंते रात्रयो हीयन्ते दक्षिणायने रात्रयो वर्द्धंते न दिवसो। यत्र द्वावेव वर्द्धेते तन्मन्ये एष तृतीयो विरहायनो जातः। द्वयोर्हानौ तुर्यः सुखायनः चकारात्। चूडियालक छंदः लक्षणं यथा। ११२।

हे पथिक दिवसो गतः स्थितशेषो जातः। गमनं मुच्यतां निशि अस्तमनं बोल-यित्वा। दिवसे पुनश्चल्यतां। हे बिंबाधरे दिनबिंबज्योत्स्ना आतपः गतः गोसे प्रभातकाले ज्वलति। मयि औत्सुक्ये अतिकार्ये गम्यते। पुनः सा प्राह। यदि अस्मिन् स्थाने न तिष्ठसि तदा हे पथिक यदि गमनं इच्छसि तदा चूडिल्लकं च खडहडकं गाथां च प्रियाय भणेः।११३।

हे प्रिय तव प्रवासे विरहाग्नेः फलं प्राप्तं इति गत्वा प्रियं भण। किं तत्। चिरंजीवी वरः प्राप्तः। यद् एकोपि वत्सरः संवत्सरतुल्यो जातः। ११४।

यदि अंगम् अनंगशरैः निभृतं यथाहितं यदि वाष्पजलौघः कपोले रतं नेत्रं यदि मनसि नित्यमपि मदनं जृंभति तथापि जीव्यते। ११५।

षडहड छंद लक्षणं यथा।

स गणा इय वीसय छंद धुयं भणियं
लहु चालिस बीस गुरू सुमणोहरयं रयणं।
खडहडणामे हि णिच्च प्रसिद्ध यथं
अइवल्लह णाम दुईय यतं कहियं॥

विंशति सगणा विंशति गुरवः चत्वारिंशत् लघवः। इति खडहडः। द्वितीयं नाम अतिवल्लभं।

तावत् हे पथिक निशि निर्वृतिर्न च। निन्द्रा कथं प्राप्तिः। यत् प्रियविरहि-

ताभि: केचिद्दिवसा जीव्यंते । तदेवाश्चर्यं । ११६ ।

पथिको भणति हे कनकांगि यद् भवत्या सकलं कथितं अन्यत् यन्मया दृष्टं । तत् सविशेषं प्रकाशयिष्ये । हे पद्मदलाख्ये (क्षि ?) व्याघुट । निज भुवनं वांछय । अहमपि मार्गं प्रवर्त्तामि । मम गमनं मा भंजय । पूर्व्वदिक्षु (शि ?) तम: प्रसृतं । रवि: अस्तमनं गत: । निशि कष्टेन गम्यते । मार्गो दुर्गम: समयश्च । ११७ ।

पथिकवचनं श्रुत्वा प्रेमवियोगितया क्षामोदर्या दीर्घोष्णश्वासो मुक्त: । तस्मिन्नवसरे अश्रुकणाय: कोपि कपोले तिष्ठति । तत् मन्ये विद्रुमपुंजोपरि मौक्तिकं शोभते । तत: प्रियप्रवासहता रोदिति विलपंती पथिकाय कथयति हे पथिक एकं स्कन्धकं दुवयं च प्रियं भर्तारं च वदे: । तमाह । ११८ ।

मम हृदयमेव रत्नानिधि: । तत्तव गुरुविरहमंदरेण नित्यं मथितं । उन्मूल्य सुखरत्नं समग्रं निष्काशितं । ११६ ।

दुपदी छंद लक्षणं यथा—

पढम गणे कलछक्कं चउक्कला पंचहुंति कमलंता ।
गुरुमज्झ सव्य लहुआ दुवईए वीअ छट्ठं सा ।।

मदनसमीरणेन विधूतो विरहानल: वर्तते । कीदृश: । दृष्टिस्फुलिंगै: निर्भ्भर: भृत इत्यर्थ: । तीव्रं मम हृदये स्फुरन् ज न् पुन: कीदृशो निरंतरज्वालादुर्द्धर: । पुन: अरतिरक्षायुक्त: मां परलोकाय प्रेरयति । तत् कुर्वंती तर्ज्जयति वर्द्धते । परमेतदाश्चर्यं । तवोत्कंठया सरोरुहं वर्द्धते । अत्रतु सरोरुहं श्वास: । १२० ।

स्कन्धं द्विपदं च श्रुवा अंगं रोमांचितं । प्रेम नैव परिपतितं । पथिक: मनसि रंजितं । तं प्रति जल्पति । शृणु । क्षणं धीरा भव । हे शशिवदने किभगि पृच्छामि स्फुटं प्रकटं यदि प्रकाशयसि । १२१ ।

नवघनरेखाविनिर्गत (:) निर्म्मलस्फुरत्कर: शरद् रजन्यां प्रत्यक्षं अमृतभरं क्षरन् । एवविधो यश्चन्द्र: तस्य जयनार्थं प्रियस्य संजनितसुखं । एवं विशिष्टं मुखं कं दिनमारभ्य विरहाग्निधूमेण झंपितं । १२२ ।

वक्रकटाक्षतीक्ष्णाभ्यां मदनाकोचनाभ्यां एवंविधाभ्यां लोचनाभ्यां चरणकुद्धयां सारल्यं वर्त्तसे । जालंधरी कदलीवत् सकोमलं अंगं शोषयंती वर्त्तसे । हंससदृक्षा गति: सरलां कृत्वा लीलयंती वर्त्तसे । प्राय: स्त्रिय: सकामा वक्रगतय: । १२३ ।

हे तरलाक्षि एवं पूर्वोक्तप्रकारेण त्वया भवत्या अंग दु:खाय किमपि अर्प्यते । दुस्सहविरहकरपत्रेण अंगं किमिति कर्प्यते खंड्यते । हरिसुतस्य कंदर्पस्य क्षुरप्रै: कं दिनमारभ्य ते । तेन मन: प्राहतं । हे सुंदरि भण तव सुभग: भर्त्ता कस्मिन् दिने प्रस्थित: । १२४ ।

पथिक वचनं श्रुत्वा दीर्घाक्ष्या गाथाचतुष्कं पठितं । १२५ ।

हे पथिक आकर्णय । मत्प्रियप्रवासदिवसेन पृष्टेन किं । यस्मिन् सौख्यं त्याज्य दु:खाना प्रतिपट्टं प्राप्तं । १२६ ।

तावत्कथय तेन दिवसेन ज्वालितवियोगाग्निना स्मृतेन किं। यस्मिन् क्षणार्धमात्रे स गतः। अतस्तस्य दिवसस्य नाम मा गृह्णीयाः। १२७।

यस्मिन् दिने स गतः तस्मात् दिनात् अस्माकं अनिवृत्तिः जाताः। निश्चितं हे पथिक अस्मात् हृदये कालः समयः काल इव परिणमति। १२८।

यत्र यस्मिन् दाघे अहं प्रियेण मुक्ता स ग्रीष्मः ग्रीष्मानलेण रौद्रविश्वानरेण दह्यतां। स ग्रीष्मः श्रीखंडशोषणेन शुष्यतु येन ग्रीष्मेन शोषिता। अतो ग्रीष्मं व्याचख्यासुराह। १२९।

अतोग्रीष्मवर्णनं

हे पथिक नव ग्रीष्मागमे नाथः प्रवसितः तदैवावांजलि कृत्वा हास्यनमस्कारं कृत्वा सुखमपि प्रवसितं। तदनु व्यघुट्य विरहाग्नितापिततनुषी बिसंस्थुला विह्लंघलमानसा गृहमागता। १३०।

तथा अरतिं रणरणकिं असुखं च सहंत्या मम मदनार्त्ताया मलयसमीरणो दुस्सहो बभूव। तथा तरणिकरनिकरा विषमज्वालया ज्वलंतमहीतलवनतृणदाहकास्तां स्तपंतः। १३१।

वितर्कें चंचलं नभस्तलं ज (य) मजिह्वावत् लहलहति। त्रडत्रड त्रडति धरा शुष्यते। शब्दं करोति। तेजो भरं न सहते। अत्युष्णं प्रभंजनो व्योमतले वहति। झंखरो डुंड्यालकनामा पवनः विरहिणीनामंगं स्पृष्ट्वा दहति। १३२।

युग्यम्। नवघनोत्कंठितैश्चातकैः प्रिय प्रिय इति शब्दो भण्यते स्म। तरङ्गिणीषु सलिलप्रवाहः तुच्छाच्छस्सरति स्म। अथ षट्सु पदेषु सह्रकारवर्णनम्। फलभारेणोन्नमितं शुभं सहकारवनमसितच्छायमधिकं शोभते। अन्यच्च—यत्र कुन्नजर श्रवणसदृशेषु गन्धवहेन प्रकम्पितेषु आम्रपत्रेषु चूतोत्कण्ठिता संसर्गिणी परिवारिता प्रषोलंती कीरपंक्तिर्वर्तते। ततः करुणध्वनिः समुत्थिता। तां श्रुत्वा अहं निराधारा जाता। तन्मन्ये हे पथिक सर्वरञ्जकेन अहं विरञ्जिता। १३३।

हरिचंदनं यावत् यत् शैत्यार्थे उरसि लेपितं तदप्यहिसेवितत्वात् कुचौ तापयति। तथा विविधं विलपन्त्या हारलतापि कुसुममाला च शैत्यार्थे उरसि न्यस्ते। ते अपि ज्वालां मुञ्चतः। ततो मरणशङ्किनी सभया जाता। १३४।

निशि रात्रौ शयनीये शरीरसुखजनकं यत्कमलदलस्रस्तरणं कृतं तद्द्विगुणमुद्वेगं करोति। एवं शय्याया उत्तिष्ठन्त्या सलज्जया सगद्गदं यथा भवति तथा वस्तुको दोधकश्च मया पठितः। १३५।

अरविंदानि रविकरैर्विकसापितानि तपनगुणत्वात् तपन्ति इत्यपि अमृतमयूखो विषेण सह जन्मत्वाद् असुखं जनयति दाहयति च। चंदनं भुजङ्गदसनैर्दष्टमतः अङ्गं क्षपयति। हारः क्षारोद्भवः अतोऽङ्गं क्षिपति। केषां कुसुमशरक्षतानाम्। राजीवचंद्रचंदनरत्नानि शिशिराण्युच्यन्ते, परं विरहाग्निज्वाला केनापि न

विघ्मामि। अतोऽङ्गानि परिहिस्यन्ते। १३६।

एतदलीकं यद् विरहार्ता तनुः शरीरं घनसारेण कर्पूरेण चन्दनेन चर्चयन्ती लिम्पयन्ती। पुर्नविरहाग्निः प्रियेणैव निभृतं विघ्माति। इति ग्रीष्मवर्णना समाप्ता। १३७।

अथ वर्षा वर्णनमाह

—एवं ग्रीष्मो बहुतप्तः अत्युष्णः कष्टं कृत्वा मया निर्गमितः तदनु वर्षाकालः प्राप्तः, धृष्टो न प्रियः। चतुर्दिक्षु घोरान्धकारः पवन्नो गुरुभरं प्रपन्नोऽम्बुधरो गगने सरोषं यथा गर्जति। १३८।

भयभीषणया एरावत्या विद्युतो गगनं द्योतयन्त्या ज्वालावद्देदीप्यमानया पगदण्डकश्चरणमार्गो दृश्येत। बब्बीहकाः सरसं रसन्ति नितरां जलेन तृप्यन्ति। अन्यच्च—नभसि नवघनतले गच्छंती बकानां श्रेणिः शोभते। १३९।

ग्रीष्मतपनं खरतप्तकिरणोत्कर्ष सम्बन्धि पयः पुष्करात् पतत् पुष्करीषु नदीषु न माति यतः सहस्रगुणमुत्स्रष्टुमादत्ते हि रसं रविः। तथा पर्व्व प्रवेशं च पथिकाः प्रयोभिः पदत्राणहस्ताः कृताः। गगने विद्युता करलः पगदण्डको दृश्यते नाऽन्यथा। १४०।

कल्लोलैर्निबिडलहरीघनान्तरसंसर्गेण दुस्तरैर्वरसरितासु गर्जितम् दिशः प्रवासतः स्थिताः। अथचेत् कार्यागमे प्रवासस्तदा नौभिर्गम्यते न तुरंगमैः पाठान्तरं। १४१।

धरा स्त्री मेघभर्त्रागमे यथा स्त्री भर्तृसंगमे श्रीखण्डविलेपनं करोति पार्श्वाच्छादयति सलज्जत्वात् तारायायतनेत्रे अलक्षे करोति आच्छादयति तमः प्रसरमीप्सति, कौसुम्भं वस्त्रं परिदधाति तथा धरास्त्री मेघभर्तृसगंमइति विचेष्टितमत्र भावः। १४२।

सलिलद्रहं त्यक्त्वा तरुशिखरे बकैरारूढम्। ताण्डवं नृत्यं कृत्वा शिखरिषु पर्वतेषु शिखण्डिभिर्मयूरैः रटितम्। सलिलेषु सालूरैः परुषस्वरेण शब्दितम्। कलकण्ठीभिः कोकिलाभिश्चूतशिखरमारुह्य कलकलशब्दं कृतं। १४३।

नागैः फणीन्द्रैश्च दशसु दिक्षु निबिडंयथा पन्था रुद्धः। महाविषैः पानीयैर्मार्गो असंबरो जातः। नीरतरंगभरेण पाडलदलपरिखण्डनं जातम्। हंसैः गिरिशिखरैः करुणस्वरेण 'उ' इत्यधिकं रुदितम्। १४४।

मत्सरभयात् गवांब्रजैः स्थले आरूढम्। गोपाङ्गनाभिर्मधुरं गीतं गीयते। हरिताकुलं धरावलयं कदम्बेन सुगन्धेति। अनंगेन मर्मधिकमङ्गभङ्गःकृतः।१४५।

विषमसज्जायां विलुलन्त्या अतिदुःखाकीर्णया अलिकुलमालाविनर्गतस्वरप्रतिभिन्नया अनमियनोद्विग्नया निशिजागर्तया निद्रामलंभंत्या मया वस्तुको गाथा दोधकश्च कृतः। १४६।

वर्द्दलेन तमसा अत्यर्थं झम्पित्वा आक्रम्य दशसु दिक्षु च वरं आकाशं छादितं। घन उन्नमितो घोरं यथा कृष्णाडंबरो घुरहरत्ति गर्जति। १४७।

नभोवल्लीविद्युत् नभोमार्गे तरले यथा तडत्कारं कृत्वा तडत्करोति। दर्दुराणां रटनं रौद्रं शब्दं कोऽपि सोढुं न शक्नोति। निबिडं निरंतरं नीरधरं पथं मेघं दुर्धरधाररोघभरं हे पथिक कथं सहामि। अन्यच्च आम्रेस्थिताः कोकिला दुःसहं स्वरं रसंति। १४८।

हे पथिक ग्रीष्महविः पाउसे वर्षाकाले प्राप्ते सति धारानिवहेन मेघधारासमूहेन व्यापितः। परं मम हृदये एतदाश्चर्यं विरहाग्निरधिकतरः व्यापति। १८६।

गुणयुक्ता जलबिन्दूद्भूवा मुक्ताहाराः किं न लज्जंते। यत् पथिक स्तनौ स्थूलाश्रुभिर्दह्येते परं न लज्जतः स्तब्धौ। स्तब्धानां कष्टेऽपि सज्जनानां दुःखं लज्जा च न भवति। १५०।

एतद्दोधकं पठित्वा विरहादलसयाऽतिखिन्नया मोहपरवशया स्वप्नांते चिर प्रविसतः प्रियो दृष्टः। उपलक्ष्य करे गृहीत्वा मया एवं भणितः।१५१।

हे दयित किं सुकुलोद्गतानामिदं युक्तं यत्तडतडणतीव्रायां विद्युति घनघनमेघ शब्दसंकुले ईदृशे समये दयितां मुक्त्वा व्रजन्ति। १५२।

हे प्रिय प्रावृड् दुःसहा। कैः। नवमेघमालामालितनभसा धत्तू(?) रक्तदिशिप्रसरेण घनात्समुद्भूतैः सुरचाप-इन्द्रगोपकैः। किं विशिष्टैस्तैः। दिशिप्रसृतैः। पुनः किं घनच्छंनद्मंद्ये ? दुभिः। १५३।

रागरुद्धकंठाग्रा स्वप्ने प्रबुद्धे यदा पश्यामि क्व अहं क्व प्रियः। तं ज्ञात्वा यन्न मृता तन्मन्ये प्रस्तराङ्गी। यज्जीवो न निर्गतस्तन्मन्ये पापजटितः। यच्च हृदयं न स्फुटितं तन्मन्ये वज्रघटितम्। १५४।

ईषत्स्वरेण शालूरवद् मण्डूकवत् करुणस्वरं कुर्वन्त्या निशः पश्चिमप्रहरे एष दोधको मया पठितः। १५५।

हे यामिनि यत् तव वचनीयं तत् त्रिभुवनेऽपि न भाति। दुःखे चतुर्गुणा भवसि। सुखे क्षीत्वा क्षीयसि। १५६।

अथ शरद् वर्णनमाह

एवं विलवन्त्या गीतं रागेण गायन्त्या प्राकृतं पठन्त्या वर्षाप्रान्तदिनं प्राप्तम्। यस्मिन् रजनी रमणीकेव गीयते, सा रजनी मया अरमणिरिव करपत्रमिवज्ञाता। १५७।

एवं प्रियागमाशया जीवन्त्या गोसे प्रभाते सिज्जासनं (शय्यासनं) मुक्त्वा विरहनाशनं प्रियं स्मरन्त्या रात्रिर्निर्गमिता।१५८।

पत्याश्रितत्वाद् दक्षिणमार्गं भक्त्या पश्यन्त्या अगस्तमहर्षिः झटिति शीघ्रं दृष्टः। ज्ञातं वर्षा परिगमिता। परदेशे स्थितः प्रियः स न नमितः।१५६। इति

वर्षा वर्णनं समाप्तं (?) ।

बलाहका गगनं विदार्य गता। रजन्यां मनोहराणि ऋक्षाणि प्रलोकितानि। फणीन्द्राणां पाताले वासो जात:। चन्द्रस्य ज्योत्स्ना निर्मला स्फुरिता। १६०।

शन्नपन्नै: सरोवरेषु सलिलानि शोभन्ते। तरङ्गिणीषु गच्छंतस्तरंगा: शोभन्ते। या च नवसरसां ग्रीष्मेण शोभा ह्रुता सा शरदि चटिता। १६१।

हंसै: कमलकन्दोत्कंठितैस्तेषां रसं पीत्वा मनोहरकलकल: कृत:। शतपत्रैर्भुवनं भृतम्। जलप्रवाहस्तीर्थे स्वस्थाने पतित:। १६२।

धवलित धवलशंखसंकाशै: सदृक्षै: सत्काशै: सरसां तटा: शोभन्ते। निर्मलनीर सरसां तटा विहंगमपंक्तिभि: प्रविशिद्भि: शोभंते। १६३।

सलिलैर्विमलै: प्रतिबिम्बं दृश्यते। कर्दमभारश्च मुक्त: क्रौंचं सहामि मरालागमे च मरामि। १६४।

सारसा: सरसं रसन्ति। तदा मयोक्तं—हे सारसि ममजीर्णदु:खं किं स्मारयसि। केषु सत्सु। जलेषु क्षयत्सु सत्सु खद्योतेषु द्योतत्सु। १६५।

हे सारसि निष्ठुरं करुण शब्दं मनोमध्ये लव। विरहार्त्ता स्त्री तव शब्देन गतमहोत्सवा भवति। एवं एकं प्रति करुणशब्दं भणन्त्या तथापि कोऽपि न धीरयति। १६६।

यासां स्त्रीणां सन्निधौ गृहे कान्ता: सन्ति ता रथ्यासु रासं रमन्त्यो भ्रमन्ति। विविधाभरणै: शृंगारं कृत्वा चित्रविचित्रैस्तदनु पंगुरणैर्वस्त्रैश्च। १६७।

गवासने तुरंगमशालासु नार्यो भालस्थले तिलकं तीक्ष्णं कृत्वा कुङ्कुमचन्दनाभ्यां तनुमर्चयित्वा सोरण्डकं क्रीड़ाभाजनं कृत्वा दिव्यं गीतं गायन्त्यो गुरुभक्तिसहिता धूपं ददति। तं सोरण्डकं दृष्ट्वाऽहमुद्विग्ना जाता। यतो नेच्छा पूर्णा जाता। १६८–१६९।

ततो दिशोऽधिकविचित्रा दृष्टा। अहं एवं जाने हुताशने न प्रक्षिप्ता। १७०।

सकाषाया (नवभिसाहार:)शुद्धगला धृतराष्ट्राश्च रथाङ्गाश्च जले रसन्ति। गतिं चमत्कारकारणं कुर्व्वन्ति। शरच्छ्रियो मन्ये नूपूरं क्षीणस्वर यथा वर्तते।१७१।

अश्विनि मासे पदस्खलितवेन विकटासु महानदीषु सारसेन स्वरं कृत्वा दु:खं यथा पुनरुक्तं रोदिता। १७२।

शरत्काले शशिज्योत्स्ना या निशासु धवलगृहाणि वरतुंगप्राकाराणि च मनोहराणि जातादि। तदैव प्रियवर्जितायां मयि शय्यायां लुलंत्या यमकुट्टशदृक्षं-अन्तकप्रहारसदृशं यथा विहितम्। १७३।

अथ कार्तिकं। यासां स्त्रीणां नरा रमन्तो वर्तन्ते ताभिर्भ्रमन्तीभि: सरसां तटा: शोभन्ते। बालका वर जुवाना: (युवान: ?) क्रीडंतो दृश्यंते। गृहे गृहे पटहा वाद्यमाना दृश्यंते। १७४।

दारका: कुण्डलं कृत्वा मुखं वादयंतो। रथ्यासु भ्रमंति। तरुणीजनसार्थे सिज्या

(शय्याः !) शोभंते । गृहे गृहे प्रलिप्ते रेखा रम्यते । १७५ ।

निशि रात्रौ दीपमालिकायां दीपाः प्रदीयंते। नवशशिरेखासदृशदीपाः करे गृह्यंते । तरुणज्योतिष्कैर्दीपैर्गृहं मण्डितं । इष्टाञ्जनशलाका अक्षिषु ददति ।१७६।

नानाविधैः कृष्णांबरैः तथा रचितद्यनवक्रअनेकविधिपत्रवल्लरीभि स्त्रियः शोभन्ते । मृगनाभिना मदनपट्टं हृदयं चर्चितं । तथा चक्रावर्तौ पयोधरौ च ।१७७।

सर्वांगं घनघुसृणविलुप्तं मन्ये कन्दर्पेण शरेषु विषं क्षिप्तं । कुसुमभारः शीर्षोपरि सज्जितः मन्ये कृष्णघनगोपुरे चन्द्रस्यास्थानं जातम् ।१७८ ।

नागवल्लीदलानि कर्पूरबहुलानि मुखे क्षिप्तानि, अहमेवं मन्ये प्रत्यूषे रविः प्रबुद्धः । प्रसाधना रहसोच्छलेन क्रियते । १७९।

एवं काश्चन् भाग्यवत्यः केलिं कुर्वन्ति । मया चोद्विग्नया रात्रिर्गमिता । गृहे गृहे गीतं प्रधानं वर्तते । एकं च समग्रं कष्टं मम प्रदत्तं ।१८०।

हे पथिक पुनरपि चिरप्रवसितः प्रियः स्मृतो निजमनसि, तथैव सूर्योद्‌गमं ज्ञात्वा घनजलवाष्पान् बहून् मुक्खा मया तदैव । "तु" इति वितर्के । अडिल्ला वस्तुकश्च पठितः । १८१ ।

निशि प्रहरार्धमपि न निद्रीयते । प्रियकथायां जप्यमानायां नाऽऽनन्द्यते आत्मा निमेषार्धमपि रतये न दीयते। कामतप्ता विद्धा न दीर्यंते ? अपितु दीर्यंते ।१८२ ।

हे पथिक किं तस्मिन् देशे चन्द्रज्योत्स्ना निशि रात्रौ निर्मला न स्फुरति । अथ तस्मिन् देशेऽरविन्दानां फलसेविनो राजहंसाः कलरवं न कुर्व्वन्ति । अथवा सुललितभाषया प्राकृतं कोपि न भणति । अथ कापालिकप्रियभावेन पञ्चमरागं कोपि न करोति । अथ प्रत्यूषे उच्छ्वसितविकस्वरघनकुसुमभरो न परिमलायते । अथैवं ज्ञातं हे पथिक प्रियो नीरसो यः शरत्काले गृहस्य न स्मरति । इति शरद्-वर्णनम् । १८३ ।

अथ हेमन्तवर्णनम्

सुरभिगंधरमणीका शरदियं व्यतिक्रान्ता । पथिक मतिधिष्ठेन धृष्टेन पतिना गृहं न स्मृत । एवं करुणया मदनशरप्रतिभिन्नया धवलगृहाणि तुषारभरश्वेतानि दृष्टानि ।१८४ ।

हे पथिक विरहाग्निना तडतडेति शब्दं यथा सर्वांगं ज्वालितम् । कन्दर्पेण धनुषा कडयड इति शब्दं यथा शराः प्रमुक्ताः । ततः शय्यायां दुःखार्ता जाता । यतो मनोहरः सबरो निधर्मः परमण्डले भ्रमन् कापालिको नागतः । १८५ ।

तथा च नाथोत्कण्ठिता अनिवृत्तं निरन्तरं दिशिप्रसरं पश्यंती वर्तते । तदेवाह हेमंतः तुषारभरं कुशलेन लात्वा ढौकयामास । भुवने शीतकानि जलान्यनादराणि जातानि । सकलानि कमलदलानि स्वस्तराद् दूरीकृतानि । १८६ ।

सैरन्ध्रीभिर्घनसारं चन्दनं च न पीष्यते। अधरकपोलालङ्करणे मदनं संमिश्रयन्ते। श्रीखण्डवर्जितं घुसृणं कुंकुमं तनौ लेप्यते। चम्पकतैलं मृगनाभिना समं सेव्यते।१८७।

जातीफलेन समं कर्पूरो न लिप्यते। पूगीफलानि केतकीवासः प्रगटी न दीयते। भुवनोपरि विभागं परिहृत्य यामिनीषु उपवरकं सुप्यते। कामिनीभिः पल्यङ्काः विस्तार्यन्ते।१८८।

अगरं धूप्यते। घुसृणं तनौ लिप्यते। गाढ़ांलिगनमंगेषु सुखायते। अत्रदिवसप्रमाणैरेते दिवसाअंगुलिमात्राः स्तोकमात्राः। ममैकस्याः परं वर्षाणां ब्रह्मयुग्गमिति निविष्टं मन्ये।१८९।

हे पथिक गृह एकाकिन्या विलपंत्या निद्रामलभन्त्या निशि दीर्घतरं वस्तुकः पठितः।१९०।

हे निरक्षर दीर्घोष्णश्वासैदीर्घा रजन्यो गताः। हे तस्कर निर्दय त्वां स्मरन्त्या निद्रा नागता। हे धृष्ट अंगेषु तव करस्पर्शमलभन्त्या ममाङ्गं हैमन्तेन धाम्ना हेमसदृशं शोषितम्। हे कांत एवं हेमंते विलपन्ती मां व्याघुट्य यदि नाश्वासयसि तर्हि तस्माद् कारणाद् हे मूर्ख खल पापिन् मयि मृतायां अविद्यागत्य किं करिष्यसि।१९१।

अथ शिशिर वर्णनम्

हे पथिक एवं मया हेमंतर्तुः कष्टेन निर्गमिता। तावत् शिशिरधूर्तः प्राप्तः। खरपरुषपवनाहतो गगने झखडो महद्वातः उत्थितः। तेन सूडिता सन्तः अशेषास्तरवः पत्राणि मुक्त्वा गताः स्थिताः।१९२।

छायापुष्प फलरहिताः केवलं शकुनिगणरहिता वृक्षा जाताः। दिशस्तुहिनेन धूम्रभरेण च तिमिरेण चान्तरिता जाताः। पथिकानां मार्गा भिन्नाः। हिमभयान्न प्रचलन्ति। उद्यानेषु गतकुसुमा वृक्षा ढङ्खरवज्जाताः।१९३।

केलिगृहेषु कान्तान् मुक्त्वा कान्ता हिमभयेनग्नि शरणं श्रयन्ते। भवनमध्येऽपवरके केलिरसमुपभुंजन्ते। केपि चोद्यानद्रुमेषु न स्वपन्ति।१९४।

मात्रायुक्तः अधिको गन्धोत्कर्षो विविधसंस्थापितो रसिकैरिक्षुरसः अर्धावर्तः पीयते। कुंदचतुर्थ्यां प्रवरेसेव काश्चन सीमन्तितन्यः पीनस्तन्यो निजस्रसारे लोलन्ति।१९५।

काश्चन ऋतुनाथ वसंतोत्पत्तिदिने माघसुदिपंचम्यां ददति दानम्। निजवल्लभेन समं केल्यर्थे शय्यायां यान्ति। अस्मिन्नेकाकिन्या प्रेमग्रथिलया मनोदूतःत र्पं प्रति प्रहितः।१९६।

हे पथिक मया ज्ञातं एष मनोदूतः प्रियमानीय मां संतोषयिष्यति। मया न ज्ञातमेष खलो धृष्टो मनोदूतो मामपि मोक्ष्यति। प्रियो नागतः एवं दूतं गृहीत्वा

तत्रैव स्थिता। परमेतत् सत्यं मम हृदयं दुःखभारेणाधिकं शीतं।१९७।

प्रियसंगमलाभमिच्छन्त्या मम मूलं नष्टम्। हे पथिक श्रृणु यद् वस्तुको विलपन्त्या पठितः।१९८।

निजघनं दुखं ज्ञात्वा नाथं प्रति प्रहितः। नाथस्तेन नानीतः सोपि तत्रैव रतो यातः। एवं शून्यहृदयं यथा भ्रमन्त्या रजनी विभाता। अनिरूपितं कार्यं। अतोऽवश्यं मनसि पश्चात्तापो जातः। मया हृदयं दत्तं परं प्रियो न प्राप्तः। एषोपमा कथय केन समम्। तदाह श्रृंगार्थे गर्दभी गता पश्य श्रवणौ हारितौ। इति शिशिरवर्णनम्।१९९।

अथ वसन्तवर्णनमाह

शिशिरो गतः मधुमासः प्राप्तः। वियोगिनां मदनाग्निः विस्फुरयन्निरंतरं मलयाचलः समीरणो वायौ।२००।

हे पथिक यो वसन्तः सम्यक् केतकी शुभ्रं विकासं सम्यक् केतकी शुभं विकासं जणति उत्पादयति। पाठान्तरम् हे पथिक यो वसन्तो जनस्य तनु संकोचयति प्रकटं सुखं जनयति। दशसु दिक्षु रम्यः विहसन् रम्यो जातः। नवकुसुमानि पत्राणि च विविधवेषाणि जातानि। रतिविशेषेण नवसरांस्यतितरां शोभंते।२०१।

सखीभिर्मिलित्वा नित्यं गीतं गायन्तीभिः तनुर्बहु यथा चर्चितः। केन विविधरागेण। पुनः कैः श्वेत सर्वरक्तपुष्पाडम्बरैर्घनमनोहरैः पगुंरणैश्च।२०२।

बहु यथा गंधामोदो महमहितः। मन्ये तरणिना सूर्येण शिशिरशोकस्त्यक्तः। पाठत्रयः पुरुषहिताभिस्तरुणीभिः स्त्रीभिः। तं प्रेक्ष्य वल्लभीनां सखीनां मध्ये मया लड्डोठक : पठितः।२०३।

अतिदुःसहो ग्रीष्मो निर्गमितः। वर्षा चोद्विग्नया निर्गमिता। शरदतिकष्टेन गता। हेमन्तः प्रपन्नः प्राप्तः। शिशिर फरस कठिनः बोलीनः। कथमपि रुदन्त्यैष दुःखकरो नाथं स्मरन्त्य गमितः।२०४।

नु इति बितर्के तरुवरैर्नव किसलयकरैर्मधुमासलक्ष्मी शय्यते स्म। वने वने भ्रमराः रुणुरुणायंते, केतकीकलिकारसगंधलुब्धा।२०५।

केतकीनां परस्परं मिलितैः कण्टकैर्विध्यन्ते, परं तथापि मधु लिहो मधुलिहंति। कण्टकाग्राणि तीक्ष्णानि न गणयन्ति। तनुः रसिकेभ्यो रसलोभेन दीयते, प्रेममोहेन पापो न गण्यते।२०६।

मधु प्रेक्ष्य मनसि विस्मयो जातः। हे पथिक श्रृणु खंनीक रूपं कथितं।२०७।

प्रज्वलंतविरहाग्निस्तीव्रज्वालाकुले मकरध्वजेऽपि गर्जन् लहरी घननिविडप्रभाकान्त्याकुले दुःसहे सहित्वा यथानुसारं विवर्ज्जते भ्रम्यते। मम स्नेहस्य किमपि दुर्गं निर्भयं यथा वणिज्यते व्याप्रियते।२०८।

किंशुकं पुष्पं कृष्णघनवर्षासदृशं जातं। अतो मन्ये पलाशः प्रत्यक्षं पथपलाशः

राक्षसः। सर्वं प्रभंजनेन पवनेन दुःसंह जातं सुहञ्जजेननासुखं जनितं।२०६।

नवमंजरीभिर्निपतद्रेणुना धरा पिञ्जरिताभिरधिकतरं तापिता। मरुच्छीतलो महीं शीतलयन् वाति। परं शीतं न जनयति। मन्ये किं तापं क्षपति।२१०।

यस्यनाम लोकोऽशोक इति कथयति तदलीकं। यतो अशोकः क्षणार्धमपि मम शोकं न हरति। कन्दर्पदर्पसंतप्ताङ्गीं मां नाथ एव साधारयति न सहकारः।२११।

हे पथिक छिद्रे लब्ध्वा घोरो विरहो विजृम्भितः। मयूरस्ताण्डवं कृत्वा रटन् श्रुतः। शिखी मयूरो माकन्दशाखायां दृष्टः। हे पथिक श्रणु या गाथा मया पठिता।२१२।

हे पथिक वर्हे कृतहर्षाभिर्विरहिणीभिः मयूरीभिः। गगने प्रसरितनवद्रुमैः घनभ्रान्ति ज्ञत्वा पुनर्दूये।२१३।

हे पथिक एनां गाथां पठित्वा रुदन्ती उत्थिता। चिरं जीर्णदुःखं मनसि संभारयन्ती। विदहाग्निज्वाला अङ्गे प्रज्वलिता। अनंगेन बाणैस्तनु जर्जरितम्।२१४।

क्षणं ज्ञात् यमकालपाशो दुःसहः। वरः प्रधानः कुसुमैर्दशाऽपि दिशः शोभन्ते। चूताः आम्रा निबिडाः निरन्तरा गगनं गताः नवा मञ्जर्यस्तय वसन्ते जाताः।२१५।

यस्मिन् समये नानाप्रकारैर्भरतभावंउ च्चरन्ति तस्मिन् सुरक्तकवृक्ष शिखरे अत्यंतमनोहरः समयः प्राप्तः। मधुकराः भ्रमराः सरसं सुमनोहरं शब्दं उच्चरन्ति।२१६।

तत्र वसंते कीराः शुकाः कारण्डकं नीरं कुर्व्वन्ति। तत्र कारुण्यप्रयुक्तं यथा कुर्व्वन्ति अइ अतिकोमलामंत्रणे। ईदृशे समये मदनपरवशाज्जीवं कष्टेन धरन्तीव।२१७।

जलरहितमेघैः काकाः सन्तापिताः। कोकिलानां कलरवः कथं सोढुं शक्येत। रमणीगणा रथ्यामार्गेषु भ्रमंति। तूर्यस्वरेण त्रिभुवनं बधिरीयते।२१८।

चच्चरे हट्टमार्गे गीतं नृत्वा, तालध्वनिं कृत्वा अपूर्वो वसंतकालो नृत्येत। घननिडिहाराभिः परिखेलन्तीभिर्मेखलाकिंकिणीभी रुणझुणरव क्रियते।२१९।

नवयौवनाः स्त्रियो गर्जन्ति। पतिकाङ्क्षया मयैषा गाथा पठिता।२२०।

एतादृशे वसंतसमये दिवसे घनं यथा रहसोत्करे लोके च याते सति कन्दर्पो मम हृदये अधिकतरं शरजालं क्षिपति।२२१।

यत् पथिक मया घनदुःखापूर्णया मदनाग्निना विरहेण च प्रलिप्तया अनक्षरं कथितम् तत् कठोरकं परिहृत्य विनयमार्गं यथा झगिति भणेः। तथा कथयेः यथा न कुप्यति। तद्गुणेः यद्युक्तं भवति। एवं कथयित्वा वरकामिन्या आशिषं दत्वा पथिको गमनार्थे प्रयुंजितः।२२२।

सा दीर्घाक्षी यावत्तं प्रेषयित्व प्रेष्य अति त्वरितं चलिता। अस्मिन्नवसरे दक्षिणदिशि दृष्ट्वा तदैवासन्नं यथा पन्थानमावरन् तथा पतिर्दृष्टः। हर्षिता झगिति

शीघ्रं जाता। अथा आशीर्वादं ग्रन्थकर्ता भणति यथा अचिन्तितं कार्यं तस्याः क्षणार्धमध्ये महत् सिद्धम् तथा पठतां शृण्वतां सिद्ध्वतु। अनाद्यनन्तपरमपुरुषो जयतु।

इति श्री सन्देशरासकं समाप्तं। शुभं भवतु।

सं० १६०८ वर्षे वैशाषसुदि १४ रविदिने श्री सरस्वतीपत्तने पातिसाह श्री इसिलेग स्याहि बिजयराज्ये। श्री बृहद्च्छगगनांगण भास्कराणां पूज्याराध्य श्री श्री उदयराज्यसूरीद्रांणां विजयराज्ये। पू० श्री श्री श्री संयमराजसूरि शक्राणां विनेयेन वाचनाचार्थं श्री माणिक्यराजमिश्रवरैरालिख्य स्वपठनाय विचारचतुरैः सुयुक्त्या शोध्यं। यादृशं पुस्तके दृष्टं तादृशं लिखित मया। यदि शुद्धमुद्धं वा ममदोषो न दीयतां। शुभं भवतु लेखक पाठकानां श्रोतृणां च। मांगल्यमस्तु। श्रीरस्तु। श्रीः।

कुचावलोक्य तन्वंग्याः शिरः कंपयते युवा। तयोरतर्निमग्नं हि दृष्टिमुत्पाटयन्निव। इह पोथी हरष कीरति पा सि० साह आपणा पढिवाकै अर्थि संवत १७२० मिती वैसाष सुदि ५ सांगानेरि मे साः ? ? ? श्री श्री 'इह' पोथी पत्र ३१ अंके इकतीस पत्र इह पोथी का छै श्री श्री।

अर्थ-सूची

अ

अंग
अंगभंग=देह का टूटना
[अं] गुट्ठ=अँगूठा
अंगुल
अंचल
[अं] जुलि=अंजलि
अंतर=अंतराल, अभ्यंतर
[अ] तरिदय=अंतरित, अलग, दूर
[अं] धार=अंधकार
अंसु=(१) अंशु, किरण (२) अश्रु
अ=और
अइ=अति
अइ उन्हय=अति उष्ण
अइ खिन्नि=अति खिन्ना
अइ णेह=अति स्नेह
अइत्थि=अगस्त्य (नक्षत्र)
अइ दुग्ग=अत्यंत दुर्गम
अइ धिट्ठि=अत्यंत धृष्ट
अइ मणहर=अत्यंत मनोहर
अइ मल्हिरय=अत्यंत लीलायुक्त
अइरावइ=(१) ऐरावत,
(२) विद्युत्
अइसच्छयइ=अतिशय छायायुक्त
अउव्व=अपूर्व
अकयत्थ=अकृतार्थ
[अ] क्करिस=उत्कर्ष
[अ] क्खर=अक्षर
अक्खि=अक्षि, आँख

अगर=अगुरु
[अ] ग्ग=आगे, अग्र
[अ] ग्गि=आग, अग्नि
अग्गीहर=अग्निघर
अचिंतिय=अचिंतित, सहसा
अच्चरिय=आश्चर्य
अच्चहिय=(१) अत्यधिक
(२) अत्याहित
अच्छ=अस=है
[अ] च्छि=अक्षि, आँख
अज्ज=आज
अट्ठ=आठ
अण=अन, निषेधार्थक
अणकिय=बिना किये
अणरइ=अरति, बेचैनी
अणरसिय=अरसिक
अणरुइ=अनिरूपित ? बिना विचारे
अणक्खर=अनक्षर, मूर्ख, निरक्षर
अणंग=अनंग
अणंतु=अनंत
अणल=अनल, आग
अणाइ=अनादि
अणुअंचि=खींचकर
अणुराय=अनुराग
अणुराइय=अनुरागी
अणुसरिय=अनुसरण किया
अणेग=अनेक
[अ] त्त=आर्त्त
अत्थ=अर्थ

अत्थम = अस्तमन, अस्त

अत्थमण = अस्तमन

अद्ध = (आधा), (२) अध्व, मार्ग

अद्धावट्टय = अर्द्धावर्तित, आधा पेरा हुआ

अन्न = अन्य

अन्नइ = और भी

अप्प = (१) अर्पण, (२) अपना (आत्मन्)

अबुह = अबुध मूर्ख, बुद्धिहीन

अबुहत्तण = अबुधत्व, मूर्खता

अब्भितर = अभ्यंतर

अमंगल

अमल

अमिय = अमृत

अमियमय = अमृतमय

अंबर = आकाश, वस्त्र

अंबुहर = अंबुधर, बादल

अम्हारिय = हमारी

अरमणीय = आरा, करपत्र

अरविय = अरविंद, कमल

अरु = और

अरुण = लाल

अलंकरण = अलंकरण, प्रसाधन

अलय = अलक, केश

अलहंत = लाभ न कर पाते हुए

अलिय = अलीक, व्यर्थ

अलिक्कय = असत्य, व्यर्थ

अवत्थ = अवस्था

अवर = और, अपर

अवलोइय = अवलोकित

अवलोयण = अवलोकन

अवसु = (१) अवशा, (२) अवश्य

अवहारि = सुनो

अस = आशा

असंचर = असंचरणशील, जहाँ आना-जाना बंद हो गया है

असमत्थ = असमर्थ

असहंतिय = न सहन कर पाती हुई

असुह = असुख, दुख

असेस = अशेष, संपूर्ण

असेविय = असेवित, रहित

असोय = अशोक

अह = अथ, इसके बाद

अहर = अधर

अहव = अथवा

अहिणवियइ = अभिनय किया जाता है

अहि = साँप

अहिय = अधिक

आ

आइ = (१) आदि, (२) आई

आइयय = आया

आइन्निहि = सुनते हैं = आकर्णयंति

[आ] उन्निय = आपूर्णित = भरा हुआ

[आ] उल = आकुल

आउह = आयुध

आएसियउ = आदिष्ट, आदेशित

आकंखिरिय = आकांक्षावाली

आकंतिय = आक्रांत

आकोयण = आकोचन, फैलाव

आगइ = आगे

आगम = आगमन

[आ] डंबर = आडंबर, दिखावा

[आ] णण = आनन, मुख

आणि = लाकर

अभंगियइ = अभ्यंग = मालिश की जाती है

आइय = आया
आयण्णहि = सुनते हैं या आकृष्ट करते हैं
आयर = आदर
आलय = नीड़
आलंकियय = अलंकृत
आलसि = आलस्य
आलिंगण = आलिंगन
आवट्टय = आर्वातित = पेरा हुआ, (इक्षु रस)
आवरिय = आवृत, ढका हुआ, घिरा हुआ
आवलइ = आकुल
आविहसि = आओगे
आस = आशा
असणय = आसन
आसंगि = शयनकक्ष में
आसन्न = निकट
आसास = आश्वासन
आसीस = आशीष
आहरण = आभरण

इ

इंदीवर = नील कमल
इंदोअ = इंद्रगोप
इअ = इव
इय = यह
इकट्ठ = इकट्ठे
इक्कति = एक ही, एकत्र
इकलिय = अकेली
इक्क = एक
इक्किक्कि = एक-एक
इक्खु = ईख
इच्छ = इच्छा
इणि = इस
इत्थंतरि = इसी बीच
इम = इस प्रकार
इहु = यह
ईसरसरि = कामपीड़ित स्वर में, ईसर = कामदेव

उ

उक्कंखिरिय = उत्कंठिता
उक्कंठ = उत्कंठा
उक्कर = उत्कर, समूह
उक्किख = उत्कांक्षा, आकांक्षा
[उ] ग्गउ = उद्गम
उग्गिलंत = उगलता हुआ
उच्चरहिं = उच्चारण करते हैं
उच्छल = छलकता हुआ
[उ] छित्त = उत्क्षिप्त
उज्जगउ = जागरण
उज्जल = उज्ज्वल
उज्जाण = उद्यान
उट्ठंत = उठते हुए
उट्ठिय = उठी
उड्डीणउ = उड़ते हुए
उणंदीयइ = उनींदी
उत्तट्ठिया = उत्त्रस्ता
उत्तंग = ऊँचा
उत्तरायण
उत्तावलय = उतावला
उद्धसिय = धँसे हुए
उन्नय = उन्नत
उन्नमियय / उन्नवियय = उन्नमित, उनये हुए
उन्हय = उष्ण
उन्हत्त = उष्णत्व
उप्पत्ति = उत्पत्ति
उब्बिबिर = फीका

[उ] ब्भव = उद्भव
उमुक्क = उन्मुक्त
उरुन्न / अरुन्नय } अधिक रोए, रुँआसे
-उल = कुल
उल्लिहइ = लिखती है, कुरेदती है
उल्हावयरु = विध्मापक, धौंककर प्रज्वलित करनेवाला
उवभुंजहि = भोग करते हैं
उवर = उदर
[उ] वरि = ऊपर
-उव्व = पूर्व
उव्विन्न = उद्विग्न
उवम = उपमा
उवेउ = उद्वेग
उससंतिया = उसाँसें लेती हुई
उसास = उच्छ्वास

ए

एय = यह
एग = एक
एम / एरिस } इस प्रकार
एह / एहु } यह

ओ

ओयरइहि = उपवरक, ओबरी (अवधी और भोजपुरी)
ओस = ओस
ओससिउ = (१) ओससिक्त, (२) उच्छ्वसित
ओसारिय = उत्सारित, हटाए गए

क

कंटअ = कंटक, काँटा
कंठ
कंखिरि = आकांक्षावाली, इच्छा करती हुई
कंत
कंति = कांति
कंदप्प = कंदर्प, कामदेव
कंदुट्ट = नीलकमल
क = कौन, कोई
कुवि = कोई भी
किंपि = कुछ भी
किवि = कुछ, कुछ भी
कावि / कापि } कोई, कोई भी
कइयलग्गि = कब से
कओल = कपोल
कयवर = कृतिकर, मायावी, नट
कज्ज = कार्य
कट्ठ = कष्ट
कठिण = कठिन
कडयडवि = कड़कड़ शब्द करके
कडक्ख = कटाक्ष
कड्ढिय = काढ़ा, निकाल लिया
कण = कन, कण
कणय = कनक, स्वर्ण
कपूर
कम = क्रम, पद
कम्म = कर्म
कर = करना
कर = हाथ
कर = किरण
करयल = करतल
करप्पियइ = करपत्र (आरा) से चीरा जाता है
करल = पगडंडी ? कुर्बर, काला
करवत्त = करपत्र, आरा

करि = हाथी
कलयंठि = कलकंठी, कोकिल
कलिज्जहि = सुंदर लगते हैं
कली = कलिका
कल्लोल = तरंग
कवण = कौन
कवाल = कपाल
कवालिय = कापालिक
कवित्त = कवित्व
कसिण = कृष्ण
कहणह = कहने के लिए
कहणु = कहने के लिए
कह = कहा, कथा
कहव = किसी प्रकार
कहि = कहीं
काँइ = क्यों, क्या
काय } काया, शरीर
काइ }
काम = कामदेव
कामिणि = कामिनी
कामिय = कामी
कारंड = मण्डल, नीड़
कारुन्न = कारुण्य
काल = समय
कालंगुलि = कनिष्ठिका उँगुलि
कावालिय = कापालिक
कावालिणि = कापालिनी
काहल = वाद्य
किं = क्या, क्यों
किंकिणि
किम् = क्यों, क्या, कैसे
किरि = किल, निश्चयात्मक अव्यय
किसण = कृष्ण, काला
किसलय
किहु = कुछ
कीर = तोता
कंडवाल = मंडल
कुंडलिय = कुंडलित, मंडलाकृत
कुकुम
कुंज = क्रौंच
कुंजर = हाथी
कुंदचउत्थि = कुंदचतुर्थी
कुकवित्त = कुकवित्व
कुट्ट = प्रहार
कुडिल = कुटिल
कुण = शब्द करना, कूत्रना
कुप्पास = कूर्पासक, चोली
कुरंगि = हिरनी
कुवइ = कोप करती है
कुसुमसर = कुसुमशर, कामदेव
कुहर = गर्त, गड्ढा
केलीहर = केलिगृह
कोयंड = कोदंड, धनुष
कोइल = कोकिल
कोऊहल = कौतूहल
कोलिय = कौलिक, तंतुवाय, कोरी
कोसिल्ल = उपहार, (देशी ना० मा०)

ख

खंभाइत्त = खंभात, स्तंभतीर्थ
खज्जोय = खद्योत, जुगनू
खट्टंग = खट्वांग, चारपाई का पैर, कापालिक की एक धारणीय वस्तु
खण = क्षण
खयहि = क्षीण होती है
खर = प्रखर, तीव्र
खल = (१) दुष्ट, (२) स्खलन, (३) खली
खाम = क्षाम, दुर्बल

खामोयरिय=क्षामोदरी, दुर्बल पतली कटिवाली
खार=क्षार
खिज्ज=खीजना
खिन्नि=खिन्ना
खिल्लंतय=क्रीड़ा करते हुए
खिय=क्षीण करना
खित्त=क्षिप्त
खिसिय=खिस पड़ा, गिर पड़ा
खुबइ=दूर करती है
खेअ=खेद

ग

गंठि=गाँठ
गंड=गंडस्थल
गंधक्करसि=गंधोत्कर्ष
गंधमोअ=गंध आमोद
गंधवहि=गंध वहन करनेवाला, सुगंधित
गय=गत, गति
गयण=गगन
गग्गिर=गद्‌गद्
गज्ज=गर्जना
गण=गिनना
गम=गमन
गरिट्ठ=गरिष्ठ, श्रेष्ठ
गरुअय=गुरु, भारयुक्त, बड़ा
गलत्थिय=गले में स्थित
गल=गलना
गहिवि=पकड़कर
गहिल्लिय=ग्रथिला, गहेलरी
गाढ़य=गाढ़ा
गाह=गाथा
गिज्जइ=गाया जाता है
गिंभ=ग्रीष्म
गिम्ह=ग्रीष्म
गिर=गिरा, वाणी
गीय=गीत
गुरु=बड़ा
गुहिर=गंभीर
गोयंगण=(१) गोपांगनाएँ, (२) गौओं का समूह
गोआसण=गवासन, गोशाला
गोवर=गोपुर
गोस=प्रभात

घ

घडिय=घटित, बना हुआ
घण=घन, सघन, मेघ
घणसार=कपूर
घरणिय=घरनी, स्त्री
घल्लिय=डाली हुई, क्षिप्ता
घुट्टिवि=घोंटकर, पीकर
घुरहुरइ=घोर गर्जन करता है, घुरघुराता है
घुसिण=घुसृण, केसर-कुंकुम

च

चंपएल=चंपकतैल
चंबाय=चमड़े का जूता ?
च=और
चइवि=त्यागकर, छोड़कर
चउक्कय=चतुष्क, चौक
चउग्गणी=चौगुनी
चउदिसि=चारों दिशाओं में
चउवेइ=चौबे, चतुर्वेदी
चक्कावट्ट=चक्रावर्त, चक्र की तरह गोल आकार का
चच्च=चर्चित करना
चच्चरि=चर्चरी
चड्=चढ़ना

चमक्कय—चमत्कृत
चमक्करि=चमत्कृत कर देनेवाली
चलंति=चलती हुई
चलित=चली
चलण=चरण
चलत्थ=अश्वशाला ?
चल्ल=(१) कटिवस्त्र, (२) चंचल
चवण=चर्वण, दशनखंडन
चाइहिं=त्यागियों द्वारा
चावइ=चातकी
चिक्कण=स्निग्ध, चिकना
चित्त=चित्त, चित्र, विचित्र
चिंतिय=चिंतित, बिचारा
चिरग्गउ=चिरगत, जिसे गए बहुत दिन हो गए हों
चुंबणु=चुंबन
छड्ड=छोड़ना
छण=क्षण
छन्नउ=छन्न, प्रच्छन्न, ढका हुआ
छम्मयल=क्षमा, पृथ्वीतल
छय=क्षत
छायंती=ढकती हुई
छायउ=ढँका
छार=क्षार, राख, कोयला
छावड=चपेटा, थप्पड़
छित्त=क्षिप्त
छिद्द=छिद्र, अवसर
छिहंतु=छूते हुए, स्पर्श करते हुए
छुद्ध=क्षुब्ध, क्षिप्त
छेअरिहि=विदग्धों द्वारा

ज

जं=जब तक, जो, यदि
जंचि=स्त्री
जंप=कहना, बकना
ज=यदि
जइ=यदि
जइवि=यद्यपि
जइयकालि=जिस काल से, जिस समय से
जग्गंत=जागते हुए
जज्जरिय=जर्जरित
जडिअ=जटित, जड़ा हुआ
जण=उत्पन्न करना, जनना, व्यक्ति
जणण=जनक, उत्पन्न करनेवाला
जणु=जानो
जत्थ=यत्र, जहाँ
जम=यम
जम्म=जन्म
जल=जलना, ज्वाला, नीर
जा=जाना
जाईहल=जातीफल, जायफर
जागंतिय=जागती हुई
जाण=जानना, ज्ञान
जाम=जब तक
जामिणि=यामिनी
जालंधरि=कदली
जि=एव, जो
जिण=जीतना
जिणण=जीतनेवाला
जिण्ण=जीर्ण
जिम=जैसे, ज्यों
जिह=जिसको, जिसमें, जो
जीय=जीव, प्राण
जीव=जीवित रहना, जीना
जीह=जीभ
जुय=युग
जुयल=युगल, दो
जुत=युक्त, उचित

जुन्न = जीर्ण
जुन्ह = ज्योत्स्ना, जुन्हाई
जुवाण = जवान
जेम = जैसे, जैसा
जोय = देखना
जोयण = योजन
जोइक्ख = ज्योतिष्क, दीपक, तारा

झ

झंखड = झंक्खर, आँधी
झंप = ढँकना
झंखर = शुष्क तरु
झड़ि = झड़ी वर्षा की
झत्ति = झटिति, फौरन
झर = झरना
झल = मृगतृष्णा, झलकना, ज्वाला
झलक्क = झलकना, ज्वलित
झसुर = पान, नागवल्ली
झाल = ज्वाला
झिज्झ = क्षीण होना
झीण = क्षीण
झुण = ध्वनि करना
झुणि = ध्वनि
झूर = बिसूरना, सूखना, क्लेश पाना
झुल्ल = भूलना

ठ

ठा = ठहरना, स्थिर होना
ठाइ = स्थान

ड

डज्झ = दहना, जलना
डसन = दंशन, दाँत

ढ

ढंखर = शुष्क वनस्पति
ढुक्कय = पहुँचा, ढुका

ण

ण = न
णं = न, मानो
णहु = नहीं
णयण = नयन
णयर = नगर
णक्कंत = (१) नाक तक, (२) रात्रितक
णच्च = नृत्य करना, नाचना
णज्जइ = ऐसा मालूम होता है मानों
णहणिय = नटिनी, नर्तकी
णड = नट
णट्ठ = नष्ट
णत्थि = नहीं है
णंदीयइ = निद्रा आती है
नलचरिय = नलचरित
नव = नवीन
णवजुव्वणी = नवयौवना
णह = (१) नख, (२) नभ
णहवल्लिय = नभवल्ली, बिजली
णाइ = मानों
णाय = नाग
णायर = नागर, नागरिक
णाम = नाम
णारि = नारी
णाव = नौका, नौ
णाविय = नहीं आया
णाह = नाथ
णाहि = नाभि
णिअ = निज
णिअंत्तय = निवृत्त
णिओइय = नियोजित
णियय = नियत
णिय = देखना
णियंसण = शिरोवस्त्र

णिग्गय = निर्गत, निकला हुआ
णिग्गम = निर्गम, निकलना
निग्घिण = निर्घृण, निर्दय
णिच्च = नित्य
णिट्ठुर = निष्ठुर
णित्तु = नित्य
णित्त = नेत्र, रेशमी वस्त्र
णिद्दय = निर्दय
णिद्दयर = निर्दयतर
णिद्दोस = निर्दोष
णिद = निद्रा
णिन्नासण = नाशक
निन्नेह = निस्नेह, कठोर
णिबद्धय = निबद्ध
णिब्भय = निर्भर
णिभंति = निभ्रान्ति, भ्रमहीन
णिमिस = निमेष
णिमिसिद्धु = आधा निमेष
णिम्मल = निर्मल
णिम्मविय = निर्मित
णिरक्खर = निरक्षर
णिरंतरिय = निरंतर, बिना अंतर के, सघन
निरवक्खि = निरपेक्ष
णिरु = निश्चित, नितांत
निलय = निवास
णिवड = निविड़, निपट
णिवडब्भर = निपट उभरे हुए
निवडंत = गिरते हुए
निवह = प्रवाह
णिवेहिय = निविष्ट
णिवसियय = प्रवसित
निस = निशि, रात
णिसायर = निशाचर
णिसुण = सुनना
णिस्साहार = निराधार, बेसहारा
णिहइ = निहारती है, देखती है
णिहि = निधि
णिहुय = निभृत, भरपूर, एकांत भाव से
नीरहर = बादल
नीसरइ = निकलता है, निकले
नीसास = निःश्वास
णेय = (१) नहीं (२) आरोपित
णेह = स्नेह
णेवर = नूपुर

त

तं = तब, उसको, वह
तंडव = तांडव
तंतु = तब तो, या तप्त
त, तइय, तउ = तब
तक्खर = तस्कर
तग्ग = (१) सोचना, विचारना, (२) तागा तागना
तग्गमि = उसके जाने पर
तज्ज = तरजना
तड = तट
तडयड = तड़तड़ शब्द
तडिनय = तड़ से
तडक्क = तड़तड़ करके
तण = तन, शरीर
तणि = संबंधवाचक अव्यय उ० मड्-तणि = मेरी
तत्त = तप्त
तत्तक्खण = तत्क्षण, उसी क्षण
तरणि = सूर्य
तरंगिणि = नदी

तवणतित्थ = तपनतीर्थ, सूर्यतीर्थ
तव = तपना
तवण = तपन, सूर्य
तह = वहाँ, तथा
ता = तब
ताकं = ताकना, सोचना
ताकं = तब क्या
ताडंक = ताटंक, कान, कान का आभूषण
तामिच्छ = कज्जल
ताराहिवइ = चन्द्रमा, ताराधिपति
तारायण = तारागण
ताल = तालाब, ताली
ताव = तब तक, उसी समय
तिउर = त्रिपुर
तिक्ख = तीक्ष्ण
तिडइ = तिड़कती है, टूटती है
तिण = तृण
तिप्पंति = तृप्त होते हैं
तिम = वैसे, त्यों
तिरच्छ = तिरछा
तिलय = तिलक
तिलक्कवि = तिलक लगाकर
तिवल = त्रिवली
तिव्व = तीव्र
तिहुयण = त्रिभुवन
तीय = तीसरा
तुट्टइ = टूटती है
तुट्टी = टूटी
तुंग = ऊँचा
तुंबर = तंबूरा, देवताओं की सभा का गायक
तुरक्क = तीक्ष्ण
तुरंगम = अश्व
तुरिय = शीघ्र, त्वरित
तुल्लय = तुल्य
तुसार = तुषार
तुहिण = तुहिन
तुहु = तुम
तूर = तूरा, तूर्य
तेय = तेज
तेम = उसी प्रकार
तो = तब
तोड = तोड़ना

थ

थक्किय = स्थित
थड्ढ = स्तब्ध
थण = स्तन
थणवट्ठ = स्तनपट्ट
थरहरिय = काँसी, थरथरायी
थिय = स्थित
थिर = स्थिर
थूल = स्थूल
थोर = स्थूल, मोटे

द

दंसिउ = डँसा, दंशित
दइय = दयित, प्रिय
दयवर = द्विजवर
दक्खिण = दक्षिण
दड्ढ = दग्ध
दद्दुर = दादुर, मेढक
दप्प = दर्प
दर = थोड़ा, स्तोक
दरसिज्जइ = दिखायी पड़ता है
दरसिय = दिखायी पड़ा, देखा
दलियइ = दला जाता है
दव = दावाग्नि
दविण = द्रव्य
दसण = दशन, दाँत

दहइ=जलाता है
दह=ह्रद, सरोवर
दा=देना
दारय=दारक, स्त्री
दियह=दिवस
दिणपहु=सूर्य, दिनप्रभु
दिणबिंब=सूर्य
दिणसेस=दिनशेष, अस्त
दिट्ठ=दीखा
दीउन्ह=दीर्घोष्ण
दीयइ=दी जाती है, विदीर्ण होती है (दीर्यते)
दीव=दीप, द्वीप
दीवयर=दीपकर, प्रकाशक
दीवालिय=दीपावली
दीस=दीखना
दीह=दीर्घ
दुक्कर=दुष्कर
दुक्खित्त=दुखार्त्ता
दुक्खिन्निया=दुःखाकीर्णा
दुग्ग=दुर्ग, दुर्गम
दुग्गच्चिय=दुर्गति में, बुरे दिनों में
दुच्चिय=दोनों (अवस्थाओं) में
दुत्तर=दुस्तर
दुद्धर=दुर्धर
दूअ=दूत

ध

धण=(१) धन, गोकुल, (२) धन्या (स्त्री)
धणु=धनुष
धन्नय=धन्य, धन्या
धम्मिल्ल=जूड़ा
धयरट्ठ=धृतराष्ट्र, हंस
धर=पकड़ना, धरना, रखना
धर=धरा
धरति=धरती
धवल=श्वेत
धवलहर=धवलगृह, धौरहरा
धार=धारा
धिट्ठ=ढीठ
धीर=धैर्य रखना
धीरवइ=धैर्य दिलाता है
धूइण=धुंए से
धुय=ध्रुव, निश्चय
धुक्खंतिय=धुकधुकाती हुई
धुत=धूत
धूइज्जइ=धूप से सुगंधित किया जाता है, धूपित किया जाता है
धूम=धुँआ
धूव=धूप

प

पंडिय=पंडित
पंडित्त=पांडित्य
पतंग=पतंग (कीट)
पंकिय=पंकित
पंखुडिय=पंखुड़ित, जिसकी पँखुड़ियाँ फैल गयी हैं
पंगुरण=वस्त्र
पंचम=पंचम स्वर
पंथिय=पंथी, पथिक
पउरिसु=पौरुष
पमण=बोलना, कहना
पमाण=प्रमाण
पमुक्किय=प्रमुक्त
पयोहर=पयोधर
परएस=परदेश
परव्वसी=पराये वश में, परवशा
परिखंडन=पूर्ण खंडन, पूरी तरह

टूट जाना
परिखिल्लरीहिं=खेलती हुई, हिलाती हुई स्त्रियों के द्वारा
पक्खित्तिय=प्रक्षिप्ता, फिंकी हुई
पच्चक्ख=प्रत्यक्ष
पच्चल्ल=चिनगारी
पच्चूस=प्रत्यूष
पच्छुलाणिय=पछताई, पछतानी
पज्जलंत=जलंती हुई
पड=गिरना
पटह=पट (वाद्य)
पडुत्त, पडिउत्त=प्रयुक्त, प्रवृत्त
पडुंज, पडिउंजि=भेजकर
पडिंबिबय=प्रतिबिंब
पडिभिन्न=प्रतिभिन्न, क्षत
पडिल्लिय=और तेज, परले
परिगमिअय=बिल्कुल चला गया, परिसमाप्त
परिग्गह=परिग्रह
परिघोलिर=घूर्णित हुई, हिलाती हुई
परितवइ=परिताप उत्पन्न करता है
परिभमंति=घूमती हैं
परिभमण=परिभ्रमण
परिवरिउ=परिकृत
परिवसइ=बैठती है, वास करती है
परिवाडि=परिपाटी
परिहरवि=छोड़कर
परिहव=पराभव
परिहसु=परिहास
परिहिंसियहिं=दुःख देते हैं, कष्ट देते हैं
परुप्पर=परस्पर
पल=मांस
पलट्ट=पलटना, लौटना
पलास=(१) वृक्ष-विशेष, (२) मांस-भोजी राक्षस
पलित्त=प्रज्वलित
पलित्थिहि=पर्यस्त
पलुट, पलुट्ट=लोटना, पलटना, लौटना
पलोइय=प्रलोकित, दिखलाई पड़ा
पल्लंघ=पलंग
पवन्न=प्राप्त
पवर=प्रवर, श्रेष्ठ
पवस=प्रवास करना
पवह=बहना
पवाल=प्रवाल
पवास=प्रवास
पवाह=प्रवाह
पवित्थरण=विस्तार करनेवाला या करने के लिए
पविस=प्रवेश करना
पसंग=प्रसंग
पसर=फैलना
पसिज्ज=पसीजो, द्रवीभूत हो
पसिद्धय=प्रसिद्ध
पसुप्पइ=सोया जाता है
पह=पथ
पहय=प्रहत, आहत
पहंजण=प्रभंजन
पहराविय=जिस पर प्रहार किया गया है
पहल्लिर=हिलते हुए
पहु=प्रभु, स्वामी
पहुत्त=पहुँचकर
पाइ=पापी
पाइय=प्राकृत

पाउस = पावस
पायार = प्राकार
पाली = पालनेवाली, धात्री
पाव = पाप
पावयणमण = पाने के लिए मनवाली, (पथिक के पास) पहुँचने की इच्छावाली
पावास = प्रवास
पावासुय = प्रवासी
पास = पाश
पासाहण = प्रसाधन
पिक्ख = देखना
पिज्जइ = पिया जाता है
पिम्म = प्रेम
पिंग = पीत
पीण = पीन, पुष्ट
पीसियइ = पीसा जाता है
पुक्खर = (१) पोखरा, (२) पुष्कर मेघ
पुण पुणवि = फिर-फिरकर, बार-बार
पुणन्नवय = पुनर्णव ?
पुनरुत्त = बार-बार
पुंछिय = पोंछा
पुन्निय = पूर्ण हुई
पुप्फ = पुष्प
पुरउ = सामने
पुव्व = पूर्व
पूरिय = पूरी
पेसिय = प्रेषित, भेजा हुआ
पेसिज्जइ = देखा जाता है

फ

फंस = पोंछना
फणिंद = फणीन्द्र, सर्प
फरस = परुष, कठोर
फलसेवि = फल का सेवन करके या करनेवाले
फलहार = फलों का भार
फिर = फिरना, घूमना
फुट्टय = फूटा हुआ
फुड, फुर = स्फुट, स्पष्ट, सत्य
फुलिंग = स्फुलिंग
फुल्ल = फूल
फोफल = पूँगीफल

ब, व

बंक = वक्र, टेढ़ा
बंध = प्रबंध, काव्यबंध
वंस = बाँस, वंश
बग = बगुला
बह्मजुय = ब्रह्मा का युग
बलइ = जलता है
बहिरयेति = बहरा कर देते हैं
बहुरूपि = बहुरुपिया
बालय = बालक
बाह, बाहडि = बाहु
बाहिरि = बाहर
बिबाहरि = बिंबाधरी
बिरुड = भिड़, बर्रं
बुद्धय = जगा हुआ, प्रबुद्ध
बुह = बुध, विद्वान्
बुहयण = बुधजन
बुहत्तण = बुधत्व, पांडित्य
वे = दो
बोल = (१) बिताना, (२) डुबोना, बोरना
बोलावियउ = बोलाई (भाषा) गयी
व = इव

वयण = वचन, वदन, मुख
वयणिज्ज = वचनीय
वक्खर = उपस्कर, बखरी
बखाणियइ = बखाना जाता है
वच्च = जाना
बज्ज = वज्र
वज्जंतय = बजाते हुए
वज्जिय = वर्जित, रहित
वज्जर = कहना
वट्ट = { स्थित होना, रहना, भोजपुरी बाटै
वट्टिय = { रास्ता, वर्त्मन्, बाट व्याप्त, आच्छादित, घायल
वड्ढ = बढ़ना
वणिज्जइ = व्यापार करता है
वण्ण = वर्ण, रंग, अक्षर
बद्दल = बादल
वरत्थणि = वरप्रार्थिनी कुमारियाँ
वरसरि = सुंदर नदियाँ
वरक्किय = पटी, बुर्का (?)
बरसंतिय = बरसाती हुई
वरिस = वर्षा
वल = जलना, लौटना
वलय = मंडल, वर्तुल
बलाहय = बलाहक, बादल
वलियडय = वलय, चूड़ियाँ
वल्लह = प्रिय
वव्वीहय = पपीहा, चातक
वम्मह = मन्मथ, कामदेव
वस = वश
वहिइ = ले जाता है, बहता है
बहिय = बधित
वाइ = वायु
वाउलिय = बावली
वायंतय = बजते हुए
वासिय = वासित
वाह = प्रवाह
वि = अपि
विअक्खण = विचक्षण
विअड = विकट
विअडबंध = विकट बंध (छंद)
विअड्ढ = विदग्ध
विअड्ढलु = नपुंसक
विअस = बिकसना, खिलना
विआस = विकास
विउय = वियोगी
विउद्धी = जगी, विबुद्धा
विउणय = दुगना
विएस = विदेश
विओय = वियोग
विओइरिय = वियोगिनी
वियंभिय = (१) विजृम्भित, (२) वह जिसने जँभाई ली है (बढ़ने के अर्थ में)
विग्घिण = विघ्नकारक
विचर = घूमना, विचरना
विचित = विचित्र
विच्छाइय = बिछाया
विज्ज = विद्या, जानकर
बिज्जंभ = जँभाई लेना
विज्झंति = बिंधते हैं
विडंब = कष्ट देना, विडंबना करना
विणय = विनय
विणग्गय = निकला हुआ, विनिर्गत
विणोअ = विनोद, क्रीड़ा
वित्त = वृत्त, छंद
विद्दरवि = विदीर्ण होकर
विद्दुम = विद्रुम
विद्धी = विद्धा

विन्नि = दो
विप्फुरंत = विस्फुरित करते हुए
विबुह = विबुध, विद्वान्
बिंभिड = विस्मित
विंभविय = आश्चर्यान्वित, विस्मित किये गये हुए
विंभल = विह्वल
विरत्त = विरक्त
विरहग्गि = विरहाग्नि
विरहायण = विरहायण
विरामे = समाप्ति पर
विलग्गिवि = अलग होकर
विलत्तय = विलिप्त
विलवेति = विलपती हुई, विलाप करती हुई
विलसियय = विलास किया
विलुल = गिरना, भूमि पर लोटना
विवरीय = विपरीत, उल्टी
विवहि = विविध
विस = (१) विष, (२) कमलनाल
विसम = विषम
विसंठुल = विसंस्थुल, ऊबड़-खाबड़, व्याकुल
विहल = विह्वल
विहलंधल = विह्वलांगी
विहसंती = हँसती हुई
विहाणिय = बिहान, प्रभात (हुआ)
वीसरइ = बिसर जाय
बुल्लीण = बीता
वेय = वेद
वेयण = वेदना
वेसिवेश में
वेसा = वेश्या
वेसावाडय = वेश्या वाट, वह बाजार जिसमें वेश्याएँ रहती हैं
वोमयल = व्योमतल
बोल = बिताकर
बोलंत = बोलती हुई

भ

भंग = भग्न, व्यथा
भंज = टूटना
भक्ति = भक्ति
भम = भरमना
भम = भ्रम
भमुह = भौं
भर = भरना
भर = भार
भरह = भरतमुनि द्वारा नियमों के अनुसार गाते या नाचते हुए
भाइयइ = भाता है
भाय = भाव
भाउल = प्रभाकुल
भारह = महाभारत
भालयल = भालतल
भास = कहना, व्याख्या करना
भिट्ट = भेंटना, प्राप्त करना
भिस = विस, कमलनाल
भीड = भीड़
भुअंग = भुजंग
भुवणुप्पर = भुवन (घर) के ऊपर
भेय = भेद
भेसिय = त्रस्त ?

म

मंगलु = मंगल
मंजरि = मंजरी
मंडल = घेरा, प्रदेश
मंडिय = मंडित
मंथर = धीमा

मइ = मति
मइरद्धय = मकरध्वज, समुद्र, कामदेव
मय = मद
मयउ = मृगव्यु, शिकारी
मयणु = मदन, शहर का मोम
मयण अग्गि = मदनाग्नि
मयणमणह = काम में लगे हुए मन वालों के लिए।
मयणवट्ट = मदनवर्त्म, कुचस्थल
मयरद्धय = कामदेव
मयूह = मयूख, किरण
मग्ग = मार्ग
मज्झ = मध्य, कटि
मज्झेयार = मध्यम कोटिवाले
मण = मन
मणमत्थ = मन्मथ
मणहर = मनोहर
मणुजमि = मनुष्य-जन्म (लोक) में
मन्नाय, मन्नाएवि = मनाकर
मरणा अहिउ = मृत्यु से भी अधिक
मल्हिरय = लीलायित, लीलायुक्त
महमहइ = महकता है, सुगंधि फैलाता है
महाविस = अत्यंत जल से या महा-विषधरों से
महियल = पृथ्वीतल
महिल = महिला
महिलव = उत्सव ?
(गय) महिलव = गतमहोत्सवा
महीरुह = वृक्ष
महुयर = मधुकर
महुमास = मधुमास
महुरयर = मधुरतर
मा = अँटना, समाना, अमाना
माहप्प = माहात्म्य
मिअणाहि = मृगनाभि
मियच्छि = मृगाक्षी
मियनयण = मृगनयना
मिल्ह = छोड़ना, त्याग करना
मुंध = मुग्धा
मुइय = मृत
मुक्ख = मूर्ख
मुच्छ = मूर्छित होना
मुण = मन में विचारना, जानना
मुत्तिय = मौक्तिक
मुद्ध = मुग्धा
मुरय = मुरज वाद्य
मूल = मूलधन
मूलत्थाण = मुलतान
मुँदडउ = मुँदरी
मेह = मेघ
मेहल = मेखला
मोड = मोड़ना

य

य = और (च), जो
-यण = गण, जन
-यर = कर (करनेवाला)
-यल = दल, तल

र

रंग = अनुराग, आनंद
रंगियइ = रँग लिया जाए
रंजियय = रजित
रइ = रति
रइय = रचित
रउद्द = रौद्र
रय = (१) रत, (२) रव (शब्द)
रयण = रत्न

रयणि = रजनी
रयहर = रतिगृह
रच्छ = गली, रथ्या
रड = रटना, शब्द करना
रणरणय = (दु:ख) अनुभव हुआ
रत्त = रक्त
रत्थि = रथ्या, गली
रन्त = अरण्य, वन, स्थल
रम = रमना
रमण = नितंब
रमणि = रमणी
रवन्नव = रमणीय
रविंद = अरविंद
रस = (मधुर) शब्द करना, बोलना
रसणा = रशना, करधनी
रसिय = रसिक
रह = रहना, शोभित होना
रहंग = रथांग, चक्रवाक
रहस = रभस, उत्तेजना
रहसच्छल = अति शीघ्रतापूर्वक, जल्दबाजी में
रहिय = रहित
राअ = राग, अनुराग
राईव = राजीव
रायमराल = राजमराल
राय = राग
रास = नृत्यविशेष
राह = राहु
रिउ = (१) रिपु, (२) ऋतु
रिउणाह = ऋतुनाथ वसंत
रिक्ख = तारे, ऋक्ष
रिल्ल = रेला, प्रवाह
रिसिय = ऋषि
रूअ = रूप
रुणझुण = रुनझुन शब्द
रुन्नु = रोयी
रुन्नय = रोदन
रुव = रोना
रेह = शोभित होना, राजना
रेह = रेखा

ल

लंबिय = लंबी
लइ = लय, भाव
लय = लता
लक्खण = लक्षण
लच्छि = लक्ष्मी
लज्ज = लजाना
लद्ध = प्राप्त
ललियहीण = लालित्यहीन
लव = लेना, लाभ करना (?)
लह = लेना
लहलह = लहलहाना
लाय = लगाना
लाह = लाभ
लिह = लिखना, उरेहना
लिह = चाटना
लीलंतिय = लीला करती हुई
लुद्ध = लुब्ध, लोभी
लुल = लिप्त
लुल = भूमि पर लोटना
ले = लेना, ग्रहण करना
लेव = लेपन करना, लेपना
लेह = लेख
लोउ = लोग, लोक
लोयण = लोचन
लोह = लोभ
ल्हसिय = जिसका ह्रास हो गया है

स

सं =सम्यक्, भली-भाँति
संकास =निकट, कास (वनस्पति) सहित
संख =शंख
संखेव =संक्षेप
संगहवि =पकड़कर
संचडिय =आरूढ़
संचरिय =संचलित
संजाणिवि =जानकर
संजणिय =संजनित
संजीवयर =जीवन देनेवाला, संजीवक
संझसिय =उत्क्षिप्ता, पागल
संठविय =संस्थापित
संताउ =संताप
संतोसिहइ =संतोष देगा
संपुन्न =संपूर्ण
संपुन्निय = भाग्यवती
संभरंत =स्मरण करती हुई
संमरिय =स्मरण किया
संभाणिय =सम्मानित
संमीसयइ =मिलाया जाता है
संवच्छर =संवत्सर
संवर =(१) स्मरण करना, (२) रोकना
संसग्ग =संसर्ग
संस =साँसना, कष्ट देना
संसित =संसिक्त, भीगा
संसोसिय =बिल्कुल सोखी हुई, संशोषित
सइत्तिहि =सहित
सइवत्ती =शतपत्रिका, कमलपत्र
सउ =साथ, से, सों
सउणि =शकुनि, पक्षी
सउन्न =संपूर्ण
सकसाय =कषाययुक्त
सकुलिय =शष्कुलिका, कान के परदे
सक्क =सकना
सगग्गिर =गद्‌गद वाणी से
सच्चु = सत्य
सच्चविय =सत्य की भाँति, मानो सच ही हो, सत्यापित (?)
सच्छ =स्वच्छ
सज्जिय =सजी, सज्जित
सणेह =स्नेह
सत्थ =साथ, समूह
सत्थर, सत्थरण =शय्या
सद्द =शब्द
सन्नद्धय =सन्नद्ध
सन्निह =निकट, संनिधि
सप्पुरिस =सत्पुरुष
सबर =शबर
सब्भय =सभय
सम =समान, साथ
समत्थ =समर्थ, योग्य
समत्थिम =सामर्थ्य
समरंत =स्मरण करती हुई
समरिय =सुमिरा, स्मरण किया
समा =समाना, अंटना
समाहि =समाधि
समुट्ठिय =उठी, समुत्थित
सय =शत, सौ
सयण =शयन
सयल =सकल, सब
सयवत्त =शतपत्र, कमलपत्र
सर =शर, सरोवर, स्वर, शरद्
सर =सरकना, चलना, स्मरण करना

सरय = शरद, सरस
सरयासरि = शरदश्री
सरलाइवि = सरल करके
सरिच्छ / सरिस } = सदृश, समान
सरिस = साथ
सरोसय = रोषयुक्त
सलज्जिर = लज्जावती
सलाइय = सलाई, शलाका
सलिलब्भव = सलिलोद्‌भव, कमल
सवण = (१) कान, (श्रवण), (२) चूना (स्रवण)
सवसेय = वशीकृत, अपने वश में
सवि = सब
सवित्थर = सविस्तार
सविलक्ख = सविलक्षा, बिलखती हुई
सव्व = सर्व, सब
सव्ववार = सदैव, हमेशा
सस = श्वास लेना
सीस = चंद्रमा
ससिवयणि = चंद्रवदनी
ससिहर = चंद्रमा, शशधर
सह = सहना
सहिय = (१) सखी, (२) सहा
सहार = सहकार, आम
सहीय = सखी
सा = वह (स्त्री)
साइय = स्वामी का
सामलिम = कृष्णत्व, साँवलापन
सामिहि = स्वामी द्वारा
सारिच्छ = सदृश
सालूर = मेढक
साव = सब
सास = श्वास
साह = साधना, कहना
साहार = सहारा
शाह = शाखा
सिय = श्वेत
सियल = शीतल
सिक्खइ = सीखे, सीखता है
सिंगत्थि = सींगों के लिए
सिंगार = शृंगार
सिज्ज = शय्या
सिज्झ = साधना
सिंच = सींचना
सिणेह = स्नेह
सित्तय = सिक्त
सिंधुब्भव = सिंधूद्‌भव, चंद्रमा
सिव = सब, से
सिवण = स्वप्न
सिसिर = शिशर
सिसिरत्थ = शीतार्थ, ठंडक के लिए
सिहण = स्तन
सिहंडि = शिखंडी, मयूर
सिहर = शिखर
सिहरि = शिखरी, पर्वत
सीउ = शीत
सीयल = शीतल
सीयलंत = शीतल करते हुए
सीमंतिणिय = सीमंतिनी, स्त्रियाँ
सीसोबरि = शिर के ऊपर
सीहंड = श्रीखंड चंदन
सु = वह
सुइ = शुचि, श्रुति
सुय = सुना हुआ, श्रुत
सुयण = (१) स्वजन, (२) स्वप्न
सुमरंत = स्मरण करते हुए
सुण = सुनना

सुथिर = सुस्थिर
सुन्न = शून्य
सुन्नार = सुनार
सुम्मइ = सुना जाता है
सुरय = सुरत
सुरत्तय = सुरक्तक वृक्ष
सुरलोय = सुरलोक
सुरहि = सुरभि
सुललिय = सुललित
सुवियक्खण = सुविचक्षण, अति चतुर
सुविण = स्वप्न
सुसंत = सूखते हुए
सुह = सुख या शुभ
सुहय = सुभग
सुहाइयइ = सुख दिया जाता है
सूडिय = टूटे हुए, झड़े हुए
सेय = श्वेत
सेरंधि = सैरंध्री, दासी
सेव = सेवा करना
सेस = शेष
सोअ, सोय = शोक
सोरंड = क्रीड़ाभाजन
सोह = शोभित होना
सोह = शोभा
सोहालय = शोभायुक्त

हउ = हूँ, मैं
हय = हत
हत्थ = हाथ
-हर = हरना
हर = घर
हरसिय = हर्षित
हराविअ = हार गयी, खो दिया
हरियंदण = हरिचंदन
हरियाउल = हरिताकुल
हरिस = हृष्ट, सुखी
हरिसुय = कामदेव, हरिसुत
हव = जलाना
हाम = घाम, धूप
हार = भार
हारलय = हारलता
हारिज्जइ = हारा जाए
हियय = हृदय
हिडंत = घूमते हुए
हिव = अब
हीय = खोया हुआ, हृदय
हीर = हीरा
हुय = हुआ, हुई
हुयण = भुवन
हुयास, हुआसण = हुताशन, आग
हैम = शीत, हेमंत